广东省"汉语言文字学"特色重点学科建设丛书

语言服务书系·训诂学研究

汉语
词汇语法史探论

朱 城 著

暨南大学出版社
JINAN UNIVERSITY PRESS

中国·广州

图书在版编目（CIP）数据

汉语词汇语法史探论／朱城著. —广州：暨南大学出版社，2015.12
（语言服务书系·训诂学研究）
ISBN 978 - 7 - 5668 - 1706 - 8

Ⅰ.①汉…　Ⅱ.①朱…　Ⅲ.①古代语法—研究　Ⅳ.①H141

中国版本图书馆 CIP 数据核字（2015）第 295246 号

· ·

汉语词汇语法史探论
著　　者：朱　城

出 版 人：徐义雄
策划编辑：杜小陆　刘　晶
责任编辑：胡　芸　高　婷
责任校对：黄　颖
责任印制：汤慧君　周一丹
地　　址：中国广州暨南大学
电　　话：总编室（8620）85221601
　　　　　营销部（8620）85225284　85228291　85228292（邮购）
传　　真：（8620）85221583（办公室）　85223774（营销部）
邮　　编：510630
网　　址：http：//www. jnupress. com　http：//press. jnu. edu. cn
排　　版：广州良弓广告有限公司
印　　刷：佛山市浩文彩色印刷有限公司
开　　本：787mm×960mm　1/16
印　　张：19
字　　数：302 千
版　　次：2015 年 12 月第 1 版
印　　次：2015 年 12 月第 1 次
定　　价：38.80 元

（暨大版图书如有印装质量问题，请与出版社总编室联系调换）

目　录

第一编　词汇语法史研究

同义连用浅论

同义连用，简言之，就是几个同义成分连用。它是古代汉语中重要的
词汇现象。本文试图对其成因、构成特点、功用等，作一点整理和探索。
所取材料，一般以上古为限。

一

从词性上看，各类词语都有同义连用形式。如：

1. 名词

不见复关，泣涕涟涟。（《诗经·卫风·氓》）

贪于饮食，冒于货贿。（《左传·文公十八年》）

高其闬闳，厚其垣墙。（《左传·襄公三十一年》）

是以君子远庖厨也。（《孟子·梁惠王上》）

怠慢忘身，祸灾乃作。（《荀子·劝学》）

诸侯吏卒乘胜，多奴虏使之。（《史记·项羽本纪》）

2. 动词

将使归粪除宗祧以事君。（《左传·昭公三十一年》）

他人有心，予忖度之。（《诗经·小雅·巧言》）

后稷教民稼穑，树艺五谷。（《孟子·梁惠王上》）

晋已取虢，还反灭虞。（《韩非子·喻老》）

膑辞谢曰："刑余之人不可。"（《史记·孙子吴起列传》）

汉之赂遗王财物，不可胜言。（《汉书·张骞传》）

3. 形容词

勤礼莫如致敬，尽力莫如敦笃。（《左传·成公十三年》）

草木畅茂，禽兽繁殖。（《孟子·滕文公上》）

憎愠怆之修美兮，好夫人之慷慨。（《楚辞·哀郢》）

圣人举事，求其宜适也。（《论衡·书虚篇》）

所以崇易简，省事功也。（《释名·序》）

4. 能愿动词

克堪用德，惟典神天。（《尚书·多方》）

周其有髭王，亦克能修其职。（《左传·昭公二十六年》）

然后国之良士，亦将可得而众也。（《墨子·尚贤上》）

臣窃以为其人勇士，有智谋，宜可使。（《史记·廉颇蔺相如列传》）

5. 代词

不知其谁何？（《庄子·应帝王》）

秦王身问之："子，孰谁也？"（《战国策·楚策一》）

非兹是无以理人，非兹是无以生财。（《管子·君臣上》）

此若言何谓也？（《管子·山国轨》）

彼其于世，未数数然也。（《庄子·逍遥游》）

此其为餍足之道也。（《孟子·离娄下》）

6. 副词

一薰一莸，十年尚犹有臭。（《左传·僖公四年》）

管仲且犹不可召，而况不为管仲者乎？（《孟子·公孙丑下》）

我代韩而受魏之兵，顾反听命于韩也。（《战国策·齐策一》）

遂复三人官秩如故，愈益厚之。（《史记·秦本纪》）

齐城之不下者，独唯聊、莒、即墨。（《史记·燕世家》）

乃遂去之秦。（《史记·商君列传》）

7. 介词

比及三年，可使有勇，且知方也。（《论语·先进》）

及至葬，四方来观之。（《孟子·滕文公上》）

逮至有苗之制五刑，以乱天下。（《墨子·尚同中》）

比至陈，车六七百乘，骑千余，卒数万人。（《史记·陈涉世家》）

至于始元、元凤之间，匈奴乡化，百姓益富。（《汉书·循吏传》）

8. 连词

子游曰："吾友张也为难能也，然而未仁。"（《论语·子张》）

若果行此，其郑国实赖之。（《左传·襄公三十一年》）

若苟君说之，则众能为之。（《墨子·兼爱中》）

诚令成安君听足下计，若信者亦已为禽矣。（《史记·淮阴侯列传》）

9. 语气词

唯求则非邦也与？安见方六七十如五六十而非邦也者？（《论语·先进》）

今老矣，无能为也已！（《左传·僖公三十年》）

由是观之，则君之所养可知已矣！（《孟子·滕文公下》）

子贡问于孔子曰："夫子圣矣乎？"（《孟子·公孙丑上》）

从音节上看，除上举双音节外，还有三音节、四音节构成的同义连用：

仪式刑文王之典，日靖四方。（《诗经·周颂·我将》）

木处则惴栗恂惧，猿猴然乎哉？（《庄子·齐物论》）

今与不善人处，则所闻者欺诬诈伪也。（《荀子·性恶》）

览相观于四极兮。（《楚辞·九章·离骚》）

即有如不称，妾得无随坐乎？（《史记·廉颇蔺相如列传》）

此其尤大彰明较著者也。（《史记·伯夷列传》）

人穷则反本，故劳苦倦极，未尝不呼天也。（《史记·屈原贾生列传》）

府帑虽未能充，略颇稍给。（《汉书·王莽传》）

此外，还有两种较为特殊的同义连用。一是连用的词语，其中一个是通假字。如：

用咸和万民。（《尚书·无逸》）俞樾《古书疑义举例》卷七："按，咸、和一义也。'咸'读为'諴'。《说文·言部》：'諴，和也。'是'咸'为'諴'的借字。"

卒买鱼烹食，得鱼腹中书，固以怪之矣。（《史记·陈涉世家》）刘淇《助字辨略》："此'固'字犹既也，已也。固以即固已，并重言也。""以"即"已"的借字。

数日，号令召三老、豪杰与皆来会计事。（《史记·陈涉世家》）这里，"与"通"举"，"全"的意思。

二是与动词"为"构成的同义连用。

"为"是个十分灵活的动词，当它与动词构成同义连用后，其义主要依附在那个意义较为具体的动词上。"为"的作用是用以足意，突出、强调这个动词。如：

奉事而大有功者，不可为数。（《庄子·徐无鬼》）

楚兵数千人为聚者，不可胜数。(《史记·陈涉世家》)

阙然久不报，幸勿为过。(《汉书·司马迁传》)

是故圣王作为宫室，便于生，不以为乐观也。(《墨子·辞过》)

怀王使屈原造为宪令，屈平属草稿未定。(《史记·屈原贾生列传》)

二

同义连用现象，早就引起了古代训诂学家的注意，随后便出现了一些有价值的见解。《左传·成公十三年》："芟夷我农功，虔刘我边陲。"杜预注："虔刘，皆杀也。"孔颖达正义："刘，杀。《释诂》文；《方言》云：'虔，杀也。'重言杀者，亦圆文耳。"孔颖达谓"虔刘"为"重言"，盖最早为同义连用命名者。顾炎武《日知录》卷二十四列"重言"一条，谓"古经亦有重言之者"，举《尚书·无逸》之"自朝至于日中昃，不遑暇食"，认为"遑即暇也"。《汉书·贾谊传》："臣闻圣主言问其臣，而不自造事。"颜师古注："欲发言，则问其臣。"王引之认为："言，亦问也，连称言问者，古人自有复语耳。"[引自王念孙《读书杂志·汉书第九》) 王念孙在《读书杂志·汉书第十六》中又明确指出："凡连语之字，皆上下同义，不可分训，说者望文生义，往往穿凿而失其本指。"(按：据今人研究，王念孙的"连语"，基本上是指同义连用，而不是联绵词。)] 俞樾《古书疑义举例》卷四立"语词复用例"，谓"古人用助语词，有两字同义而复用者"，并举出不少虚词同义连用的例证。由此可知，古人对于同义连用虽名称各异，且说解较简，但他们发现了这种语例，指出其"上下同义，不可分训"的特点及用以"圆文"的作用，这是十分可贵的。

那么，同义连用的构成单位是词还是词素？换言之，几个同义成分连用后是一个复合词还是词组？众所周知，汉语里词和词组的区分一直是个老大难问题。王力先生指出："必须承认，词和仂语之间没有绝对界限。"(《词和仂语的界限问题》，《中国语文》1953 年第 9 期) 现代汉语如此，作为历史语言的古代汉语，就更复杂了。加上我们讨论的是上古汉语，其时正是单音词向复音词急剧发展变革的阶段，故而又增添了区分的困难。因此，至今尚未得到令人满意的答案。

今人一般采以下三条标准来区别：①从语法结构上，结合紧密的是词，反之是词组；②从词汇意义上，结合后意义单一的是词，反之是词组；③从使用频率上，词出现的频率一般高于词组。拿这些标准来衡量同义连用，仍有不少困难。

语法结构和词汇意义是区别词和词组的主要标准，用来区分别的词语一般较为适用，而对于同义连用，两条标准往往很难统一。因为同义连用的构成成分的意义相同或相近，所以，其结构较之别的词语要松散，具有较大的灵活性。这主要表现在以下几个方面：

（1）次序可以颠倒。《列子·黄帝》："岂但履危险，入水火而已哉？"《韩非子·用人》："愚者守静而不陷险危。"《礼记·聘义》："介绍而传命。"《战国策·赵策三》："胜请为绍介而见之于将军。"《淮南子·本经》："兼包海内，泽及后世，不知为之者谁何？"《史记·吴王濞列传》："我已为东帝，尚何谁拜？"这些词语次序颠倒以后，表达的意义不变。

（2）有时单用，有时连用。"驱"，古代指赶马、赶车。《战国策·齐策四》："长驱到齐。""驰"，指策马前进。段玉裁《说文》"驰"下注："驰亦驱也，较大而疾耳。"《左传·成公二年》："不介马而驰之。"两词可以连用，并能倒换着用。《诗经·大雅·板》："无敢驰驱。"诸葛亮《出师表》："遂许先帝以驱驰。"

（3）不少同义连用只经过临时组合，后来并未凝固成复音词。本文第一部分所举之例，基本上就属于这类。特别是三音节、四音节的同义连用以及虚词的同义连用，很少组合成复音词沿用到现代。

这三类情况，若按语法标准分析，似乎都尚未具备词的条件。但是，用词汇标准衡量，它们又具有意义上的单一性，完全不必拆开来解释。所以，根据意义标准，可以把所有的同义连用都一刀切到复音词里。而根据语法标准，则有相当大的一批同义连用只能视为词组。同义连用结构上的灵活性与意义上的单一性，成了语法标准和意义标准难以统一的突出矛盾。在区分词和词组时，两个标准相冲突，究竟谁服从谁呢？

根据出现频率来区分，也不大可靠。词语的使用频率，往往与文体及内容有关。有的词语在一些著作中出现频率较高，而在另一些著作中出现频率则较低。还有，有的同义连用，一开始结合就比较紧，很快凝固成了复音词，并沿用至今，故不论其出现频率高低，都得视为一个词。在这种复杂的情况里，两个主要标准矛盾时，出现频率的参考值很小。

因此，目前学术界尚未就同义连用的归属作出明确的回答，从对同义连用的称名已见意见之分歧：或谓之"同义复合词""同义复合""同义并行复合词"；或谓之"同义词连用""复语单义""同义连文"；或谓之"同义字复用""同义字连用"。三类不同的称名，代表着人们对同义连用的三种看法：一是视之为复合词，二是视之为词组，三是以字为单位，回避了这个问题。在讨论复音词时，有时也附带提及了这个问题。何九盈、蒋绍愚先生说："两个同义词分开讲时意义略有区别，……当它们结合在一起之后，这些区别就不存在了。所以，我们说它们是词，而不是词组。"（《古汉语词汇讲话》）王力先生主编的《古代汉语》在谈到汉语双音词的构成时说："在最初的时候，只是两个同义词的并列，还没有凝结成为一个整体，一个单词。"但又说："今天，我们在读古书的时候，应当把这些词当作复音词来理解，这样才能得到一个完整的概念。"［《古代汉语》（第一册）］这种说法显然存在着语法标准和意义标准的矛盾。郭良夫先生指出："古代汉语单音节词占优势，次序颠倒比较自由，正说明这种组合带有词组的性质。"（《词汇》）曹先擢先生认为，古代汉语中字序倒换的同义词语较多，"主要的原因，是因为在古代它们基本上属于造句法的范畴"。（《并列双音词的字序》，《中国语文》1979 年第 2 期）既然属于造句法，显然是词组了。由此可见，人们的认识并不统一。

对此，我们谈几点不成熟的看法。第一，同义连用的语义构成较为特殊，且成分比较复杂，种类繁多，同时，又处在由词组向复音词逐渐过渡的变化状态中，几个同义成分由临时组合到固定成词，其间常有中间的、过渡的阶段。因此，企图将这个庞杂的、动态的群体界定在某个明确的地位上，是不科学的，也是不可能的。事实上，同义连用应包括三种类型：①复合词；②词组；③过渡阶段，或此或彼、非此非彼。第二，同义连用固然与构词法紧密相关，但其核心是准确理解词义的问题。所以，从孔颖达到高邮王氏父子及俞樾等，都是把它作为一种特殊语例来看待。明乎此，我们就不必在究竟是词还是词组以及其他问题上纠缠不休，而可以把它视为一种特殊的同义组合，并把注意力主要放在现代尚未成词或者现代成词以后意义与古代有别的同义连用上。因此，我们尝试着给同义连用一个较完整的定义：两个或两个以上的同义成分连在一起，共表一个意义的用法，叫作同义连用。成分，包括词和词素；连用以后，有的是复音词，有的是词组，也有一些或此或彼的状态。因此，可统称为"同义连用词语"，这种定义将几种情况囊括进去。

三

同义连用现象出现甚早。甲骨文中就常有"某往田，不来归"的说法。"来归"同义连用，有"回来，返回"的意思。而同义连用的大量产生，则是先秦两汉的事情。较之后代，甲骨金文时期的汉语尚欠完善精密，主要表现为词汇欠丰富、单音词占绝对优势，表达上古朴而浑沦。到了周秦时期，社会急剧变革，大批新事物出现，交际日益频繁，作为汉民族交际工具的汉语，已远远不能适应社会对它的要求，就必须对自身的系统进行调整。当音变构词和词义造词仍无法解决这一矛盾时，唯一的出路就是冲破单音词的藩篱，向复音词方向发展。《荀子·正名篇》曰："单足以喻则单，单不足以喻则兼。"此言很好地说出了汉语单音词走上复音化的动因。同义连用正是汉语复音化潮流中极为重要的组成部分。

如果说，其他复音词的产生主要是为了记录千变万化的新事物、新行为、新概念，那么，同义连用的产生则主要是为了提高汉语表达的明晰度和精确度。因为，构成同义连用的几个成分本为独立运用的词，它们各自已经具有表达某一事物、行为、概念或某一语法意义的功能，而连用在一起后，并未形成新的词义及新的语法功能，主要是将原有几个成分的意义用法固定在某一共同义位上，从而增加了词义的单一性和明确性。

作为重要交际工具的语言，应该具有较好的区别性能，即不同的词语最好都有不同的语音形式来区分。由于汉语词汇丰富而音节有限，就不可避免出现同音词过多而影响交际的矛盾。这在"耳治"为主的口语中尤为突出。虽然特定的语境对区别同音词能起一定作用，但毕竟不能从根本上解决问题。《吕氏春秋·察传》提到口传致误的"夔一足"就是十分生动的例证。当口里发出这几个音节时，焉知"足"是"手足"之"足"，还是"足够"之"足"？抑或是别的什么意思？若在"足"后加上一个同义词，构成"足够"，就不会闹"夔只有一只脚"的笑话了。

另外，由于词义的引申、文字的假借，一个单音词（字）往往承担了众多的义项。一词（字）多义，不管是"耳治"的口语，还是"目治"的书面语，都会产生理解困难。在具体的语言环境中，某词究竟用何义，如何准确对号入座，是颇费斟酌的。一旦构成复音词语，问题就简单多了。《关雎序》："亡国之音哀以思，其民困。""思"作何解？查辞书，它当时至少有四个实词义项：①思考；②想念；③心情；④悲伤。这么多义项，显然难以确定。这里用的是义项④，而此义并不常见。再看《史记·万石张叔列传》："长子郎中令哭泣哀思，扶杖乃能行。""哀思"连用，意思就清楚多了，即"悲伤，悲哀"之义。《韩非子·饰邪》："无功者受赏，则财匮而民望。""望"是何义？不易确定，因其义项太多。而《史记·商君列传》："商君相秦十年，宗室贵戚多怨望者。""怨望"同义连用，可知"望"即"怨"，怨恨的意思。无论古人今人，对单音词训释时分歧甚多，甚而有时误解，往往在于单音词一词多义造成了理解上的不确定性。

同义连用还起着互相训释的作用。张世禄先生说："构词上的'化单为复'，把构词成分结合起来，实际就像训诂上的训释词与被训释词的关系一样，有互相注释的作用。"（《"同义为训"与"同义并行复合词"的产生》，《扬州大学学报》（人文社会科学版）1981年第3期）这一看法同样适于同义连用。具体地说，这种训释又有两种情况：一是甲乙两个成分互相训释。《孟子·告子下》："所以动心忍性，曾益其所不能。""曾益"两词皆一词多义，且当时又未从字形上分化加以区别，单用时理解起来颇为麻烦。两词连用，就可以互相训释且互相制约，意义就清晰了。它们共表"增加，增补"义。二是甲对乙或乙对甲的训释，这是最普遍的。即由常见易晓的成分与冷僻难懂的成分构成的同义连用，其中一个往往对另一个加以解释说明，反过来，被训释成分又给对方以限制制约，从而增加了词义的确定性。《韩非子·二柄》："夫庆赏赐予者，民之所喜也。"根据"赏"，可知"庆"义，"庆赏"即"奖励，奖赏"。《孟子·滕文公下》："往之女家，必敬必戒，无违夫子。"根据"往"，可知"之"亦为动词，"往之"即"前往"。古代训诂学家充分利用同义连用的特点来解释词语，收到很好的效果。《尚书·洛诰》："惟事其爽侮。"孔传："侮谓侮慢。"《论语·阳货》："恶居下流而讪上者。"孔安国注："讪，谤毁也。"《左传·文公元年》："序则不愆。"杜预注："四时无愆过。"可见，用双音节同义连用来解释，晓畅易懂，意义确定，无疑比用单音词要强得多。

除了提高汉语表达的明晰度和精确度外，同义连用还具有重要的修辞作用。其一是增强文章的表达效果。俞樾《古书疑义举例》卷二说："古人之文，省者极省，繁者极繁。省则有举此见彼者矣，繁者有因此及彼矣。"崇尚简约的古文为何要"繁"？一句话，语意表达的需要，修辞的需要。如前所引，孔颖达曾谓"重言杀者，亦圆文耳。"《马氏文通》卷二所言更明："古籍中诸名，往往取双字同义者，或两字对待者，较单辞只字，其辞气稍觉浑厚。"同义连用的作用就在于强调文意、增强语气。下面举几例来说明：《楚辞·招魂》："九侯淑女，多迅众些。""多迅众"三词同义连用，突出了盛多之状。《史记·屈原贾生列传》："疾痛惨怛，未尝不呼父母也。"四个同义词连用，强调了十分痛苦。《孟子·梁惠王上》："寡人之于国也，尽心焉耳矣。"单言其中一个语气词，似嫌语气单薄，"焉耳矣"三词同义连用，则十分传神地表现出梁惠王自以为是、洋洋自得之神态。

修辞作用之二是采用同义连用的方式来调整句式，增加节奏感。郭绍虞先生说过："其取义之相同或相近者，于义为赘，于音所以足词。"（《中国语词之弹性作用》，《燕京学报》1938 年第 24 期）"于义为赘"我们不取，而"于音所以足词"则十分确当。《左传·成公十三年》："跋履山川，逾越险阻。"又"殄灭我费滑，散离我兄弟，挠乱我同盟，倾覆我国家"。《荀子·仲尼》："慎谨以行之，端悫以守之。"《楚辞·离骚》："惟草木之零落兮，恐美人之迟暮。"由于运用了同义连用，就构成了整齐工稳的句式，读来朗朗上口。

四

从词义角度研究同义连用，掌握其语义构成及特点，对于正确理解古书词义，解决疑难问题，有着重要的实践意义。

构成同义连用的几个成分虽然意义相同或相近，但它们往往只在某一点上重合，各自有其独特的意义或功能。这就是需要进行同义词辨析的原因。但是，它们一旦连用后，则暂时隐去了各自的特点，共同实现其相同的地方。因此，理解时应当求其同而不必寻其异。这就是语言学习和研究的辩证观点。由于不达此理或忽略这个问题而致误的情况，古今不乏其例。

古汉语以单音节词为主，因而人们养成了对古文逐字索解的习惯。在一般情况下，这样做是有必要的。但如果不明"古人自有复语"这一特点，片面强调字字死扣，对同义连用的每个成分强为说解，就会得出错误的结论。例如：《荀子·宥坐》："百仞之山，任负车登焉。"杨倞注：

"负，重也。"王念孙批评说"古无训负为重者，王谓负亦任也……连言任负者，古人自有复语耳。"（《读书杂志·荀子第三》）《史记·张仪列传》："固而数让之。"司马贞索隐："谓数设词而让之，让亦责也，数音朔。"司马贞视"数"为副词，修饰"让"。王念孙认为："数让连文，犹诛让连文，古人自有复语耳。"（《读书杂志·史记第四》）王说甚是。《战国策·秦策五》高诱注曰："数，让也。"《广雅·释诂》："数，让，责也。"可知"数让"连用，共表"责备"之义。《左传·襄公三十一年》："缮完葺墙，以待宾客。"唐人李涪《刊误》认为："缮完葺墙，文理不达，所疑字误，遂有繁文。"径改"完"为"宇"。段玉裁批评说："古三字重叠者时有，安可以后人文法绳之？"王引之亦谓："李以为繁复，自未晓古人属文之例耳。"（均见《经义述闻》卷十八）"缮完葺"三字同义连用，为"修理，修缮"之意。清代卓越的训诂学家由于深谙古人文例，掌握了同义连用的规律，解决了古书中许多疑难，纠正了前人不少错误。王引之说："古人训诂，不避重复，往往有平列二字、上下同义者，解者分为二义，反失其指。"（《经义述闻》卷三十二）这的确是经验之谈。

今人对同义连用的误解就更多了，归纳起来，大致有三种情况：

一是忽略同义连用之文例，机械地对号入座。《史记·滑稽列传》："至今皆得水利，民人以给足富。"一本《古代汉语》教材注曰："老百姓因此家给人足，生活也富裕起来了。"显然，这条注文过于辞费，且经不起推敲。"给足富"三字同义连用，极言富裕，释为"十分富裕"则言简意赅而切合文意。《史记·陈涉世家》："藉弟令毋斩，而戍死者固十六七。"黄岳洲先生《文言难句例解》译为"假使只是叫（王官、贵人们）不杀（我们）"，迂曲而不通畅。当视"藉弟令"三字同义连用，意为"假使"。

二是不少同义连用今天已经消失，未凝固成词，而其中的成分有时意义与今有别，故往往难以得其确诂。《史记·淮阴侯列传》："能千里而袭我，亦已罢极。"有的注本注为："疲乏到了极点。"按："极"义与今有别。王褒《圣主得贤臣颂》："匈喘肤汗，人倦马极。""极""倦"对文，可证"极"有"疲倦"之义。"罢极"乃同义连用，有"疲惫"之义。《史记·项羽本纪》："项伯亦拔剑起舞，常以身翼蔽沛公。"一些注本注曰："翼蔽：象鸟儿展开翅膀掩护。"这不合当时之情理。"翼"有"遮护""掩护"之义。如《诗经·大雅·生民》："鸟覆翼之。"《水经注·江水》："其翼附群山，并概青云。"因此，例中的"翼蔽"当为同义连用，取"遮护"之义。

三是有些同义连用在今天看来形式上好像一样，但意义及构成方式已有差别，也容易致误。《史记·秦始皇本纪》："所不去者，医药卜筮种树之书。""种树"同义连用，"种植"之义。《尔雅·释地》："树，种也。"但今天"种树"已成为述宾结构，按今义理解显然错了。诸葛亮《出师表》："试用于昔日，先帝称之曰能。"不少译文都照搬"试用"而不察。这里"试用"与今义微殊。《说文》："试，用也。"《礼记·乐记》："兵革不试，五刑不用。""试"与"用"对文义同。由此可知，"试用"同义连用，"任用"的意思。

除此以外，尚需提及连用成分的辨析问题。前面说过，几个连用的词语在单用时往往各有差别。为了准确理解词的意义，进行同义词辨析是很有必要的。但若不明同义连用的表意特点，一味寻其异，强为区别，就会"求之愈深，失之愈远"（见王念孙《读书杂志·汉书第十六》"连语"条），造成理解上的混乱。例如：《楚辞·离骚》："各兴心而嫉妒。"王逸注："害贤为嫉，害色为妒。"这就不合适了。"嫉妒"连用后，当泛指忌人之长。《论语·先进》："加之以师旅，因之以饥馑。"皇侃疏："乏谷为饥，乏菜为馑。"《汉书·元帝纪》："救民饥馑。"颜师古注："谷不熟为饥，蔬不熟为馑。""饥馑"连用，本泛指饥荒。皇侃、颜师古照搬《尔雅》古训，将两词辨而析之，全无必要，反致混误。《诗经·豳风·七月》："十月纳禾稼。"朱熹《诗集传》："禾者，谷连藁秸之总名，禾之秀实而在野者曰稼。"马瑞辰《毛诗传笺通释》："禾与稼对文则异，散文则通……此诗禾稼连言，稼亦禾耳。"马瑞辰运用"对文则异，散文则通"的原则，辩证地看待"禾"与"稼"这对同义词在不同情况下的表义特征，很好地解决了同义连用词语的释义问题，无疑比朱熹拘执一端之见高明。

（原载《古汉语研究》1990 年第 4 期。发表时有所删节，此次作了调整与补充）

《古汉语的词义渗透》献疑

孙雍长先生《古汉语的词义渗透》（《中国语文》1985 年第 3 期，以下简称《渗透》）一文，对古汉语的词义发展作了有意义的新探索。读后，受益匪浅。但对有些问题尚感疑惑不解，特直陈如下，求教于孙先生及同行。

第一个疑问：词义渗透与词义引申的关系问题。《渗透》说："与'引申'不同，'渗透'则是在两个（甚至两个以上）语词之间所发生的意义的流转变化，它并不与词的本义直接发生事理联系。"但是，文章所引的一些词义演变之例，似乎不尽如此。比如"判"。《渗透》认为，"判"虚化为情态副词，表"必、决、断"之义，是受了与之同义的动词"决"的渗透所致。我们觉得，"判"的词义虚化，可以从自身的引申发展得到说明。《说文》："判，分也。"本义是"分开"。《韩非子·解老》："自天地剖判以至于今。"引申为"区分"、"分辨"。殷仲文《解尚书表》："宜其极法，以判忠邪。"又引申为"评判""裁决"。《宋书·谢晦传》："其事已判，岂容复疑。"《宋书·许昭先传》："叔父肇之，坐事系狱，七年不判。"再由此引申出"一定、必、决"之义，是十分自然的。

再如"如"。《渗透》说："'如'有如同之义，'当'有'相对''相当'之义，二者义相近。'当'又有'应当'之义，因义近的联系而渗透到'如'的含义范围，所以'如'也有了应当之'当'之义。"按《说文》："如，从随也。"段玉裁注："引申之，凡相似曰如，凡有所往曰如，皆从随之引申也。"《诗·郑风·出其东门》："出其东门，有女如云。"这是"像，相似"。相似者必有共同点，故"如"又引申为"当，相当"。《战国策·宋卫策》："夫宋之不足如梁也。"高诱注："如，当也。"王引之《经传释词》卷七："如为相当之当。"引此为例。相当则相宜，由此而引申出"适合，应当"之义。因此，"如"的此义并不一定由"当"渗透而来。

再如"道"（导）。《渗透》说："道引之'道'（后写作'导'），与随从之'从'相对为文。'从'有'顺'义，所以'道'得以有'顺'义。"按："道"有"顺"义，其引申线索十分清楚。《楚辞·离骚》："乘骐骥以驰骋兮，来吾道夫先路。"这是"导引、引导"。用于水流上，是为"疏导、疏通"。《尚书·禹贡》："九河既道。"《左传·襄公三十一年》："不如小决使道。"通则顺，故"道"有"顺"义。

再如"明"。《渗透》说："'明'有'大'义、'强'义、'成'义，皆由'光'有'广大'之借义展转渗透而得。"这里有两个疑点。一是"光"有"广大"之义是否为"广"之借义？《说文》："光，明也。从火在人上，光明意也。"光明照临广阔，故"光"引申有"广大"之义，不必以假借解之。二是"明"的词义系统问题。《说文》："明，照也。"商承祚《说文中古文考》："日月相合以会明意。"《左传·昭公二十八年》："照临四方曰明。"是"明"的本义体现了日月照耀的特征：普照大地，宽广无垠。故"明"亦引申有"大"义。在天莫明于日月，其光辉强盛，是"明"又引申出"强"义。"明"之训"成"，亦可从自身找到理据。《尔雅·释诂》："明，成也。"郭璞注："事有分明，亦成济也。"郭说可取。"明"有"分明"之义，而事情的分明、清楚，往往为成功的标志，故"明"可训"成"。

以上几例，《渗透》用"渗透"，我们用"引申"，都分别说出了词的新义产生之由。为什么从两条不同的路线出发，却能得出相同的结果呢？恐怕这不仅仅是理解上的分歧问题，而且还反映出词义渗透与词义引申之间复杂的关系问题。《渗透》曾言，词义的渗透与引申，"二者互为依存，相辅相成"。从其界定的词义渗透的标准看，当指一个词的词义系统形成是二者共同运动的结果。我们认为，某个词产生某个新义，有时也同样存在着引申和渗透互为影响共同作用的情况。而且，两者的界限不甚清楚，试图一刀切比较困难。而区分的标准恐怕以谁起主导作用为宜。这个问题很有必要深入探讨。

第二个疑问：词的偶然出现的用法能不能视为由渗透产生的新义？这里又有两种情况。第一种情况如"秉"。《渗透》认为，"秉"与"承"核心意义相同，在这种同义关系的影响下，"秉"受"承"的"顺"义的渗透，所以也有了"顺"义。先看其文所引"秉"训"顺"的材料。《逸周书·谥法》："秉德不回曰孝。"孔晁注："顺于德而不违。"又："秉德遵业曰烈。"王念孙曰："'秉德'与'遵业'连文，亦谓顺前人之德，遵前人之业。"我们认为，孔晁、王念孙释"秉"为"顺"属随文释义，"顺"不过是在特定的文句中出现的临时义，并未形成新的义项。何则？《说文》："秉，禾束也。从又执禾。"引申为动词"执持"。《尔雅·释诂》："秉，执也。"《广雅·释诂》："秉，持也。"用于"事业、道德"等抽象事物时就是"坚持、执行、继承"之义了。所谓"秉德"，是言坚持前人之德，继承前人之德。孔晁、王念孙之训"秉"为"顺"，正是在"坚持、继承"义上的变通与发挥，两者并不矛盾。若视这种临时义为常义，然后辗转求其渗透之源，难免有牵强附会之嫌。古书中，"秉"与"德"配合使用的情况常见，均为"坚持、继承"之义。《楚辞·九章·橘颂》："秉德无私，参天地兮。"王逸注："秉，执也。"《楚辞·天问》："该秉季德，厥父是臧。"王逸注："秉，持也。"《尚书·君奭》："百姓王人，罔不秉德明恤。"又："秉德迪知天威。"《诗经·大雅·多士》："济济多士，秉文之德。"《汉书·文帝纪》："皆秉德以陪朕。"

第二种情况如"字"。《渗透》认为，由于"字"与"文"同义，"文"有"饰"义，便向"字"的含义范围发生转化，"字"也就有了"饰"义。据我们了解，"字"之训"饰"，除了《渗透》的两条抽象说解（《广雅·释言》"字，饰也"及《广韵·去声·七志》引《春秋说题辞》"字者，饰也"）外，尚未发现实际语言中的用例，这不能不使我们怀疑。朱骏声《说文通训定声》谓"字，饰也"，声训，较允。"字"古音在从母之部，"饰"在书母职部，之职对转，可为声训。我们知道，声训往往带有主观随意性，"字，饰也"之说恐怕正是偶然为之的产物。张揖等人受汉代流风之影响，将这种不够科学的说解著录下来，不足为奇。因此，"字"有"饰"的用法不可能在语言中得到反映。《渗透》取这种说解以证其说，似嫌疏略。

第三个疑问：所谓词义相同、相近，当从宽还是从严？比如"似"和"与"。《渗透》认为："'似'有'如'义，'与'也有'如'义，……因义同而词义渗透，所以'似'又有给予的'予'义。"按："如"为多义多用词，"似"之训"如"，并非意义全同"如"，两者的相同点主要在"类似、相像"义上。而《渗透》所引"与"有"如"义之例，似乎超出了这个范围。这或许是掌握的同义标准过宽的缘故。如《大戴礼·四代》："事必与食，食必与位，无相越踰。"王引之《经传释词》训为："与，如也。言事必如其食，食必如其位也。"杨树达认为："《大戴礼》'与'字当训为'当'。"（见岳麓书社出版《经传释词》第3页杨树达批语）在《词诠》中一仍其说。杨树达之说是正确的。即令这个"与"能训"如"，也并非"类似、相像"的意思。《广雅·释言》："与，如也。"说得很笼统。笔者查检了《广雅疏证》《经传释词》所引"与"训"如"的例证，发现它们大致相当于"比如""比得上""相当""如其""如或"及别的意义，没有作"相似、相像"用的。因此，"似"因与"与"同义而渗透产生给予之"与"义的结论，由于证据不足而失之武断。至于"似"何以有给予之"与"义，笔者亦不得其解。暂付阙如，以俟通人。

第四个疑问：词义渗透与同源词的关系问题。《渗透》认为："孔""好"语音上有流转关系，其义则交互渗透。所以"孔"有"好"义，"好"有"孔"义；"孔"有"大"义，"好"也有"大"义。但是，为什么语音上有流转关系的词能词义相互渗透呢？惜文章未予说明。我们觉得，从词源角度探索，或许能找到答案。"孔"的古音在溪母东部，"好"在晓母幽部，溪晓旁纽，东幽旁对转，可见两字音有关联。王力先生《同源字典》将"孔""好"列为同源字（词）。因为同源，属一个同根词的分化，故两词意义上必然有相同或相近的关系。那么，究竟是同源分化造成"孔"有"好"义、"好"有"孔"义这种交互渗透呢？还是由于交互渗透才产生"孔""好"的同义关系呢？换句话说，是由于渗透产生了同源词，还是同源词导致了词义的互相渗透？私意以为，同源是源，渗透是流，两者关系不宜颠倒。当然，它们之间的关系也较为复杂，尚需进一步研究。

第五个疑问："殷"训"正"、训"中"是假借义还是由别的词义渗透而得的？我们认为，章太炎认为"殷"与"隐""檃"相通假而有"正""中"之义的说法，有一定道理，只是不免疏漏，又忽视了语言材料的证明，给人以口实。今试为补苴以证其说。《说文》："㥯，有所依据也。从㥯工。读与隐同。"按：有所据则安，则定，故"㥯"引申有"定、正"之义。"隐"在实际语言中基本上未见，盖为借字"隐"所取代。段玉裁在《说文》"晷"下注："此与《阜部》隐音同义近，隐行而晷废矣。"《玉篇》："晷，所依据也。今作隐。"明乎此，从"隐"上就能找到可信的材料。《方言》卷六："隐，定也。"《广雅·释诂》："隐，安也。"《尚书·盘庚》："呜呼！邦伯、师长、百执士之人，尚皆隐哉！""隐"就是调整关系。孔安国传："言当庶几相隐括共为善政。"《汉书·刑法志》："劫之以势，隐之以阨。""隐"即"矫正""控制"。臣瓒注："秦政急峻，隐括其民于隘狭之法。"又"隐"从"昌"得义而义相关联。《说文》："㮷，括也"，"括，㮷也。"两者皆为矫正竹木弯曲之器，故常同义连用。王筠《说文句读》："古书多㮷括连言，许君则二字转注，以见其一事而两名，群书连用之为复语也。"㮷括能使竹木直正，故引申亦有矫正、调正之义。古书又常作"隐括"，前引孔安国传及臣瓒注即是。再如《韩非子·显学》："隐括之道用也。""隐括之道"，就是指矫正自然物的法则。何休《公羊传序》："往者略依胡毋生条例，多得其正，故遂隐括，使就绳墨焉。"这里"隐括"指"修正、订正"。《三国志·吴书·陆凯传》："民力困穷，鬻卖儿子，调赋相仍，日以疲极，所在长吏，不加隐括。"这里"隐括"指"纠正、调正"。综上所述，"隐"有"正"义，正则直、则中。所以，"殷"训"正"、训"中"，正是其通"隐""㮷"的结果。《渗透》"反复旁通，辗转渗透"以求其得义之由，似乎近于猜度，不敢置信。

（原载《中国语文》1991 年第 5 期）

关于"组合同化"的几点思考

——与张博先生商榷

摘　要：本文对《组合同化：词义衍生的一种途径》一文中引用的若干例证提出商榷意见。在此基础上，初步探讨了组合同化的范围，组合同化与词义引申、聚合同化的关系等理论问题。

关键词：组合同化；临时义；词义引申；聚合同化

《中国语文》1999 年第 2 期刊载的张博先生的《组合同化：词义衍生的一种途径》（以下简称"张文"），是继 80 年代"相因生义"说、"词义渗透"说、"同步引申"说、"词义沾（感）染"说等之后，探讨词义衍生发展规律的又一新成果。笔者拜读其说之后，颇受启发，也十分赞同"组合同化"这一词义衍生现象客观存在的事实。新说创见需要充分可靠的论据支撑，语言学的立论尤其如此。为此，笔者试将张文所举全部 12 组例证逐一考察。结果发现，除"胼/胝""睡/觉""盗/贼"3 组外，其余 9 组都存在着值得斟酌商讨的地方。这不单是对例证本身理解上的分歧，而是由于对组合同化的某些理论问题认识上的差异造成的。我们希望这一课题的研究能尽快取得有效的进展，唯其如此，方不揣浅陋，试将若干不成熟的断想杂感分类缀辑成文，就教于张博先生，并与同行学人切磋。

一

蚕　张文认为，唐人孙樵《武皇遗剑录》卷五"蛊于民心，蚕于民生"之"蚕"义为"侵蚀"，是由于"蚕食"经常连用，"蚕"受"食"的影响而产生的。

按，此例中的"蚕"乃名词活用作动词，含"像蚕吃桑叶一样吞食"之义。这是作者刻意追求修辞效果所为。何以言之？首先，"蚕"用作动词后，其意具体、生动而形象；其次，"蚕于民生"在结构上与"蛊于民心"十分平衡对称。"蚕"的此义，属于词类活用产生的临时义，而不是固定的义位，故不能看作受"食"的同化影响而得。因为古汉语中，这类意义比较具体的名词活用，表示与其相关的动作行为特征的用例并不鲜见，且似乎无须与动词组合就可直接活用作动词。例如：《诗经·大雅·民劳》："王欲玉女，是用大谏。""玉"用作动词，像玉一样珍视、宝爱。《论语·述而》："饭疏食，饮水，曲肱而枕之。""枕"用作动词，像枕头一样垫着。《国语·鲁语下》："子股肱鲁国，社稷之事，子实制之。""股肱"用作动词，像大腿、胳膊一样有力地辅佐。《史记·高祖本纪》："诸故秦苑囿园池，皆令人得田之。""田"用作动词，像田地一般开垦耕种。这些名词活用后，言简而意丰，增加了具体、形象的色彩。由此而论，与其说由于动词"食"的影响导致"蚕"产生了新义，不如说"蚕"在特定的语言环境中为了追求修辞效果临时并吞了与其相关的动词的意义。

箕 张文认为，"由于受'踞'同化，'箕'单用亦表'踞'义"。

按，古汉语中"箕踞"的连用诚为常见；但"箕"之有"踞"义，并非受"踞"同化而产生。"箕"的形状与人踞坐时两腿前伸之状相似，用作状语修饰"踞"，则使其更为形象、可感。"箕"与"踞"形状上的相似性，决定了它活用为动词后，自然可表示与"踞"相似的动作特征。张文所举两条材料可以为证：《礼记·曲礼上》："立毋跛，坐毋箕。"这里"箕"前面有副词"毋"修饰，加之有"坐"限定其为坐姿，活用作动词后，其意为像箕一样伸展双腿。苏舜钦《沧浪亭记》："箕而浩歌，踞而仰啸。""箕"后有"而"连接动词"浩歌"，相对的位置上又是动词"踞"，则必然是活用作动词，意即像箕一样伸腿坐着。这里"箕"用作动词，大概还出于避免与"踞"重复的考虑。总之，张文所举两例中的"箕"字，都是为增强修辞效果的临时用法，不能算作受"踞"的同化而产生的新义。

按说，作为一种规律，这类用作状语表比喻的名词倘能衍生为较为固定的动词义，应当是较为普遍的现象。遗憾的是，除张文所引用的两例外，我们在古汉语中尚未发现类似的用例。其原因不难解释，"蚕""箕"之有动词义，不过是偶尔为之的临时用法罢了。

由此引发出一个值得探讨的问题：词语因修辞需要临时活用而产生的

意义，是否应纳入"组合同化"衍生的新义范围？换句话说，由"组合同化"衍生出的意义，是限于词的固定的义位呢，还是包括临时义在内？我们认为应限定为前者。倘若将"组合同化"随意扩展延伸到词类活用的范围，那么，词义衍生的方式、条件将不胜枚举，几无规律可言。因为词类的活用总是在特定的语言环境中，通过各种组合关系来实现的。

二

审　张文认为，由于"审问"连用，"审"字"受'问'同化而产生'审问、询问'义"。

按，张文仅从"审"的本义"详细，仔细"出发，无视"审"的众多引申义，且引申义之间比较复杂的事实，便称言"审"的"审问、询问"义受"问"的同化而产生，是失之武断的。"审"还有一常义"详究、细察"，动词。此义显系本义引申而来。例如：《荀子·非相》："欲知亿万，则审一二。"贾谊《治安策》："为人主计者，莫如先审取舍。"《史记·淮阴侯列传》："审毫厘之小计，遗天下之大数。"

要详究事情的来龙去脉，"问"当然是十分重要的方式。因此，"审"由"详究、细察"引申出"审问、询问"之义，是顺理成章的事，并非因为与"问"连用受其影响才产生。且"审"与"问"在意义上也有差别，往往含仔细深入地问清楚之意味。这正好说明"审"的"问"义当是自身引申演变的结果。

道　张文认为，"'道'受'知'的同化而有了'知'义"。

按，"道"的本义是道路，引申为"学说、思想、主张"等义，由此又引申出"谈论、说"之义。例如：《诗经·鄘风·墙有茨》："中冓之言，不可道也。""不可道"，不可说出来。《论语·宪问》："子曰：'君子道者三，我无能焉：仁者不忧，知者不惑，勇者不惧。'子贡曰：'夫子自道也。'""自道"，自己说自己。《老子》一章："道可道，非常道。""可道"，可以谈说。

到了魏晋时期，"道"又引申出"评论、品评"之义来。例如，《古小说钩沉·裴子语林》："庾公道王尼子：'非唯事事胜于人，布置须眉亦胜人，我辈皆出其辕下。'"《世说新语·赏誉》："殷中军道韩太常曰：'康伯少自标置，居然是出群器。'"

评价、品评别人之前必须先对其人有所知晓，"道"遂由此引申出"了解、知道"之义。由此可知，"道"的此义并非是受"知"的同化影响衍生出来的。

习　张文认为，"'习'受'学习'组合中'学'义的同化，亦产生'学'义"。

按，"习"的本义"数飞"似乎与"学习"无直接联系，但其引申指反复练习，就与学习挂上钩了。如《论语·学而》："学而时习之，不亦说乎？""吾日三省吾身：为人谋而不忠乎？与朋友交而不信乎？传不习乎？"例中两个"习"都指反复练习、温习。学习为由不知到知的复杂过程，离不开反复练习、训练，"习"由此便自然引申出"学习"之义来。

据我们所知，先秦"学习"连用，仅见于《礼记·月令》，且此例比"习"的"反复练习"之义出现要晚。将这种偶尔的组合作为导致"习"产生新义"学习"的充分依据，其结论无疑是难以成立的。

削　张文认为，"'削'受'弱'同化而有'弱'义"。

按，笔者考察发现，"削"有"弱"义的用例要早于"削弱"连用。例如《孟子·告子下》："鲁缪公之时，公仪子为政，子柳、子思为臣，鲁之削也滋甚。"此言鲁国的贫弱更加严重。《孟子·离娄上》："暴其民甚，则身弑国亡；不甚，则身危国削。""削"与形容词"危"对举，其"衰弱"之义甚明。《荀子·王霸》："如是，则敌国轻之，与国疑之，权谋日行，而国不免危削。""危削"，危险衰弱。《韩非子·和氏》："楚不用吴起而削乱，秦行商君法而富强。""削乱"与"富强"对举，两词无疑均为形容词，可见"削乱"有"贫弱、混乱"之义。《吕氏春秋·观表》："魏日以削，秦日益大。""削"与形容词"大"对举，"日以削"即一天天弱小。

其实，张文所举"削"有"弱"义的最早用例为《商君书》，其成书年代也要早于所举"削弱"连用的《战国策》。既然如此，"削"的"弱"义又怎么可能是受"弱"的组合影响才产生的呢？

我们认为，"削"之所以有"弱"义，可以从其自身的引申演变中找到答案。"削"在先秦即有"分割、减削"之常义。分割物体会使其减少、变小，分割国家的土地财物，则将导致其贫困、衰弱，故"削"引申有"弱"义。应该说，是"削"先有了"弱"义，然后才与"弱"组合——

构成同义连用，其先后关系不能颠倒。

　　息　张文认为，"'息'的'消'义当是受与之连用的'消'同化而产生的"。

　　按，可以肯定，"息"之有"消失、停止、休息"等义，与"消"无直接关系。首先，"息"字单用表"止息、停息"之义出现较早，不会晚于"消息"之连用，自然不可能是"消"同化影响的结果。例如：《易经·乾卦》："天行健，君子以自强不息。"《诗经·唐风·葛生》："予美亡此，谁与独息。"毛传："息，止也。"《诗经·大雅·民劳》："民亦劳止，汔可小息。"毛传："止，息也。"

　　其次，从"息"的本义出发，完全可以找到此义产生的逻辑联系。《说文》："息，喘也。"段玉裁注："《口部》曰：'疾息也。'喘为息之疾者，析言之；此云息者喘也，浑言之。人之气急曰喘，舒曰息。"段注辨析至确。"息"本指舒缓地呼吸。例如：《论语·乡党》："摄齐升堂，鞠躬如也，屏气似不息者。""不息"，不敢轻微地呼吸。剧烈地运动、劳作使人呼吸急促，气喘吁吁；而舒缓均匀地呼吸，当是停下来休息时才有的享受。这正是"息"引申出"止息、停息"等义的内在依据。张先生囿于《说文》"息，喘也"的浑言释义，忽略了"息"与"喘"析言则有一定的差异，故作出了不恰当的解释。

　　对于以上数词之新义产生的原因，我们与张先生的分歧是显而易见的：张先生用组合同化的理论推阐其得义之由，我们则从词义引申的角度找到了依据。孰优孰劣，自有方家评说，而由此涉及的理论和方法上的一些问题，倒更值得我们关注与深思：第一，词义衍生发展有时固然是外力影响的结果，但内因毕竟是词义变化的主要根据。因此，探讨词义的变化发展，首先当全面地从词语自身的义位系统出发，弄清其多义之间的内在联系，把握其意义特征，然后作出令人信服的解释；而不是径从其本义或某一义位出发，轻易舍本逐末，甚至把比新义出现年代还晚的组合及偶然的连用拿来作为新义衍生的根据。第二，不能简单地将组合同化与词义引申对立起来，使它们互相排斥。应该看到，词义衍生发展的原因并非孤立单一的，就某个新义位的产生而言，有时或许正是引申与同化甚至多种因素共同作用的结果，只不过上述词例尚未明确反映出来。当然，即令是共同作用，其间也还存在着主次轻重的问题，当具体问题具体分析。

三

揖 张文认为,"至迟在汉代,'揖'已被'让'同化",产生了"谦让、退让"之义。

按,"揖"有"让"义,缘由非一。《六书故》曰:"揖,拱手上下左右之以相礼也。""揖"就是作揖,是一种拱手当胸向对方表示礼敬的举动。因此,它常与"让"一起,表示宾主间送往迎来的礼仪。先秦文献中,既可见"揖让"连文之组合,也不乏"揖"与"让"对举或出现在同一语境中的情况。张文所引之材料,即略见一斑。张文指出"揖让""当为两种不同的礼仪"。既然同属"礼仪",那么,两词不正是处于意义相类的聚合关系之中么? 从这个意义上说,"揖"之有"让"义,当是组合同化与聚合同化双重作用的结果,仅归于一端,是失之片面偏狭的。

暴/炙 张文认为,"暴"的本义指日晒或晒干,"炙"的本义为火烤或火烧,由于两词互相同化,"'暴'有了'火烤'义","'炙'则有了'日晒'义"。

按,两词的新义可以从自身引申出来。"暴"本义指日晒,"赤日炎炎似火烧",是"暴"有温度高的特点,由此比喻引申为火烧,十分自然;"炙"本义既指火烧、火烤,同样有高温、灼人的特点,故亦可比喻引申为日晒。由上可知,"暴"与"炙"均为高温现象,具有共同的词义特点。因此,它们实际上是处于同义聚合之中。加之两词经常连用,这些都对其双向同化产生作用和影响。总之,两词新义的产生是多种因素造成的结果,不能简单地归结为互相同化。

通过对以上两组词例的辨析,我们揭示了组合同化与聚合同化对词义衍生发展的双重作用。惜张先生将两者割裂开来,一味强调其区别而无视其联系,从而造成文中的自相矛盾。张文曾言:"聚合同化的条件是两个(或多个)词的某个义位相同、相类或相反,构成一个语义聚合体,即有聚合关系。"按此标准,"揖"与"让"、"暴"与"炙",乃至张文中所举的"盗"与"贼"(张文谓之"连类而及的组合关系")等,既处于组合关系之中,也同时属于同义或类义的语义聚合体。既如此,怎么能片面地取此舍彼呢? 我们认为,处于同一聚合关系中的词,它们之间往往存在某种联系,有联系就存在着组合的条件和可能。因此,在探讨词义衍生发展时，必须辩证地看待组合同化与聚合同化的联系和相容性，否则，难以全面而科学地揭示其复杂的原因。张文在篇末提出"必须多侧面、多角度地考察词义的发展演变"，此言甚是。我们认为这一原则不仅适用于从宏观上考察整个词义系统，同样适用于从微观上研究某个词乃至某一义位的发展变化，然而张先生将后者给忽略了。

（原载《海南师范学院学报》2000 年第 2 期）

对"附近"词汇化的几点看法

——与刘东升、潘志刚先生商榷

摘　要：词汇化和述补结构是汉语史研究的热点。文章针对刘东升、潘志刚《论"附近"的词汇化》一文的观点提出商榷意见，认为：动词短语"附近"与先秦两汉的动宾结构"附近"没有联系，它来源于并列连用动词；从汉代到唐代，"附近"都是一个松散的组合，没有复合、凝固为述补结构；复合处所名词"附近"并非来源于述补结构，而是由并列动词"附近"直接词汇化而成的。

关键词：附近；词汇化；述补结构

刘东升、潘志刚先生的文章《论"附近"的词汇化》（《汉语学报》2008 年第 2 期，以下简称刘文），探讨了"附近"的来源及其从两汉到现代的变化。文章认为，现代汉语常用名词"附近"在早期文献中是一个动词短语，它是由短语词汇化而成的复合词，其演变途径是：动宾短语、动补短语、复合词。

刘文讨论的是一个具体词语的演变过程，但其中涉及词汇化问题，也涉及述补结构的问题。文中提出动补短语"附近"来源于动宾短语的意见，是关于述补结构产生的一种新说。王力先生说："由使动用法发展为使成式，是汉语语法的一大进步。"[①] 蒋绍愚先生也指出："述补结构的产生与发展，是汉语语法史上的大事，它使得汉语的表达更加精密了。"[②] 为此，有必要陈述我们对刘文的一些看法，以期揭示这一问题的真相。

我们认为，刘文中有以下几点值得商榷：①所谓的动补短语"附近"

---

① 王力：《汉语语法史》，北京：商务印书馆，2005 年，第 262 页。
② 蒋绍愚：《近代汉语研究概要》，北京：北京大学出版社，2005 年，第 178 页。

能否来源于动宾短语？②"附近"从两汉到唐代的性质是什么？③复合处所名词"附近"是否由动补结构词汇化而来？下面主要就这几个问题展开讨论。

1. 动词短语"附近"的来源①

刘文说："'附近'在先秦两汉时期主要作动宾短语使用，是两个词在句法平面上依据语法结构规则临时组合而成的，还不是一个凝固、意义特殊的复合词。""从东汉起，'附近'这个短语有了新的发展。动宾短语的用法已经渐趋消失，产生了新的动补短语的用法。"

刘文指出"附近"一词最早见于战国时期的《管子》，它是后代"附近"的来源。关于《管子》一书，后世多认为是伪托之作；即使不是伪托，经过汉代刘向的整理，也已经和原文有了很大的出入。梁启超指出："（管子）其中十之六七为原文，十之三四为后人增益。"② 因此，把《管子》中的"附近"作为最早论据是不合适的。

动宾短语能否演变成为动补短语③？我们参考了大量的文献材料和研究成果，尚未见到汉语里有实际的例子。这一现象似无成立的可能。首先，根据构词法理论，动词性复合词中，"动名复合的成词往往是词汇化的结果，很少能够形成能产的词法模式"④。朱德熙先生观察到，补语只能是谓词性成分，不能是体词性成分。⑤ 其次，从语义逻辑的角度看，宾语的作用在于提出与动作相关的事物（受事、与事、工具等），而补语的作用则在于说明动作的结果或者相关的状态。事物与结果状态之间有无联系？若有，这种联系究竟是什么？刘文没有作出比较合理的解释。再从语言事实看，使成式形成后，原有用作使动的谓语动词发生位移，成为结果补语，原来隐含未现的行为动词则显现出来。在使成式里，表面上原使动词"退居二线"，但它并未随着位置的偏移而淡出，语义的重心仍然落在

---

① 我们认为文献中的"附近"有三种：一是两汉时期的动宾组合；二是汉代到唐宋的并列动词；三是唐宋以后的复合处所名词。我们不承认动补短语"附近"的存在。为了论述的方便，在这里姑且用"动词短语'附近'"指称刘文的动补短语"附近"。

② 梁启超：《管子评传》，《诸子集成》（五），上海：上海书店出版社，1986 年，第 354 页。

③ 在本文中，如非特别说明，动补短语、动补结构、动结式、使成式、使成复合动词所指相同。

④ 董秀芳：《汉语的词库与词法》，北京：北京大学出版社，2004 年，第 136 页。

⑤ 朱德熙：《语法讲义》，北京：商务印书馆，1982 年，第 125 页。

作补语的原使动词上。例如："死之"的"死"由使动用法发展为使成式"打死""气死""累死"，语义重心似乎偏在"死"，而不是"打""气""累"上。由此而论，"附近"若为述补结构，语义重心当在"近"上；再往上追溯，原有的使动词就应该是"近"而不是"附"。刘文在未拿出"近"在早期用作使动用法用例的情况下，就贸然断定"近"是因"附"演变而成的结果补语，这是与使成式的形成条件和语义特点相违的。

两汉到六朝时期的动词短语"附近"来源于什么？董秀芳（2002）认为"附近"在六朝至唐是动词性的并列结构。我们赞同这一观点。但董先生没有展开论述，也未指出这一结构的来源为何。我们认为，两汉至六朝时期的动词短语"附近"与刘文提及的《管子》及其他汉代文献中的动宾短语"附近"无关。"附"和"近"在动词"靠近、接近"义上是同义词。段玉裁、桂馥考证，"附近"的"附"，本字应为"坿"。《说文》："坿，副马也。一曰近也。"《广雅·释诂》："附，近也。"《孙子兵法·行军》："无附于水而迎客。"曹操注："附，近也。"《吕氏春秋·贵直》："赵简子攻卫，附郭。""附郭"，迫近城郭。《说文》："近，附也。"《吕氏春秋·处方》："荆人射之，水不可得近。"此"近"指迫近。《尚书·五子之歌》："皇祖有训，民可近，不可下。"此"近"指接近。"附"和"近"义近而微殊，成为同义并列的组合是很自然的事。

目前见到"附近"最早的同义组合为西汉时的《〈尚书〉序》："序所以为作者之意，昭然义见，宜相附近。""宜相附近"指序文应当接近原文作者的旨意，不游离。"附近"同义连用，共表"接近"之义。

刘文引东汉王逸注《楚辞·九章·惜诵》所用的两个"附近"亦是同义并列组合。例一，"故忠信之士不得附近而放逐也，""不得附近"，即不得亲近、靠拢（君王）；例二，"众恶推远，不附近也，""不附近"，即不接近他们（忠信之士）。据文意，两个"附近"的"近"都不含使动意味。刘文在未作任何分析解释的情况下，径言两个"附近"为动补短语，着实令人不可思议。

由于"附近"同义并列，结构上比较松散，因而可构成"附而近之"的用法。例如：

①《礼记·曲礼上》："贤者，狎而敬之。"郑玄注："狎，习也，近也。谓附而近之，习其所行也。"孔颖达正义："贤者身有道艺，朋类见贤

思齐焉，必须附而近之，习其德艺。"

②此等五人既不相悉。又不狎习。谓附而近之习其行（去声）。（唐大觉《四分律钞批》卷第十二本）

在东汉至唐的文献中，也有不少"附近""近附"语序交互的用例。"附近"之例如：

③妇人之情欲。有附近之意。（吴·支谦译《佛说太子瑞应本起经》卷上）

④常堕饿鬼。身体臭秽。不可附近。（吴·支谦译《撰集百缘经》卷第五）

⑤身常臭处。不可附近。（吴·支谦译《撰集百缘经》卷第五）

⑥獐鹿众鸟皆来附近。（西晋·圣坚《佛说睒子经》）

⑦但有不净故。无所附近。（西晋·聂道真《异出菩萨本起经》）

⑧方便渐渐随宜附近一切众生。无有疑难也。（东晋·竺难提《大宝积经》卷第一百七）

⑨诸有粟散国王及诸大王皆来附近于转轮王。（东晋·瞿昙僧伽提婆《增壹阿含经》卷第十八）

⑩智慧良药除，终不当附近。[宋·释宝云《佛本行经》（一名《佛本行赞传》）卷第五]

⑪此亲乃可亲，智者所附近。亲中无等亲，如慈母亲子。若欲亲可亲，当亲坚固亲。（后秦·耶舍共竺佛《佛说长阿含经》卷第十一）

⑫言遂款笃。意渐附近。（元魏·慧觉等《贤愚经》卷第九）

⑬如是等人，甚可怖畏，譬如毒蛇，不可附近。（唐·地婆诃罗《方广大庄严经》卷第四）

⑭我今当遣宫中所有端正女人，形貌变坏，不可附近。（唐·地婆诃罗《方广大庄严经》卷第六）

"近附"之例如：

⑮亦不敢近附菩萨。终不失志。（东汉·支娄迦谶《道行般若经》卷第六）

⑯不能得近附无量清净佛。（东汉·支娄迦谶《佛说无量清净平等觉经》卷第三）

⑰不能得近附阿弥陀佛。（吴·支谦译《佛说阿弥陀经》卷下）

⑱其堂四角有四毒虻。凶害喜诤不可近附。（西晋·竺法护译《修行道地经》卷第六）

⑲窟边求食。或五日一还见。与道人相近附。（梁·旻宝唱等《师子有二子为猎者所杀同生长者家得道第四》，《经律异相·杂兽畜生部上》卷第四十七）

志村良治说："词序交换现象，也是因为动词具有并列性才可能发生的。"① "附近"和"近附"词序不同，但表达的都是"靠近、接近"之义。

刘文认为："由于东汉时动补结构开始产生，……动词'附'不再具有致使的用法，而后面接一个'近'使人联想到主动依附靠拢的结果必然是与物体距离的拉近，'近'就成了一个结果补语。而最初与'附近'作为动宾短语同现的'附众''附远''附疏''附民'都未能保留下来，原因也正在于此。'众''民'是名词，随着'附'的使动用法的消失，这两个短语就失去了存在的语法条件；'远''疏''近'一样本是形容词，按照规律应该可以转化为动补结构，但是从人对客观事物的认知理解可以知道，'附'为'依附、靠拢'义时，动作的结果自然是'近'而不是'远'和'疏'，其自身存在着语义冲突，所以'附远'和'附疏'由于不符合动词和补语的语义搭配关系，自然也会遭到淘汰。"

为了便于讨论，这里不妨全段引述刘文。我们认为刘文该段论述比较随意，经不起推敲。关于"众"的词性，在"附众"结构中，我们很难判断它到底是名词还是形容词，因为在先秦两汉时期，"众"用作形容词也不少见。刘文对此似乎也把握不准，文中曾说："'附近'和'附远''附疏''附众'非常类似，'附'后面带的宾语都是形容词的名词化用法，指的是有这种属性的人。"该段又说："'众''民'是名词，随着'附'的使动用法的消失，这两个短语就失去了存在的语法条件。"对于同一个"附众"，一会说"众"是形容词，一会说"众"是名词，它的性质完全取决于自己论述的需要，这显然不是严谨的态度。退一步，据刘文之说，"附众"一语由于依附、靠拢的结果，数量自然是逐渐增多，而不是减少，

---

① ［日］志村良治著，江蓝生、白维国译：《中国中世语法史研究》，北京：中华书局，1995年，第233页。

这样理解并无不可；但言"附"后接"近"会使人联想主动依附的结果是与物体距离拉近，则比较主观、随意，人们怎么不会联想主动依附的结果会使物体的数量增多呢？刘文认为，文献中的几个"附"字组合没有按规律转化为动补结构，是由于语义的冲突所致。在未予论证"附"后的形容词转化为补语是否已成规律，也未说清"附"后的几个词用作宾语后究竟还是不是形容词的情况下，简单用"语义冲突"来解释，显然是没有说服力的。我们认为，"附众""附民""附远""附疏"等没有演变成为动补结构，原因并不复杂，它们与刘文所举的几个早期的"附近"一样，都是动宾结构，"远""疏"亦为形容词临时用作名词。如前所论，宾语同补语的功能、作用相去较远，很难受其影响而产生变化。这才是真正的"语义冲突"，才是真正限制其不可能演变为动补结构的内在条件和关键因素。

2. 动词短语"附近"从汉代到唐代的性质

刘文认为，"六朝时，'附近'就完全是作为动补短语在使用了"。

我们认为这一判断比较大胆且武断。首先，仅以4条六朝文献中的"附近"，且未据文意作具体分析，何以证明此时的"附近"已经是动补短语？其次，所谓"完全"，是否断定"附近"作动补短语已很成熟且具排他性，只能作动补短语，而不能有别的用法？遗憾的是，刘文对此未置一词。前面我们通过对"附""近"词义的分析，引用汉代到六朝的大量例证，已确然证明"附近"为动词性并列结构。这里再对刘文中4个"附近"的例子试作辨析。例（12）"附近至尊"即接近魏明帝；例（13）"附近世尊"即靠近佛祖；例（14）"恐相附近"即恐怕交相靠拢；例（15）引文出处为《汉书·天文志》，有误，当为颜师古注引晋灼之言，"附近君子之侧"即靠近君子旁边。这些"附近"均为同义连用，表"接近、靠近"之义，且其意义具有整体统一性而不应拆分理解，都是主语所发出的动作，动作直接指向宾语。而刘文所作的解释是，这种"用作动补结构的'附近'，则是主语发出'依附、靠拢'的动作，使得自己（主语）向宾语（某人、某物或某地）靠拢，产生'近'（接近）的结果，动作的对象是主语自身，动作的方向是由主语指向宾语"。就"附近"之例而言，这样解释似乎也说得过去，但这只是就事论事的推测，有无普遍性，尚需接受语言事实的验证。

我们知道，使成式动补结构源自使动用法①，组成动补结构的动词只能是及物动词。因而在使成式中，仍蕴含着主语发出动作，致使他者（宾语）产生某种结果的语义特点，怎么会出现指向主语自身的情况呢？我们考察了汉代到六朝新产生的使成式，情况莫不如此。刘文仅凭"附近"之例而作出动补结构的假设显然有违常规，加之缺乏必要的材料以支撑佐证，其可信度自不待言。

对动补结构的判断标准虽有不同看法，但目前学界的认识则是越来越清晰。志村良治（1995）指出判断使成复合动词化的条件有三：①用复音节构成的动词，前面的形态素 A 表示动作的原因，后面的形态素 B 表示其结果；②客观上能够证明，A、B 两个形态素由于结合已经脱离了各自的原义，引起了语义上的变化；③由于 A、B 两个形态素的紧密结合表达一个新的意义。

结合这三条来分析"附近"。第一个条件，根据语感，我们没有把握判断在六朝时它们的原因和结果是否已经呈现。第二个条件，如前所论，"附"和"近"均有接近、靠拢的常义，两词组合以后，这种意义没有产生新的变化。第三个条件是一个可操作的条件。如前文所述，"附近"在六朝时期并没有紧密结合，可以见到大量"附近"和"近附"词序交换的现象，这说明它们各自的独立性还相当强。在唐代的译经中可以见到"附而近之"的例子，在宋代的《太平广记》里都还有"又遇紫霄元君已前至此，今不复近附于君矣"的用例。可见，早期的"附近"不管是动宾结构，还是并列结构，恐怕都没有演变成述补结构的可能，因而在汉语发展史上，"附近"根本就不曾经历述补结构的过程。

下面再分析刘文所举《敦煌变文》中几个作动补短语的"附近"例子②：

（17）妇人卓立审思量，不敢向前相附近。（《敦煌变文·伍子胥变文》）

（18）唯有汉高皇帝大殿而坐，诏其张良，附近殿前。（《敦煌变文·

---

① 根据王力先生的意见，使成式只包含 Vt + Vi／A，即补语指向受事的一类。详见王力《汉语语法史》第 262 页、蒋绍愚《近代汉语研究概要》第 178 页。根据刘文对动补结构的认识，"附近"当属此类，特此说明。

② 本文采用刘文的例子，一般不变动其例句编号，下同。

汉将王陵变文》）

（19）霸王闻语，转加大怒，招（诏）钟离末附近帐前。（《敦煌变文·汉将王陵变文》）

我们认为，这几个"附近"都不能视为动补短语。首先，在说唱文学当中，韵律很重要。例（17）"不敢向前相附近"是七言，与上句对称；例（18）（19）存在一个声气之读，它们应该分别读为"唯有汉高皇帝，大殿而坐，诏其张良，附近殿前。""霸王闻语，转加大怒，招（诏）钟离末，附近帐前"。

为了使句子形式整齐，就找一个和"近"的意义比较接近的"附"来凑数。因为在变文中，动词"近"单用的例子尽管没有先前文献多，但是也有一定数量。例（18）透露出的信息更为明显，"诏其"的"其"完全是为了凑足音节。其次，从语义上看，以上各句的"附近"还具有使动的意味："不敢向前相附近"就是不敢使自己向前靠近对方；"诏其张良，附近殿前"就是诏令张良，使他靠近殿前；"招（诏）钟离末附近帐前"就是诏令钟离末，使他靠近帐前。而后两个"附近"具有使动意味，还明显受到前面表致使义的"诏"的支配影响。需要指出的是，这些"附近"的使动意味都具有整体性，是两词平行共有的，而不是由"附"或"近"单独来承担。可见，这和动补短语所表现出来的语义特点差别明显。

综上，刘文认为"附近"在六朝已经复合成动补短语的说法是站不住脚的。我们坚持从汉代到唐代，"附近"一直处于动词并列连用的状态，没有复合成述补结构的看法。唐宋之后，谓词性的"附近"趋于消失就是很有力的说明，一个松散的结构在竞争中是极不稳定的。

3. 处所名词"附近"是否由动补短语词汇化而来

对于"附近"如何发展成名词性复合词，刘文的解释是："当'附近'由动补结构词汇化而变成一个复合词时，不仅结构、语义发生了变化，而且语法功能也发生了变化，它不再是动词性的，而是名词性的复合词。这可能是因为'附'和'近'都含有共同的表示'距离近'的义素，从而在凝固成词时，'近'字的语义得到了凸显而'附'字表动作性的语义却逐渐退化。从人类的认知角度而言，'近'很容易和处所发生联系，人们往往以某个地点作为中心参照点，用'近'来泛指四周的范围，这样'附近'就侧重于指地域或处所而具有名词性了。"

刘文并没有拿出有力证据来证明其观点，而且认为这只是一种"可能"。我们在前文已经论述了动词性组合"附近"从出现到消失都未必有过复合化、凝固化。既如此，何来"凝固""凸显"呢？根据董秀芳（2002）的研究，述补结构在词汇化的过程中是一种极不能产的格式，其词汇化的难度很大，固化成词的极少。① 根据我们的观察，述补结构词汇化成为典型名词的现象更是罕见。相较于述补结构，并列结构的词汇化现象在汉语中则相当普遍，并列动词词汇化为复合名词也不在少数②。我们认为，"附近"在词汇化为复合处所名词的过程中并未经历过述补结构的阶段，它是由汉魏时期的并列连用动词直接词汇化形成的。

根据胡敕瑞（2005）的研究，汉语词汇从上古到中古的发展中历经了从隐含到呈现的过程，这个过程的表现是汉语词汇的大量双音节化。造成这一过程的原因之一是语义的变化。语义的泛化、混同和转移都会引起词语由单音节向多音节演变。中古时期，随着词汇复音化发展的趋势加强，意义相近的两个词并列连用的现象非常普遍。这个时候，"附"先后产生了"附近""近附""归附""依附""附依""亲附"等组合；"近"也先后产生"亲近""接近"等组合。这些动词性的组合产生后，加速了"附""近"的语素化，进一步束缚了它们的自由③。

在上述变化的同时，西晋至晚唐五代的佛经文献和敦煌变文中，"近"产生了名词性的义项。例如：

⑳道不离人远。亦复不在近。（西晋·竺法护译《无希望经》）

㉑我村今在近。哀愍留一宿。（后秦·耶舍共竺佛《长阿含经》卷第三）

㉒何者在近。如上座舍利弗如大目连。（隋·阇那崛多《大威德陀罗尼经》卷第十一）

---

① 董秀芳：《词汇化：汉语双音词的衍生和发展》，成都：四川民族出版社，2002年，第213页。

② 不少学者认为述补结构来源于动词的并列连用，因此述补结构词汇化成词的时间会比较晚，难度比较大。

③ 我们在检索文献时发现，越是年代久远的汉译佛经，动词"附""近"单用的现象越多，越是晚近的汉译佛经，"附""近"单用的现象越少。由此可以印证，"附""近"这两个词语是越来越不自由的。

㉓我家在近，当供养汝。（《大方便佛报恩经》卷第四）

"近"独立表达"近处"的概念，这是"近"从上古到近代在用法上的新突破。在古代汉语中，"近"负载了较多的词汇语法功能。名词"近"如果单独使用，人们很难把它同动词"近"以及形容词"近"区别开来。中古词汇的双音节化趋势，要求语言中产生表示"近处"这个概念的双音节词。我们观察到，中古的名词"近"基本上都出现在动词"在"后面。"在"是一个连接处所名词的显著标记，其清晰性会影响这个组合凝固的可能，因此，这个阶段出现了表"近处"词义的词汇空格①。"附""近"在上古汉语中义相近而有微殊。根据并列动词短语词汇化的规律，由两个语义相似的并列项组成的并列短语更加容易词汇化②，因而并列动词"附近"就很自然地由"靠近"义演变成"靠近的地方"，即近处，最后凝固成表示处所的名词性复合词。

到近代汉语阶段，名词性的"附近"使用频率增多，这无疑将会对原先比较活跃的动词性组合"附近"产生重要影响。同一语言中出现意义和功能不同的同一个符号，很符合语言的经济性原则，但违背了语言的明晰性原则。因此，这两种"附近"有时会让人难以辨认，这从刘文误解的例子中可略见一斑。

（22）拜命之始，遇山陵附近；奉辞之日，属虞祭未终。（邵说《让吏部侍郎表》）

（23）昨闻于邠宁庆等州干谒节度使及州县乞丐，今见在武功县南西戎附近，恐有异谋，若不冒死闻奏，必恐覆臣家族。（郑云逵《奏弟方逵不孝状》）

从句子结构的对称性看，例（22）中"附近"和"未终"一样，都应是谓词性的，释为靠近、逼近；例（23）中"乞丐"并非名词而是动词，即乞讨，因而"附近"也应是动词，靠近之义。这两例很具代表性。

---

① 我们检索了六朝的大部分文献，考察了与名词"附近"意义相近或有关系的名词。其中"邻近"最早见于《云笈七签》（北宋）；"周围"最早见于《法显传》，但这个"周围"是动词，名词的"周围"最早见于《宋史》（元）；"周遭"最早见于《全唐诗》（唐）。"周围""周遭"强调的是环绕中心的部分，并不是表示"近处"的意义。"周匝"和"周回"均见于《汉书》（汉），它们同样是强调环绕的意义。"周边"在所检索的文献中未见，估计出现的时间更晚。

② 董秀芳：《词汇化：汉语双音词的衍生和发展》，成都：四川民族出版社，2002年，第121页。

"附近"的读音和形体都没有区别，而出现的环境部分相同，产生误解是不足为奇的。

刘文指出，唐代注释家喜欢用"附近之近"来解释文献中的"近"字，以此证明"附近"已是名词性复合词。唐代注释家对人们习见的"近"不惮辞费加以解释，的确是值得注意的现象。对此，需要对用例作具体分析，不可一概而论。前面说过，其时"近"兼有几个词类，作形容词亦为其常见用法，易生混误。由于动词"近"与"附"语义接近，所以唐代注释家就取人们熟悉的组合形式来解释"近"的"靠近、接近"义，以与其作形容词区别开来。用同义组合形式（将被释的单音词组合其中）对单音词作出解释，十分便捷简明，因而成为古代注释家习用的注释方式。看几条汉唐注疏的例子：

㉔《礼记·曾子问》："夫柩不蚤出，不莫宿。"笺云："侵晨夜则近奸寇。"陆德明释文："近，附近之近。"

㉕《礼记·士冠礼》："适子冠于阼，以著代也。"笺云："东序少北近主位也。"陆德明释文："近，附近之近。"

㉖《诗经·小雅·白华》："有鹙在梁，有鹤在林。"笺云："鹙也，鹤也，皆以鱼为美食者也。鹙之性贪恶而今在梁，鹤洁白而反在林，兴王养褒姒而馁申后，近恶而远善。"陆德明释文："近，附近之近。"

㉗《尚书·禹贡》："三邦底贡厥名。"孔安国传："近泽三国常致贡之。"陆德明释文："近，附近之近。""近泽"，靠近水泽。

㉘《毛诗序》："故正得失，动天地，感鬼神，莫近于诗。"陆德明释文："近如字。沈音附近之近。"孔颖达疏："上言播诗于音，音从政变，政之善恶皆在于诗，故又言诗之功德也。由诗为乐章之故，正人得失之行，变动天地之灵，感致鬼神之意，无有近于诗者，言诗最近之，余事莫之先也。《公羊传》说《春秋》功德云，拨乱世反诸正，莫近诸《春秋》。何休云，莫近，犹莫过之也。"

据文意，笺注中的"近"是动词而不是名词，取"接近、靠近"之义；陆德明再用"附近"为释，其"附近"为动词连用不言而喻。例㉘陆德明罗列了"近"的不同读音，孔颖达对此作了解释，音为"如字"的，是"最近"之"近"，形容词；音为"附近之近"的，是"超过"之义，动词。由此可见，刘文的说法是经不起文献材料的检验的。

语言的自组织迫使动词性"附近"和名词性"附近"进行竞争。尽管动词性"附近"出现的时间早，使用频率也不低，但有不少劣势。首先，与之意义和功能接近的词语较多，例如"亲近""依附""亲附""接近"①等，这些词语往往可以替代使用；其次，尽管动词性"附近"出现较早，但一直都没有凝固成词，稳定性就相对较低。此外，名词性"附近"占有特殊优势，即表示"近处"这个概念的双音节词出现了词汇空格，因而它没有取而代之的对手。这样，在竞争中名词性"附近"获胜，动词性"附近"败北，最终退出了历史舞台。纵观宋代以后的文献，除非仿古，我们很难再看到动词性"附近"的身影。

4. 小结

通过以上分析和论述可知，动词性"附近"是一个动词并列连用的松散结构，直到唐宋时期都未能凝固并转化成述补结构。名词性"附近"出现时间稍晚，它是并列动词"附近"直接词汇化的结果，中间不曾经历述补结构的阶段。名词性"附近"出现之后，曾与动词性"附近"有过激烈的竞争。名词性"附近"凭借其优势而胜出，动词性"附近"最终失利，从而退出历史舞台。

刘文认识的误区，可能在于认为"附"和"近"在先秦时期的常义分别只能是动词和形容词，甚至两词的本义就是如此。文中曾言："动补结构的'附近'中，'附''近'二字均回归其本义，分别意为'依附''靠近的'"，清楚地表明了这一点。无视"近"在上古已是多义词的事实，硬将其框定在形容词里来曲成己说，其结论自然就不可靠了。志村良治说得好："讨论这些复音节动词的组合关系，就不能单单抽出其中可以构成使成复合动词的词语来讨论，有必要跟同义、近义、重叠、动宾、反义的结合方式进行讨论。"②刘文存在问题的症结恐怕也正在于此。语言现象是复

---

① "亲近"出现不晚于韩非时代。《韩非子·说难》："大意无所拂悟，辞言无所系縻，然后极骋智辩焉，此道所得，亲近不疑而得尽辞也。""依附"出现不晚于郑玄时代。《诗·小雅·鸿雁》："爰及矜人，哀此鳏寡。"郑玄笺："鳏寡则哀之，其孤独者收敛之，使有所依附。""亲附"出现不晚于西汉。《淮南子·兵略》："群臣亲附，百姓和辑，上下一心，君臣同力。""接近"出现不晚于晋。向秀《〈思旧赋〉序》："余与嵇康、吕安居止接近，其人并有不羁之才。"这些动词出现都不比"附近"晚，在言语交际中或许更具优势。

② ［日］志村良治著，江蓝生、白维国译：《中国中世语法史研究》，北京：中华书局，1995年，第232页

杂的，只有充分联系多方面的因素，才能对问题有比较深入全面的认识。

参考文献

［1］（宋）陈彭年等：《广韵五卷》，《四部丛刊初编》，北京：商务印书馆，1992 年。

［2］（清）段玉裁：《说文解字注》，上海：上海古籍出版社，1981 年。

［3］（清）桂馥：《说文解字义证》，济南：齐鲁书社，1987 年。

［4］胡敕瑞：《从隐含到呈现（上）——试论中古词汇的一个本质变化》，《语言学论丛》第三十一辑，北京：商务印书馆，2005 年。

［5］马连湘：《从〈世说新语〉复合词的结构方式看汉语造词法在中古的发展》，《延边大学东疆学刊》2001 年第 3 期。

［6］王力：《汉语语法史》，北京：商务印书馆，1989 年。

［7］王力：《汉语史稿》，北京：中华书局，1980 年。

［8］［日］志村良治著，江蓝生、白维国译：《中国中世语法史研究》，北京：中华书局，1995 年。

（与黄高飞合撰，原载《湖北民族学院学报》2010 年第 5 期）

汉语词汇史考辨拾零

郭锡良等先生编的《古代汉语》（修订本）①中的"词义分析举例"，是该书颇具特色的部分，深得学界同仁赞誉。在分析常用词时，该书曾涉及一些汉语词汇史的问题。由于汉语词汇史源远流长，古书词义异常纷繁复杂，要完善地解决这类问题是相当艰难的。在学习中，我们也发现个别提法似乎不够准确。现提供部分语言材料，试作考辨。若能有所补益，则幸甚矣。

谤　"谤"字在上古只是指背后议论或批评别人的短处。（第100页）

《古代汉语》此说，旨在强调"谤"在上古没有现代的常用义"毁谤，恶意攻击"。事实上，"谤"的此义上古已经出现。例如：《论语·子张》："（君子）信而后谏；未信，则以为谤己也。"此言君子要得到国君的信任才去进谏，否则，国君会以为是恶意攻击他。《韩非子·显学》："禹利天下，子产存郑人，皆以受谤，夫民智之不足用亦明矣。""受谤"谓遭受毁谤攻击。《孔丛子·陈士义》："虚造谤言以诬圣人，非无伤也。"又"诸丧职秩者不悦，乃造谤言"。两例"谤言"均含贬义，即毁谤之言。《孔丛子·诘墨》："墨子虽欲谤毁圣人，虚造妄言，奈此年世不相值何？""谤毁"同义连用，义明。《管子·四称》："不谤其君，不毁其辞，君若有过，进谏不疑。""谤"与"毁"对举，确然为"毁谤"之义。《楚辞·惜往日》："何贞臣之无罪兮，被离谤而见尤？"这个"谤"，《古代汉语》认为，"虽然仍是议论、批评，但已包含了'毁谤'的意思"，这是模棱两可之言。从句意看，贞臣无罪却无端受人指斥批评，非"毁谤"而何？且

---

①　郭锡良等编：《古代汉语》（修订本），天津：天津教育出版社，1991年。下面引自本书之处将随行标出，不再另行作注。

"谤"的此义在上古已非孤立现象，释为"毁谤"有理且有据。

　　币　　"币"字在上古并没有货币的意义，而是指礼物……到汉代"币"已有了"货币"的意思。（第100页）

　　笔者在《管子》一书中，发现"币"表示"货币"之义是较为普遍的现象。例如：《管子·国蓄》："五谷食米，民之司命也；黄金刀币，民之通施也。""刀币"，即形状如刀的钱币。又"人君铸钱立币，民庶之通施也"。又"则君虽强本趣耕，而自为铸币而无已"。又"夫物多则贱，寡则贵，散则轻，聚则重。人君知其然，故视国之羡不足而御其财物。谷贱则以币予食，布帛贱则以币予衣，视物之轻重而御之以准"。又"先王为其途之远，其至之难，故托用于其重。以珠玉为上币，以黄金为中币，以刀布为下币。三币，握之则非有补于暖也，食之则非有补于饱也。先王以守财物，以御民事，而平天下也"。

　　《管子·山国轨》："某县之人若干？田若干？币若干而中用？谷重若干而中币？"又"布币称贫富而调之"。"布币"指仿农具镈的形状铸造的金属货币。《管子·山权数》："禹以历山之金铸币，而赎民之无馈卖子者"。《管子·山至数》："某县之壤广若干，某县之壤狭若干，则必积委币。"尹知章注："委，蓄也。各于县州里蓄积钱币。"又"今上敛谷以币，民曰无币以谷，则民之三有归于上矣"。在《荀子·大略》中，有一条材料亦可佐证："冢卿不修币，大夫不为场园。"杨倞注："不修币，谓不修财币贩息之也。""不修币"指不从事贩卖赚钱之事。

　　毙　　"毙"字在现代是"死"的意思，在上古都是"倒下去"的意思。（第101页）

　　"毙"在上古表示"倒下去"确实是其常见的用法。但是，不应忽略"死亡"的意思已经出现的事实。《古代汉语》举了《左传·僖公四年》之例："六日，公至，毒而献之。公祭之地，地坟。与犬，犬毙；与小臣，小臣亦毙"，认为"犬和小臣吃了骊姬下了毒药的胙肉和祭酒，可以肯定是死了。"但又以许慎在《说文解字》中释"毙"为"顿仆"，且曾引用这条材料为例，就断言这里的"毙"不是"死亡"之义，这种自相矛盾是难以服人的。解释词义最有说服力的当是词的实际使用情况。《国语·晋语二》记载此事曰："骊姬与犬肉，犬毙；饮小臣酒，亦毙。"韦昭注："毙，死也。"韦昭的解释从句中实际意义出发，十分正确，并非《古代汉语》所说的是"错误的注解"。我们在上古的其他材料中可以找到"毙"用作"死亡"义的确凿证据。《国语·晋语三》："且夫祸唯无毙，足者不处，处者不足，胜败若化。"韦昭注："毙，死也。罪不至死，则不为乱。"《礼记·檀弓下》："子射诸。射之，毙一人，……又毙二人。每毙一人，掩其目。"这些"毙"指射死，因不忍见死者之惨象，故掩其目。《礼记·表记》："子曰：'诗之好仁如此。乡道而行，中道而废，忘身之老也，不知年数之不足也，俛焉日有孳孳，毙而后已。'"陈澔集说："毙，死也。""毙而后已"犹言死而后已。《吕氏春秋·圜道》："人之窍九，一有所居则八虚，八虚甚久则身毙。"高诱注："毙，死。"《吕氏春秋·召类》："贤主之举也，岂必旗偾将毙而乃知胜败哉！""将毙"谓将亡。

兵　"兵"字在上古主要指兵器，没有现代汉语士兵、战士的意义……由兵器引申为武装力量、军队。（第 102 页）

既然"兵"在上古已引申为"武装力量，军队"，仍称言没有"士兵、战士"之义，这就叫人不得其解了。因为"士兵、战士"本来就是构成军队的主要成分，不必将两者强硬分开。且从上古的文献材料看，"兵"指"士兵、战士"是比较常见的。例如《左传·襄公元年》："夏五月，晋韩厥、荀偃帅诸侯之师伐郑，入其郛，败其徒兵于洧上。"杜预注："徒兵，步兵。"《左传·僖公二十八年》："（晋）献楚俘于王，驷介百乘，徒兵千。"《左传·昭公十四年》："夏，楚子使然丹简上国之兵于宗丘，且抚其民。"孔颖达疏："兵者，战器之名。战必令人执兵，因即名人为兵也。"《吴子·应变》："武侯问曰：'车坚马良，将勇兵强，卒遇敌人，乱而失行，则如之何？'"《吴子·论将》："其卒自行自止，其兵或纵或横。"《孙子·军争》："锐卒勿攻，饵兵无食。"杜佑注："以小利来饵己士卒，勿取也。"《管子·权修》："货财上流，赏罚不信，民无廉耻，而求百姓之安难，兵士之死节，不可得也。"《管子·幼官》："四机不明，不过九日，而游兵惊军。"《韩非子·存韩》："诸侯兵困力极，无奈何，诸侯兵罢。"《战国策·赵策三》："单闻之，帝王之兵，所用者不过三万，而天下服矣。"《战国策·秦策二》："不谷不烦一兵，不伤一人，而得商于之地六百里。"

恨　恨，在古代主要是"遗憾"的意思……古代"恨"的程度比"怨"轻，实际是"不满"的意思。（第 109 页）

强调"恨"古今词义的差异，是很有必要的。但认为"恨"在古代没有"仇恨、怨恨"之义，则不一定符合语言事实。《说文》："恨，怨也。"《广雅·释诂》："怨，恨也。"两词互训，显然同义。虽然"恨"有时程度比"怨"要轻，但在很多时候是没有这种差异的。例如：《国语·周语下》："今财亡民罢，莫不怨恨。"《墨子·兼爱中》："凡天下祸篡怨恨，其所以起者，以不相爱生也。"《荀子·尧问》："禄厚者民怨之，位尊者君恨之。"《韩非子·内储说下》："魏王臣二人不善济阳君，济阳君因伪令人矫王命而谋攻己。王使人问济阳君：'谁与恨？'对曰：'无敢与恨。'虽然，尝与二人不善，不足以至于此。"《战国策·韩策三》："今公仲死，韩侈之秦，秦必弗入。入，又奚为挟之以恨魏主乎？""恨魏王"即使魏王怨恨。《史记·外戚世家》："景帝怒曰：'是而所宜言邪！'遂案诛大行，而废太子为临江王。栗姬愈恚恨，不得见，以忧死。""恚恨"谓愤怒怨恨。《论衡·书虚篇》："吴王夫差杀伍子胥，煮之于镬，乃以鸱夷橐投之于江。子胥恚恨，驱水为涛，以溺杀人。"《抱朴子·外篇》自叙："见侵者恨之入骨，剧于血仇。"《后汉书·张奂传论》："而张奂见欺竖子，扬戈以断忠烈。虽恨毒在心，辞爵谢咎。""恨毒"同义连用，即"怨恨、仇恨"之义。《晋书·石季龙载记》："（石）闵益有恨色，（孟）准等咸劝诛之。"韩愈和孟郊《城南联句》："一笑释仇恨，百金交弟兄。"

怜　现代"怜"字的怜悯、哀怜意义大约是汉代以后才有的。（第 110 页）

此言"大约"，看来是留有余地的。根据我们的考察，"怜"的"怜悯、哀怜"义在上古已经产生。例如：《尔雅·释训》："矜怜，抚掩之也。"郭璞注："抚掩，犹抚拍，谓慰恤也。"可知"矜怜"为同义连用。《国语·晋语四》："谓晋公子之亡，不可不怜也；比之宾客，不可不礼也。失此二者，是不礼宾，不怜穷也。"《商君书·兵守》："壮男壮女过老弱之军，则老使壮悲，弱使强怜；悲怜在心，则使勇民更虑，而怯民不战。"《司马法·仁本》："不穷不能而哀怜伤病，是以明其仁也。"《韩非子·奸劫弑臣》："哀怜百姓轻刑罚者，民之所喜，而国之所以危也。"又"哀怜百姓不忍诛罚者，此世之所谓惠爱也。"《韩非子·用人》："劳苦不抚循，忧悲不哀怜。"《吕氏春秋·爱士》："人之困穷，甚如饥寒，故贤主必怜人之困也。"《楚辞·宋玉·九辩》："心闵怜之惨凄兮，愿一见而有明。"《战国策·燕策三》："夫樊将军困穷于天下，归身于丹，丹终不迫于强秦，而弃所哀怜之交置之匈奴，是丹命固卒之时也。"

色　古代的"色"相当于现代的"脸色。"（第 115 页）

这个说法是正确的。但在强调这个问题的同时，不曾提及"色"在古代汉语中也有今"颜色、色彩"之义，则未尝不是个缺憾。请看下面的材料：《尚书·禹贡》："厥贡惟土五色。"孔传："王者封五色土为社，建诸侯，则各割其方色土与之。"《老子》："五色令人目盲，五音令人耳聋。"《孔丛子·公孙龙》："色以名别，内由外显，谓之白马，名实当矣。"《孔丛子·陈士义》："《周书》火浣布，必投诸火，布则火色，垢乃灰色。"《孔丛子·执节》："申叔问曰：'犬马之名，皆因其形色而名焉，唯韩卢宋鹊独否，何也？'子顺答曰：'卢，黑色；鹊，白黑色，非色而何？'"《孙子兵法·势》："色不过五，五色之变，不可胜观也。"李筌注："青、黄、赤、白、黑也。"《吕氏春秋·当染》："染于苍则苍，染于黄则黄，所以入者变，其色亦变。"《世说新语·捷悟》："黄绢，色丝也，于字为'绝。'"

诬　古义的"诬"只限于说假话，或以假话欺骗人。（第 118 页）

这个说法失之武断。且不说"诬"在古代尚有"抹杀、否定"之义，就是今天的常用义"诬蔑、诬陷"也并不鲜见。例如：《左传·哀公六年》："将盟，鲍子醉而往。其臣差车鲍点曰：'此谁之命也？'陈子曰：'受命于鲍子。'遂诬鲍子曰：'子之命也！'"杜预注："见其醉，故诬之。"此言鲍点见鲍子醉了，就诬陷是他所为。《国语·周语上》："国之将亡，其君贪冒辟邪、淫佚、荒怠……其刑矫诬，百姓携贰。"韦昭注："以诈用法曰矫，加诛无罪曰诬。""加诛无罪"，即陷害无罪之人。《管子·小匡》："决狱折中，不杀无辜，不诬无罪，臣不如宾胥无，请立为大司理。""不诬无罪"谓不诬陷无罪之人。《韩非子·孤愤》："人主之左右，行非伯夷也。求索不得，货赂不至，则精辩之功息，而毁诬之言起矣。""毁诬"为同义连用。《淮南子·氾论》："篡弑矫诬，非人之性也。"高诱注："矫，擅作君命，诬，以恶覆人。""以恶覆人"就是用恶语伤人，亦即诬蔑、毁谤。此"矫诬"与上《国语·周语上》之"矫诬"所指对象不同，故其义略异，然"诬"的词义特征则体现得比较清楚。《史记·吕太后本纪》："（赵王）友以诸吕为后，弗爱，爱他姬。诸吕女妒，怒去，谗之于太后，诬以罪过，曰：'吕氏安得王！太后百岁后，吾必击之！'""诬以罪过"即诬告赵王有罪。又"我妃既妒兮诬我以恶，谗女乱国兮上曾不寤。"《汉书·孙宝传》："吏民未敢诬明府也。"颜师古注："诬，谤也。"江淹《自序传》："或为世士所嫉，遂诬淹以受金者。"《世说新语·黜免》："后为继母族党所谗，诬之为狂逆。"《明史·马中锡传》："诬为盗，遣宁杲、柳尚义绘形捕之，破其家。"

狱　汉代以前，"狱"指官司、案件，不是指监牢。（第 121 页）

这并非确论。上古汉语中，也谓有"狱"表"监牢"的情况，不可不察。《诗经·小雅·小宛》："哀我填寡，宜岸宜狱。"陆德明《经典释文》："岸，《韩诗》作犴，音同，云：乡亭之系曰犴，朝廷曰狱。"据此，则"狱"指朝廷拘系人之处，是为监牢。《左传·昭公二十五年》："为刑罚威狱，使民畏忌，以类其震曜杀戮。"杨伯峻注："意谓古人作刑罚牢狱，是以雷电诸天象为法而象之。""威狱"谓牢狱。《荀子·宥坐》："狱犴不治，不可刑也，罪不在民故也。"杨倞注："犴亦狱也。《诗》曰：'宜犴宜狱。'狱字从二犬，象所以守者。犴，胡地野犬，亦善守，故狱谓之犴也。"《管子·度地》："缮边城，涂郭术，平度量，正权衡，虚牢狱，实磨仓。"这个"牢狱"与今义毫无二致。《古代汉语》此说，盖源自东汉蔡邕《独断》："唐虞曰士官，夏曰均台，周曰图固，汉曰狱。"看来古人之言虽多有可取，但亦不当全信，还得认真考察、检验。

亡　（亡）本义是逃亡，逃跑。……再引申为灭亡，消亡。……中古以后引申为死亡。（第720页）

其实，"灭亡，消亡"与"死亡"义联系非常紧密，两者有时简直难以区别开来。既然"亡"在上古已有"灭亡，消亡"义，何以中古以后才引申为"死亡"呢？"亡"的"死亡"义，上古已经出现，是毋庸置疑的事实，最常见的形式是"死亡"同义连用。例如：《孟子·梁惠王上》："乐岁终身饱，凶年免于死亡"。《国语·越语下》："失德灭名，流走死亡。"《商君书·靳令》："有饥寒死亡，不为利禄之故战，此亡国之俗也。"《管子·小匡》："犯君颜色，进谏必忠，不辟死亡，不挠富贵，臣不如东郭牙。"《吕氏春秋·至忠》："臣之兄犯暴不敬之名，触死亡之罪于王之侧。"《战国策·秦策三》："若夫穷辱之事，死亡之患，臣弗敢畏也。""亡"的此义也以其他形式出现。例如：《商君书·徕民》："且周军之胜、华军之胜、长平之胜，秦所亡民者几何？"《六韬·阴符》："败军亡将之符，长四寸；失利亡士之符，长三寸。"《孔丛子·执节》："然，吾亦闻之，是亡考起时之言，非礼意也。"以上例子中的"亡民"即死亡的秦民，"亡将"即死将，"亡士"即死士，"亡考"即死去的父亲。《吕氏春秋·慎大》："一朝而两城下，亡其及我乎？"《战国策·楚策四》："祸与福相贯，生与亡为邻。""亡"与"生"对言，"死"义甚明。《公羊传·桓公十五年》："曷为末言尔？祭仲亡矣。"何休注："亡，死亡也。"

（原载《湖北民族学院学报》1993年第4期）

《汉语词汇史》琐议

在学习王力先生的《汉语词汇史》①时，发现个别说法与语言事实不尽相合。今不揣浅陋，试为琐议。不当之处，还望正之。

船　上古叫"舟"，不叫"船"。（第 510 页）

考察先秦材料，"船"比"舟"的出现确实要晚一点，其来源也有地域上的差异。《方言》卷九："自关而西谓之船，自关而东谓之舟。"但从战国开始，"船"就进入通语，与"舟"并行不悖了。例如：

《墨子·备水》："并船以为十临，临三十人。人擅弩，计四有方，必善以船为辒辒。二十船为一队，选材士有力者三十人共船。"

《庄子·渔父》："有渔父者，下船而来。"

《韩非子·功名》："若水之流，若船之浮。"

《吕氏春秋·壹行》："人之所乘船者，为其能浮而不能沉也。"

《楚辞·九章·涉江》："乘舲船余上沅兮，齐吴榜以击汰。船容与而不进兮，淹回水而凝滞。"

段玉裁《说文解字注》"舟"下注："古人言舟，汉人言船。"王力先生之说盖取于此。

臭　上古"臭"字是气味的意思。（第 600 页）

"臭"在上古泛指各种气味，这是其基本用法。但是，大约从战国开始，"臭"的下位义，即专指难闻气味之义已经产生。"臭"的这一新义的出现与"香"的意义变化有一定联系。"香"本指五谷的香气。《诗经·

---

① 王力：《王力文集》（第十一卷），济南：山东教育出版社，1988 年，第 491～842 页。

大雅·生民》："卬盛于豆，于豆于登。其香始升，上帝居歆。"又《诗经·周颂·载芟》："有饛其香，邦家之光。"战国时期"香"的使用范围扩大，泛指好闻的气味或好吃的味道。例如：《韩非子·外储说左下》："树橘柚者，食之则甘，嗅之则香。"《吕氏春秋·审时》："抟米而薄糠，舂之易而食之不噮而香，如此者不饴。""香"的这一变化，导致表气味这组词内部的调整，需要一个概括难闻气味的反义词与之对应，以保持平衡、协调。遗憾的是，"腥""臊""膻"等词未能与"香"同步引申，扩大为泛指臭味，而是让"臭"由泛指气味缩小为专指难闻的气味，来补上这个缺环。当然，"臭"由泛指气味缩小到专指难闻的气味，"香"的词义变化影响还不能看作唯一原因。因为"气"在当时已经出现了泛指气味的用法。例如《墨子·节葬下》："棺三寸，足以朽骨；衣三领，足以朽肉。掘地之深，下无菹漏，气无发泄于上，垄足以期其所，则止矣。"在表"气味"义上，"气"最终取代了"臭"而成为胜利者。这一连串的变化，都是在战国时期开始的。明乎此，"臭"在战国时期表示难闻气味之义就不足为怪了。例如：

《庄子·知北游》："故万物一也，是其所美者为神奇，其所恶者为臭腐。臭腐复化为神奇，神奇复化为臭腐。故曰：通天下一气耳。"成玄英疏："夫物无美恶而情有向背，故情之所美者则谓为神妙奇特，情之所恶者则谓为腥臭腐败。"据成玄英疏，"臭"指腥臭。

《荀子·正名》："甘苦咸淡辛酸奇味以口异，香臭芬郁腥臊洒酸奇臭以鼻异。"此"奇臭"指特殊、强烈的气味，则"香臭"之"臭"必为难闻的气味。

《荀子·王霸》："故人之情，口好味，而臭味莫美焉。"臭味使人难尝难闻，当然无人会称其美。

王力先生在《汉语词汇史》中所说的"上古"，其下限一般为汉代。汉代，"臭"的此义用得更多。例如：

《淮南子·说林训》："腐鼠在坛，烧薰于宫；入水而憎濡，怀臭而求芳，虽善者弗能为工。""芳，香也"，此"臭"与"芳"对举，显然指难闻的气味。

《说苑·杂言》："与善人居，如入芝兰之室，久而不闻其香，即与之化矣。与不善人居，如入鲍鱼之肆，久而不闻其臭，亦与之化矣。"此

"臭"与"香"对举，其义昭然。

勤　"勤"字在上古不是努力、用功的意思，而是劳苦、辛苦的意思……但是，就在唐代，努力、用功的意义也已经开始产生了。（第 605~606 页）

我们认为，"勤"的"努力、用功"义与"劳苦、辛苦"义联系十分紧密，两义基本同时产生，且均为常义。《诗经·大雅·烝民》："古训是式，威仪是力。"郑玄笺："力，勤也。"孔颖达正义："力者，勤力为之。""力"即努力，勉力。郑玄以"勤"释"力"，说明"勤"在汉代表示"勤力、努力"之义已经通习。稍后的《广雅·释诂》亦曰："仂，勤也。""仂"同"力"，也是"努力、不懈怠"的意思。即使在先秦，此义也颇为多见。例如：

《尚书·周官》："戒尔卿士，功崇惟志，业广惟勤。""业广惟勤"盖为唐代韩愈《进学解》"业精于勤"之所从出。"勤"的"努力、用功"义甚明。孔颖达疏："功之高者惟志意强正，业之大者惟勤力。""勤力"就是努力。

《尚书·蔡仲之命》："尔乃迈迹自身，克勤无怠，以垂宪乃后。"此"勤"为"怠"的反义词，只能释作"努力、用功"。

《左传·僖公二十八年》："非神败令尹，令尹其不勤民，实自败也。"杜预注："尽心尽力，无所爱惜为勤。"

《国语·楚语上》："勤勉以劝之，孝顺以纳之。""勤勉"同义连用，"勉力"的意思。

汉魏六朝，"勤"的此义更为习见。前已申说，此援引两则实例：

《逸周书·谥法》："学勤好问曰文。"

《东观汉记·桓荣传》："荣少勤学，讲论不怠，治《欧阳尚书》。"

稍　直到唐代，"稍"才产生"略微"义。（第 609~610 页）

对此看法，罗正坚先生在《读王力〈汉语词汇史〉札记》中指出："'稍'字的'略微'或'微小'的意思，早在中古以前，也就是唐代之前就已经出现了。"罗说不误。但有两点似嫌不足：一是将"稍"的"略微"义与"微小"义糅在一起，欠妥。其所举例中的"稍向""稍事""稍礼"之"稍"都是形容词，不能作为"稍"有"略微"义的确证。二是举例仅限于先秦。今补上汉魏六朝的材料：

《汉书·爰盎传》："淮南王益横。谋反发觉，上征淮南王，迁之蜀，槛车传送。盎时为中郎将，谏曰：'陛下素骄之，弗稍禁，以至此。'""稍禁"即略加禁止。

《汉书·王莽传》："府帑虽未能充，略颇稍给。"杨树达《汉书窥管》引周寿昌《汉书注校补》："略、颇、稍三字连文。"姚维锐《古书疑义举例增补·补语词复用例》："略，即颇也；颇，即稍也。此以三字为复用矣。""略、颇、稍"三词同义连用，即"稍微，略微"之义。

《古小说钩沉·幽明录》："尸卧静舍，惟心下稍暖。'"稍暖"即略有热气。

《三国志·魏书·董昭传》："京都无粮，欲车驾暂幸鲁阳。鲁阳近许，转运稍易，可无悬乏之忧。'"稍易"，指稍微容易一些。

暂 "暂"从上古到唐代都表示"短时间"，后来才变成"在正式做某事之前，暂时先做某事"的意思。（第610页）

"暂"的后起义"暂时、暂且"，往往是在现实与将来对比中，表示现在这样，将来就不这样。考察"暂"的这种用法，至迟六朝业已产生。例如：

《焦仲卿妻》："卿但暂还家，吾今且报府。'"暂还家"意味着夫妻会重新团圆。

《神仙记·尹轨》："公度语所识富人曰：'可蹔以百万钱借我，欲以救之，后二十日顿相还也。'""蹔"同"暂"。暂借以钱，有不久奉还之意。

《搜神记》卷四："复有一骃出，呼之。遂随行数十步，骃请班暂暝。少顷，便见宫室，威仪甚严。'"暂暝"，有不久可睁眼之意。

《古小说钩沉·幽明录》："阮问：'君那得来？'鬼云：'仆受罪已毕，今暂生鬼道，权寄君家，后四五年当去。'""暂"与"权"对文，其"暂时如此，今后不会如此"之义显然。

屋　"屋"的本义是帐幕……后来"屋"字泛指一般房屋。（第619～620页）

《汉语词汇史》在"泛指一般房屋"下引例为唐人作品，失之太晚。《说文》："屋，居也。"《国语·晋语四》韦昭注："房，居也。"《广雅·释言》："房，屋，舍也。""屋"与"房"作为同义词，指人之居所要早于唐代。汉人刘熙《释名·释床帐》："幄，屋也，以帛衣板施之，形如屋也。""幄"指帐幕。如果说刘熙以"屋"释"幄"是声训而不足为据的话，那么，其言"形如屋"之"屋"无可置疑是泛指房屋。王力先生《同源字典》曰："'屋'的本义是幄，后来'屋'指房屋，另造幄字。"据此，"幄"应是"屋"有"房屋"义以后出现的字。而"幄"字先秦已见。《左传·昭公十三年》："子产以幄幕九张行。"《周礼·天官·幕人》："幕人掌帷、幕、幄、帟、绶之事。"既然如此，"屋"指房屋定非先秦以后的事，语言材料可以为证：

《诗经·秦风·权舆》："于我乎，夏屋渠渠，今也每食无余。"孔颖达正义引王肃云："屋则立之于先君，食则受之于今君，故居大屋则食无余。""夏屋"指高大的房屋。

《左传·昭公六年》："禁刍牧采樵，不入田，不樵树，不采艺，不抽屋，不强匄。"孔颖达疏引服虔曰："抽，裂也。言不毁裂所舍之屋也。"

《韩非子·定法》："今有法曰：'斩首者为医、匠，'则屋不成而病不已。""匠"是建房者，故若令杀敌斩首之武士为之，则难任其事。

《战国策·赵策一》："愿大夫之往也，毋伐树木，毋发屋室。""屋室"同义连用，泛指房屋。

汉魏六朝，用例亦多。举两则为证：

《淮南子·齐俗》："广厦阔屋，连闼通房，人之所安也。"

《史记·孟子荀卿列传》："为开第康庄之衢，高门大屋，尊宠之。"

睡　"睡"的古义是"坐寐，打瞌睡"，后来，才变为泛指睡眠。引例为唐代杜甫诗句。（第620～621页）

从词汇系统看，上古表示"睡眠，睡觉"义的一组词有"寝、卧、眠、寐、瞑、睡"等。析言之，它们之间有细微的差异："寝"指在床上睡觉；"卧"指伏几睡觉；"眠"指闭目睡觉；"寐"指睡着；"瞑"通"眠"；"睡"指坐着打瞌睡。但是，上古没有概括"睡眠，睡觉"的上位词，因而有时则需这几个下位词来承担。此不赘举。《汉语词汇史》所举《庄子·列御寇》中之例即是。为了辨析方便，兹全录这段文字如下：

人有见宋王者，锡车十乘。以其十乘骄稚庄子。庄子曰："河上有家贫恃纬萧而食者，其子没于渊，得千金之珠。其父谓其子曰：'取石来锻之！夫千金之珠，必在九重之渊而骊龙颔下。子能得珠者，必遭其睡也。使骊龙而寤，子尚奚微之有哉！'今宋国之深，非直九重之渊也；宋王之猛，非直骊龙也，子能得车者，必遭其睡也。使宋王而寤，子为齑粉夫！"

这里的"睡"并非"坐寐"而是"睡眠"。首先，能在骊龙颔下取走千金之珠，若非其睡着，焉能顺利得手？其次，"睡"与"寤"对比而言，"寤"是"睡醒"，则"睡"指"睡着，睡眠"无疑。同时，"骊龙"是古人想象中的蛇类之兽，又怎能如人一般"坐寐"？又从作者的写作意图看，并未强调具体的睡眠方式，"睡"无非泛指睡眠。这个故事旨在讽刺那个侥幸获宋王之赏并在庄子面前洋洋自得的人，故后面说："子能得车者，必遭其睡也。"这个指宋王的"睡"字，有助于我们理解前一"睡"字泛指睡眠的含义。

语言历史的变化，总是发生在共时变异的基础上。如果说，先秦的"睡"表"睡眠"只是在常用义的基础上临时泛指的话，那么到了汉魏六朝，"睡"表"睡眠"义已经完成了这个转变，成为独立的义位了：

《伤寒论·辨太阳病脉证并治上》："风温为病，脉阴阳俱浮，自汗出，身重，多眠睡，鼻息必鼾，语言难出。"

《论衡·偶会篇》："赵武藏于裤中，终日不啼，非或掩其口，阂其声也；命时当生，睡卧遭出也。"

《太平御览》卷三九六引："宣武于是驰冠解带，不觉惛然而睡，不怡者数日。"又"既醉，伯仁得睡。睡觉，问共饮者何在？曰：'西厢。'"

《魏书·祖莹传》："俟父母寝后，燃火读书。"

《洛阳伽蓝记·城西·法云寺》："有挽歌孙岿，娶妻三年，妻不脱衣而卧。竖因怪之，伺其睡，阴解其衣。有毛三尺，似野狐尾。"

男　"女"字表示女儿，是很古的事了。"男"字表示儿子，也不太晚。（第626页）

《汉语词汇史》还分别举《左传》的两条材料解释"女"之义，举《史记》《汉书》的材料解释"男"之义。从词汇的系统性看，"男"和"女"由男性、女性分别引申出"儿子""女儿"之义，应当是同步进行的。既然"女"在《左传》中已经表示"女儿"，那么"男"指"儿子"似乎不应晚至汉代。考察先秦材料，"男"有指"儿子"之例如：

《左传·昭公二十八年》："伯石始生，子容之母走谒诸姑，曰：'长叔姒生男。'"

《左传·哀公三年》："南氏生男，则以告于君与大夫而立之。"

以上两例中的"生男"，与《史记·扁鹊仓公列传》中的"生子不生男，缓急无可使者"意思一样，为"生下儿子"之义。

《管子·七法》："有金城之守，故能定宗庙、育男女矣。"

《韩非子·六反》："且父母之于子也，产男则相贺，产女则杀之。"此"男"相对于上位词"子"而言，确然是指儿子。

（原载《湖北民族学院学报》1995年第4期，这次作了调整）

先秦时期代词"其"作主语考察

摘　要：本文尝试变换角度和方式，对先秦时期代词"其"作主语的情况进行考察。用主谓结构充当主语的事实，论证"其"作主语有其先决条件；用"其＋谓"与"主＋谓"对举，证明"其"作主语的确定性；用代词"是"和"彼"作主语的用法与"其"所在的类似句式比较，进一步明确"其"作主语的合理性及其语法特点。同时，归纳整理了"其"作主语的其他材料。

关键词：先秦；代词；其；主语

先秦时期，代词"其"能否充当主语？这是学术界颇有争议的问题。早期的学者马建忠、杨树达、黎锦熙等人都认为，"其"字可以作主语。①后来，不少学者则持否定态度。这方面可以王力先生为代表。他说："'其'字的意义，等于名词＋'之'。在上古汉语里，它永远处于领位。从前中国语法学家以为'其'字可以居主位，那是错误的。"②王力先生在别的著述中，也多次强调这一看法。随着研究的不断深入，语言事实的不断发掘，越来越多的学者倾向于"其"可作主语。但"其"在什么情况下作主语，看法并不一致。③就笔者看来，目前对"其"作主语问题的研究还存在一些不足之处：一是泛泛而论者较多，专题研究者较少；二是靠举例的方式得出结论的较多，材料偏少，显得证据不足；三是对"其"充当

---

① 马建忠：《马氏文通》，北京：商务印书馆，1983 年，第 49～50 页；杨树达：《词诠》，北京：中华书局，1979 年，第 158 页；黎锦熙：《比较文法》，北京：中华书局，1957 年，第 48 页。

② 王力：《汉语语法史》，北京：商务印书馆，1989 年，第 238～239 页．

③ 周法高：《中国古代语法（称代编）》（影印本），北京：中华书局，1990 年，第 105～108 页；潘允中：《汉语语法史概要》，郑州：中州书画社，1982 年，第 83 页；易孟醇：《先秦语法》，长沙：湖南教育出版社，1989 年，第 150～152 页；杨伯峻、何乐士：《古汉语语法及其发展》，北京：语文出版社，1992 年，第 122～123 页；郭锡良：《第三人称代词的起源和发展》，《汉语史论集》，北京：商务印书馆，1997 年，第 7 页。

主语的情况作较为全面的考察及规律性的总结不够；四是一般着眼于"其"字本身研究，而很少将"其"置于先秦语法系统的背景下，借助同类词语及表达方式来观照考察，在一定程度上影响了结论的可信度和说服力。

有鉴于此，笔者选择了先秦的十几部文献进行调查，从总体上对"其"作主语的情况有了大致的了解。在此基础上，尝试着变换研究角度和考察方式，从以下几个方面进行探讨：①用主谓结构可以直接充当主语的事实，论证代词"其"作主语有其存在的先决条件；②用"其+谓语"与"主+谓语"在复句中对举的材料，说明"其"作主语的确定性；③用近指代词"是"作主语表复指的用法与"其"所在的类似句式比较，证明"其"作主语的合理性；④用远指代词"彼"作主语的多种用法与"其"进行分析比较，考察"其"作主语的使用范围、组合条件等。此外，还对"其"作主语的其他材料作了归纳整理。有些材料本可分别从不同角度使用，为节省篇幅，一般尽量避免重复。同时，我们暂把范围限定在先秦。至于"其"在汉代作主语的发展演变问题，拟另撰文讨论。

一

认为"其"字只用于领位即作定语的学者，其立论中似乎潜藏着一个重要的语法前提，即：先秦汉语里，主谓短语是不能直接充当句子成分的；若要充当句子成分，就必须在主谓之间加上"之"字。比如，王力先生明确指出："这种'之'字是必需的，不是可有可无的。"① 一般所举之例如：

①士之失位也，犹诸侯之失国家也。（《孟子·滕文公下》）
②人之生也，固若是芒乎？（《庄子·齐物论》）

对其分析："士失位"本来是主谓结构，由于它充当句子的主语，所以在"士"和"失位"中间加上"之"字，使之变成名词性的偏正结构；"诸侯失国家"本为主谓结构，由于要作句子的谓语，就在"诸侯"与"失国家"之间加上了"之"字，使之变成名词性的偏正结构。"人之生也"亦为主谓结构充当主语加"之"的短语。基于这样的前提，不难得出

---

① 王力：《汉语语法史》，北京：商务印书馆，1989 年，第 231 页。

以下结论：处在后面句首的代词"其"指代的是前面句中的"名词＋之"，因而不可能作主语，只能作定语。

我们认为，讨论先秦汉语"其"能否作主语的问题，有必要先对这个语法前提重新考察认定，因为它是支撑着对代词"其"的语法特点作限定的基础。诚然，先秦汉语中，主谓结构作句子成分时，中间加"之"是比较普遍的现象；但是，不能因此走入绝对化的误区。事实上，当时的文献中亦不乏主谓结构充当句子成分的情况。比较下面几例：

③人之爱人，求利之也；今吾子爱人，则以政。（《左传·襄公三十一年》）

以上的复句中，前一分句的"人之爱人"中间有"之"，而后一分句相应位置上的"吾子爱人"则无"之"字。

④民望之，若大旱之望云霓也。（《孟子·梁惠王下》）

⑤民之望之，若大旱之望雨也。（《孟子·滕文公下》

以上乃同一书中的两条用例。两例的主语一为"民望之"，一为"民之望之"。可见，充当主语的主谓结构中间，"之"并不是非加不可。

再比较下面两组材料：

⑥久矣哉，由之行诈也！（《论语·子罕》）

⑦大哉，尧之为君也！（《论语·泰伯》）

⑧天下之无道也久矣！（《论语·八佾》）

⑨王之好乐甚，则齐国其庶几乎？（《孟子·梁惠王下》）

⑩纣之去武丁未久也。（《孟子·公孙丑上》）

⑪异哉，君之名子也！（《左传·桓公二年》）

⑫甚矣，夫好知之乱天下也！（《庄子·胠箧》）

以上是主谓间加"之"充当主语的例子。

⑬人未有自致者也。必也，亲丧乎？（《论语·子张》）

⑭甚矣，吾衰也！久矣，吾不复梦见周公！（《论语·子张》）

⑮天下归殷久矣！久则难变也。（《孟子·公孙丑上》）

⑯秦晋不和久矣！（《国语·晋语八》）

⑰是辛戎有秦、楚之重，太后必悦公，公相必矣！（《战国策·秦策五》）姚宏注："言必见用为秦相也。"

⑱主辱臣苦，上下相与同忧久矣！（《韩非子·存韩》）

⑲当今之世浊甚矣，黔首之苦不可以加矣。(《吕氏春秋·振乱》)

以上是主谓间不加"之"充当主语的例子。这两组例子句式比较接近，其中都有部分主谓倒装句，且谓语均由单音节形容词"甚""久""必"等充当。两相对比，主谓间加"之"与不加"之"，对所在句子的语义内容似乎没有什么影响。再看下面的材料：

⑳都城过百雉，国之害也。(《左传·隐公元年》)

㉑楚重得志于晋，晋之耻也。(《左传·昭公元年》)

㉒我在伯父，犹衣服之有冠冕，木水之有本原，民人之有谋主也。(《左传·昭公九年》)

㉓舜视弃天下，犹弃敝屣也。(《孟子·尽心上》)

㉔公子有辱，寡人之罪也。(《国语·晋语四》)

㉕越四封之内亲吾君也，犹父母也。(《国语·越语上》)

㉖师克在和，不在众。(《左传·桓公十一年》)

㉗目不能决黑白之色则谓之盲，耳不能别清浊之声则谓之聋，心不能审得失之地则谓之狂。(《韩非子·解老》)

㉘心能制义曰度，德正应和曰莫。(《左传·昭公二十八年》)

㉙己恶而掠美为昏，。(《左传·昭公十四年》)

㉚天反时为灾，地反物为妖，民反德为乱。(《左传·宣公十五年》)

以上例⑳的"都城过百雉"、例㉑的"楚重得志于晋"、例㉒的"我在伯父"、例㉓的"舜视弃天下"、例㉔的"公子有辱"、例㉕的"越四封之内亲吾君也"、例㉖的"师克"、例㉗的"目不能决黑白之色""耳不能别清浊之声""心不能审得失之地"、例㉘的"心能制义""德正应和"、例㉙的"己恶而掠美"、例㉚的"天反物""地反物""民反德"，均为主谓结构直接充当主语，而主谓间并未加"之"。

通过对上述材料的分析可知，先秦汉语中，主谓结构是能够直接充当主语而不一定用"之"字连接的。主谓结构还可以直接作谓语、宾语而中间无须加"之"，因与本文所论没有直接关系，此不赘述。

确认了主谓结构能够直接充当主语这个事实，再来讨论与之相应的位置上"其"作主语的问题，就顺理成章了。

坚持先秦时期代词"其"不能作主语的学者，常常举出一些先秦汉语中"名词＋之"与"其"对举的例句，来证明"其"字相当于"名词＋

之"。由此确认，"其"只能作定语，不能作主语。所举典型例如：

㉛鸟之将死，其鸣也哀；人之将死，其言也善。(《论语·泰伯》)

㉜且夫水之积也不厚，则其负大舟也无力。(《庄子·逍遥游》)

两例均为复句。一般的分析是：例㉛的两个"其"字分别相当于"鸟+之""人+之"；例㉜的"其"相当于"水+之"。因此，"其"当为定语。的确，这类例证在先秦汉语中为数不少，作为论证"其"作定语的依据，亦颇有代表性和说服力。然而，人们在关注这类典型例证时，似乎夸大了它的普遍性与唯一性，而忽略了其他情况的存在。事实上，先秦汉语的复句中，也有不少"主语+谓语"与"其+谓语"对举的材料，惜未引起人们的注意。例如：

㉝天棐忱辞，其考我民，予曷其不于前宁人图功攸终？(《尚书·大诰》)

以上"天"和"其"对举，分别充当主语。"棐"，辅，辅助；"天棐忱辞"犹言天帝辅以诚信的言辞。"其考我民"的"其"指代前面的"天"；"考"指成就，此言它要成就我们这些臣民。

㉞呜呼！天亦哀于四方之民，其眷命用懋，王其疾敬德。(《尚书·召诰》)

以上加点的"其"作主语，指代天帝，与上句的主语"天"对举；"眷"即眷顾，"懋"指迁移、移交；"其眷命用懋"犹言它眷顾大命，因而移交(殷商)给我们。

再看其他材料：

㉟孔子于乡党，恂恂如也，似不能言者；其在宗庙朝廷，便便言，唯谨尔。(《论语·乡党》)

㊱大道泛兮，其可左右。(《老子》三十四章)

㊲是以圣人为而不恃，功成而不处，其不欲见贤。(《老子》七十七章)

㊳孟孙善守矣，其可以盖穆伯而守其后于鲁乎？(《国语·鲁语上》)

㊴夫苦成叔家欲任两国而无大德，其不存也，亡无日矣。(《国语·鲁语上》)

㊵申、吕方强，其隩爱太子亦必可知也。(《国语·郑语》)

㊶若越既改，吾又何求？若其不改，反行，吾振旅焉。(《国语·

吴语》)

㊷吾先君得之也，必有以取之；其亡之也，亦有以弃之。(《国语·吴语》)

㊸使死者无知，则已矣；若其有知，吾何面目以见员也！(《国语·吴语》)

㊹诸侯不知，其谓我不敬。(《晏子春秋·外篇上》)

㊺诸侯见天子，曰："臣某侯某。"其与民言，自称曰"寡人"；其在凶服，曰"适子孤"。(《礼记·曲礼下》)

㊻武王逆取而贵顺，争天下而上让；其取之以力，持之以义。(《商君书·开塞》)

㊼上明见，人备之；其不明见，人惑之。(《韩非子·外储说右上》)

㊽赵、魏、韩皆亡矣，其皆故国矣。(《吕氏春秋·安死》)

㊾有鸟止于南方之阜，其三年不动，将以定志意也；其不飞，将以长羽翼也；其不鸣，将以览民则也。(《吕氏春秋·重言》)

㊿君子行于道路，其有父者可知也，其有师者可知也。(《吕氏春秋·劝学》)

○51秦攻西周，天下恶之，其救韩必疾，则茂事败矣。(《战国策·韩策一》)

○52魏急，其救赵必缓矣。(《战国策·韩策三》)

以上各例中，"其"的作用均相当于第三人称代词，可译作"他（们）、它（们）"。例㉟的"其"指代主语"孔子"；例㊱的"其"指代主语"大道"；例㊲的"其"指代主语"圣人"；例㊳的"其"指代主语"孟孙"；例㊴的"其"指代主语"苦成叔家"；例㊵的"其"指代主语"申、吕"；例㊶的"其"指代主语"越"；例㊷的"其"指代主语"吾先君"；例㊸的"其"指代主语"死者"；例㊹㊺的"其"均指代主语"诸侯"；例㊻的"其"指代主语"武王"；例㊼的"其"指代主语"上"，此例"上明见"与"其不明见"对举，尤为典型；例㊽的"其"指代主语"赵、魏、韩"；例㊾的三个"其"指代小主语"鸟"；例㊿的两个"其"指代主语"君子"；例○51的"其"指代主语"天下"；例○52的"其"指代"魏"。以上这些复句中，由名词作主语的前一分句在主谓之间并无"之"字连接。既然如此，后一分句中指代前面内容的"其"字就不可能是定语，只能是主语。

二

“其”能否作主语，单从它自身的使用情况考察，凭语感体会、意念把握是不够的。若将“其”置于先秦汉语的语法系统中，与其他代词作主语的情况进行分析比较，才有比较客观的参照标准，由此旁证“其”作主语的合理性，无疑增加了说服力。这里，我们用指示代词“是”和“彼”与“其”作比较。之所以选择这两个词，是因为它们同“其”有不少相似点，可比性较强。

1. “是”与“其”

“是”作为近指代词，其中一个重要的语法功能，就是充当主语，复指前面出现的内容。将“是”的这种用法与“其”相比，可以看到“其”作主语是毋庸置疑的。例如：

(53)知之为知之，不知为不知，是知也。(《论语·为政》)

(54)人之所不学而能者，其良能也；所不虑而知者，其良知也。(《孟子·尽心上》)

以上两例中，一为“是知也”，一为“其良知也”，两者相当接近。再如：

(55)昔者禹征有苗，汤伐桀，武王伐纣，此皆立为圣王，是何故也？(《墨子·非攻下》)

(56)人知用贤之利，不能得贤，其何故也？(《尸子·得贤》)

以上两例中，一为“是何故也”，一为“其何故也”，“是”“其”两词可以互换。

仅凭这几例尚不足以说明问题，下面再用更多的“是”与“其”的例证相比较，以见“其”作主语并非偶然现象：

(57)八佾舞于庭，是可忍也，孰不可忍也？(《论语·八佾》)

(58)今也小国师大国而耻受命焉，是犹弟子而耻受命于先师也。(《孟子·离娄上》)

(59)既不能令，又不受命，是绝物也。(《孟子·离娄上》

(60)为长者折枝，语人曰：“我不能。”是不为也，非不能也。(《孟子·梁惠王上》)

(61)“以五十步笑百步，则何如？”曰：“不可。直不百步耳，是亦走也。”（《孟子·梁惠王上》）

(62)杨氏为我，是无君也；墨氏兼爱，是无父也。无君无父，是禽兽也。（《孟子·滕文公下》）

(63)彼已尽矣！而女求之以为有，是求马于唐肆也。（《庄子·田子方》）

(64)今妇执币，是男女无别也。（《国语·鲁语上》）

(65)妻不以我为夫，嫂不以我为叔，父母不以我为子，是皆秦之罪也。（《战国策·秦策二》）

(66)其国乱弱矣，又皆释国法而私其外，则是负薪而救火也，乱弱甚矣！（《韩非子·有度》）

以上例句中，“是”所指代的大多是比较复杂的短语、句子，有的甚至是复句。那么“其”字指代的内容如何呢？

(67)夫莒太子不惮以吾故杀其君，而以其宝来，其爱我甚矣。（《国语·鲁语上》）

(68)晏子有功，免人于厄，而反诎下之，其去俗亦远矣。（《晏子春秋·内篇杂上》）

(69)秦得韩之都一，驱其练甲，秦、韩为一，以南乡楚，此秦王之所以庙祠而求也，其为楚害必矣。（《韩非子·十过》）

(70)天降时雨，山川出云；其在《诗》曰：“嵩高惟岳，峻极于天。惟岳降神，生甫及申。”（《礼记·孔子闲居》）

(71)夫驾八，固非制也；今又重此，其为非制也，不滋甚乎？（《晏子春秋·内篇谏上》）

(72)今臣之所言，民无一日之徭，官无数钱之费，其弱晋强秦，有过三战之胜。（《商君书·徕民》）

从这些例句可以看出，“其”同样能够复指比较复杂的内容。

(73)富与贵，是人之所欲也。（《论语·里仁》）

(74)日月、星辰、瑞历，是禹、桀之所同也。（《荀子·天论》）

(75)公曰：“不如杀之，是不可鞭。”（《左传·庄公三十二年》）

上面几例中，“是”所指代的是比较简单的名词性词语，或者是代词。相对而言，“其”字这类用例比“是”字要多。此盖为共时语法中，两者的分工范围各有侧重的缘故。例如：

⑦作《易》者，其有忧患乎？（《周易·系辞下》）

⑦天下莫柔弱于水，而攻坚强者莫之能胜，以其无以易之。（《老子》七十八章）

⑦故此数子者，事业不同，名声异号，其于伤性以身为殉，一也。（《庄子·骈拇》）

⑦忠于君者，其必伤人哉！（《晏子春秋·外篇》）

⑧故人者，其天地之德，阴阳之交，鬼神之会，五行之秀气也。（《礼记·礼运》）

⑧此三君者，其有所自而得之，不备遵理。（《吕氏春秋·长攻》）

⑧夫无欲者，其视为天子也，与为舆隶同；其视有天下也，与无立锥之地同；其视为彭祖也，与为殇子同。（《吕氏春秋·为欲》）

⑧乱世之民，其去圣王亦久矣，其愿见之，日夜无间。（《吕氏春秋·听言》）

⑧亡国之主，其皆甚有所宥邪？（《吕氏春秋·去宥》）

⑧卞随、务光者，其视天下若六合之外，人之所不能察。（《吕氏春秋·离俗》）

⑧使役人载而送之齐，其讴歌而行。（《吕氏春秋·顺说》）高诱注："役人皆讴歌而挽其车，以送之也。"

⑧吾欲两用公仲、公叔，其可乎？（《战国策·韩策一》）

⑧来使者无交于公，而欲德于韩扰，其使之必疾，言之必急。（《战国策·韩策二》）

以上这些例句，若将用于后一句首、复指前面内容的"其"字换成"是"字或者"彼"字，大部分不影响原意，基本上可以成立。可见，"其"当是主语而不是定语。当然，我们强调"是"和"其"有相同之处，并不等于两词全无区别。它们浑言则同，析言则异，在分工上亦各有侧重。从上面的例中即可看出，两词在句中出现的位置、所指代的内容，均有一定的差异。从语义角度分析，则差异更大："是"主要表近指，且肯定、确认的语气较强；"其"则主要表特指，强调的语气较弱，有时近乎没有。但即令如此，拿代词"是"表复指的用法与"其"进行比较，由此确定"其"作主语的合理性，仍有不可忽视的参考价值。

2.“彼”与“其”

先秦汉语中，远指代词“彼”常用作主语；既可以指人，也可以指事、指物。当它用作三身代词时，与“其”的用法具有较多的相似点。这里，主要用“彼”作主语时的多种组合情况同“其”进行比较，从而为旁证“其”作主语提供更为具体可信的依据。对于那些在用法上存在争议的“其”字，通过这样的比较，亦能帮助我们辨识其异同，弄清其特点，得出较为稳妥、合宜的结论。

（1）“彼”“其”后加副词。

“彼”作主语时，后面常紧跟副词。借助这一组合特点类推，大致可以认定：当代词“其”用于句首，指代前面的内容，且后面紧跟副词时，一般能够充当主语。这类材料甚多，择其部分言之。

(89)一师至，彼必皆出。（《左传·昭公三十年》）

(90)是犹使人之子孙自贼其父母也，彼必将来告之，夫又何可诈也?（《荀子·议兵》）

(91)今名之大，以从盈数，其必有众。（《左传·闵公元年》）

(92)凡生于天地之间，其必有死，所不免也。（《吕氏春秋·节丧》）

以上是“彼必”与“其必”的比较。

(93)君子之听音，非听其铿锵而已也，彼亦有所合也。（《礼记·乐记》）

(94)君若得而臣之，则彼亦将为君射人。（《吕氏春秋·赞能》）

(95)彼若谋楚，其亦必有丰败也哉！（《国语·楚语上》）

(96)故鲁犹可长收，然其亦有一焉。（《晏子春秋·内篇问上》）

以上是“彼亦”与“其亦”的比较。

(97)君臣上下之间者，彼将厉厉焉日日相离疾也。（《荀子·王制》）

(98)君不任其命，守其本，而恃常之巫，彼将以此无不为也。（《吕氏春秋·知接》）

(99)臣闻绛之志，有事不避难，有罪不避刑，其将来辞。（《国语·晋语七》）

(100)晋仍无道而鲜胄，其将失之矣。（《国语·周语下》）

以上是“彼将”与“其将”的比较。

(101)所从，必言诸大夫曰：“彼皆偃蹇，将弃子之命。”（《左传·哀公六年》）

⑩乃命有司曰：寒气总至，民力不堪，其皆入室。（《吕氏春秋·季秋》）

以上是"彼皆"与"其皆"的比较。

⑩河伯以水为国，以鱼鳖为民，天久不雨，泉将下，百川竭，国将亡，民将灭矣！彼独不欲雨乎？祠之何益？（《晏子春秋·内篇谏上》）

⑩子常为政，而无礼不顾甚于成、灵，其独何力以待之？（《国语·楚语下》）

⑩武侯曰："骤战而骤胜，国家之福也。其独以亡，何故？"（《吕氏春秋·适威》）

以上是"彼独"与"其独"的比较。

⑩彼犹惟乎其谓，则吾谓不行；彼若不惟其谓，则不行也。（《墨子·经说下》）

⑩王虽悔之，其犹有及乎？（《国语·吴语》）

以上是"彼犹"与"其犹"的比较。

⑩譬之若载鼷以车马，乐鴳以钟鼓也，彼又恶能无惊乎哉！（《庄子·达生》）

⑩天之命此久矣，其又何可为乎？（《国语·郑语》）

以上是"彼又"与"其又"的比较。

⑩彼方且与造物者为人，而游乎天地之一气。（《庄子·大宗师》）

⑪昔先君桓公，其方任贤而赞德之时，亡国恃以存，危国恃以安。（《晏子春秋·内篇谏上》）

以上是"彼方"与"其方"的比较。

⑫彼不能而主使之，则是主暗也。（《荀子·君道》）

⑬彼不臣而济其言，是义之也，由弗能。（《左传·哀公十四年》）

⑭世之人主，多以富贵骄得道之人。其不相知，岂不悲哉！（《吕氏春秋·贵生》）

⑮其在于民而君弗知，其不如在上也；其在于上而民弗知，其不如在民也。（《吕氏春秋·审应》）

以上是"彼不"与"其不"的比较。

⑯彼非所明而明之，故以坚白之昧终。（《庄子·齐物论》）

⑪⑦彼非所谓攻，谓诛也。(《墨子·非攻下》)

⑪⑧其非官守，则皆王之父兄甥舅也。(《国语·晋语四》)

⑪⑨其非冢子，则皆降一等。(《礼记·内则》)

以上是“彼非”与“其非”的比较。

上面所引例㉑“其必有众”、例㉒“其必有死，所不免也”句，因“其”用于后一分句，并含有较强的语气，故不少学者将“其”解释为语气词，或谓之语气副词；通过与“彼必”的比较可知，“其必”的“其”当释为代词，用作主语。例㉕㉖中“其亦”及例㉙⑩⓪中“其将”的“其”字，也有人释为语气副词，相当于“大概”“可能”；而将它们与“彼亦”“彼将”比较可知，把“其”释为代词，充当主语较妥。例⑩⑦⑩⑨中“其犹”“其又”的“其”字，也有不少学者释为语气副词，相当于“难道”；然与“彼犹”“彼又”相比，无疑应释为表复指的代词，充当主语。

（2）“彼”“其”后加介词。

代词“彼”与谓语之间用介词结构连接时，一般用作主语。由此类推，当“其”置于句首，且在它与谓语动词之间插有介词结构时，“其”字亦当为主语而不是定语。

⑫⓪夫列子御风而行……彼于致福者，未数数然也。(《庄子·逍遥遊》)

⑫①世之富贵者，其于声色滋味也多惑者，日夜求，幸而得之则遁焉。(《吕氏春秋·本生》)

以上是“彼于”与“其于”的比较。

⑫②我与若知之，彼与彼不知也，其孰是邪？(《庄子·知北遊》)

⑫③虽神农、黄帝，其与桀、纣同。(《吕氏春秋·情欲》)

以上是“彼与”同“其与”的比较。

⑫④彼以陵公有罪，我伐公，则甚焉。(《左传·哀公二十六年》)

⑫⑤彼以利合，此以天属也。(《庄子·山木》)

⑫⑥且燕亡国之余也，其以权立，以重外，以事贵。(《战国策·燕策一》)

⑫⑦今虽未能王，其以为安也，不亦易乎？(《吕氏春秋·报更》)“以为安”，即以之为安。

以上是“彼以”与“其以”的比较。

对“其于”“其与”连用的形式，有人解为“名词主语＋之于

（与）"，认为"其"作定语。这种情况在先秦汉语中是存在的，但不能一概而论。将"其于""其与"同"彼于""彼与"比较，再结合上下文意考察，显然可以发现，这几例的"其"字应当作主语。

（3）"彼""其"后加疑问词。

这里所说的疑问词语，包括疑问代词和疑问副词两类。将"彼"与"其"同疑问词语连用的类似句子比较，有助于澄清对疑问句中"其"字理解的模糊认识。

⑫以小易大，彼恶知之？（《孟子·梁惠王上》）

⑫我则悍矣，彼何罪焉？（《庄子·大宗师》）

⑬然而纵之，则是曾鸟兽不若也，彼安能相与群居而无乱乎？（《荀子·礼论》）

⑬其行事也若是其险污、淫汰也，彼固曷足称乎大君子之门哉？（《荀子·仲尼》）

⑬若无鬼神，彼岂有所延年寿哉？（《墨子·明鬼下》）

以上是"彼"后有疑问词语的例子。

⑬人虽欲自绝，其何伤于日月乎？多见其不知量也。（《论语·子张》）

⑬君臣皆狱，父子将狱，是无上下也。而叔父听之，一逆矣。又为臣杀其君，其安庸刑？（《国语·周语中》）

⑬况其下之人，其谁敢不战战兢兢，以事百神？（《国语·楚语下》）

⑬为人君而杀其民以自活也，其谁以我为君乎？（《吕氏春秋·制乐》）

⑬与其杀是人也，宁其得此国也，其孰利乎？（《国语·越语上》）韦昭注："二者谁为利乎？"

⑬本不坚，则民如飞鸟禽兽，其孰能制之？（《商君书·画策》）

以上是"其"后紧跟疑问词语的例子。由于这些"其"所在的句式都是疑问句，所以人们常将"其"解释为表反诘语气的副词，相当于"难道"。通过与"彼"字出现的同类句式比较可以看出，这类"其"与"彼"的用法大致相同。既然"彼"是代词，那么"其"亦应当视为代词，用作主语。

（4）"彼""其"后加助动词。

先秦汉语中代词"彼"作主语时，后面紧跟助动词的情况比较少见，我们暂时只找到两例；而"其"后面紧跟助动词则比较普遍。尽管如此，结合上下文意，参照其他的条件，仍可以认定这类"其"字用作主语。

⑬然富贵之门，要存战而已矣。彼能战者践富贵之门。（《商君书·赏刑》）

⑭君因相之，彼得相，不恶周于秦矣。（《战国策·西周策》）

⑭今夫二子者俭，其能足用矣！（《国语·周语中》）

⑭说义听行，其能致主霸王。（《吕氏春秋·不侵》）

⑭居大国之间，而无此四者，其能久乎？（《国语·周语中》）

⑭有臣如此，虽当圣王尚恐夺之，而况昏乱之君，其能无失乎？（《韩非子·说疑》）

⑭阳不承获甸，而祗以觌武，臣是以惧。不然，其敢自爱也？（《国语·周语中》）

⑭故分陈以肃慎氏之贡，君若使有司求诸故府，其可得也。（《国语·鲁语下》）

⑭千乘之君与万乘之相，其欲有君也，如使而弗及也。（《战国策·齐策三》）

以上例⑭⑭⑭的"其"字都用在语气较强烈的句子中，或为感叹句，或为反问句，似可释为语气副词；然比照例⑬⑭的"彼能""彼得"和例⑭⑭的"其能"，"其"显然当释为代词，作主语。这几个"其"所在的句子具有较强烈的语气，主要是靠其他的语法手段表达的，不宜归结在"其"字头上。

三

以上我们借助与"其"相关的表达方式和词语，通过比较分析，证明了先秦汉语中代词"其"能够用作主语。从上述材料可以看到，"其"作主语并非偶然现象，而是具有相当的使用范围。下面再将学者们所提及的部分例句，连同我们收集到的材料进行归纳整理，作为本文立论的一点补充。

（1）"其"组成的主谓结构充当宾语。

⑭人见其禽兽也，而以为未尝有才焉者，是岂人之情也哉？（《孟子·告子上》）

⑭何用见其是齐侯也？（《谷梁传·僖公元年》）

⑮以是知其天也，非人也。（《庄子·养生主》）

⑮彼曰："何以知其然也？"（《韩非子·说疑》）

⑯魏田父有耕于野者，得宝玉径尺，弗知其玉也，以告邻人。（《尹文子·大道上》）

⑯吏知其如此，故吏不敢以非法遇民，民又不敢犯法。（《商君书·定分》）

⑯一合诸侯，而有再逆政，余惧其无后。（《国语·周语中》）

⑯夫取三晋之肠胃与出兵而惧其不反也，孰利？（《战国策·秦策二》）

⑯然。始也吾以为其人也，而今非也。（《庄子·养生主》）

⑯今也，父兄百官不我足也，恐其不能尽于大事。（《孟子·滕文公上》）

⑯卫侯闻其臧文仲之为也。（《国语·鲁语上》）

⑯今吾子夭死，吾恶其以好内闻也。（《国语·鲁语下》）

⑯晋人欲攻郑，令叔向聘焉，视其有人与无人。（《吕氏春秋·求人》）

⑯使管仲毋忘束缚而在于鲁也，使宁戚毋忘其饭牛而居于车下。（《吕氏春秋·直谏》）

⑯丧事欲其纵纵尔，吉事欲其折折尔。（《礼记·檀弓下》）

⑯居彼人之所，则欲其许我也。（《战国策·秦策一》）

在以上"其+谓语"作宾语的句子中，代词"其"充当了小主语。这种用法在先秦汉语中比较常见，而充当全句谓语的大多是"见""知""惧""以为""恐""闻""恶""视""忘""欲"等表感官行为的动词。

（2）"其"组成的主谓结构用于分句。

⑯商贾不用，为其不必也。（《商君书·修权》）

⑯故圣王之贵豪士与忠臣也，为其敢直言而决郁塞也。（《吕氏春秋·达郁》）

⑯上胡不法先王之法？非不贤也，为其不可得而法。（《吕氏春秋·察今》）

⑯是以圣人取天下以无事。及其有事，不足以取天下。（《老子》四十七章）

⑯夫妇之愚，可以与知焉；及其至也，虽圣人亦有所不知焉。（《礼记·中庸》）

⑯晏子使于鲁，比其返也，景公使国人起大台之役。(《晏子春秋·内篇谏下》)

⑰夏，楚侵陈，克壶丘，以其服于晋也。(《左传·文公九年》)

⑰万物归焉而不为主，可名为大。以其终不自为大，故能成其大。(《老子》三十四章)

⑰江海所以能为百谷王，以其善下之，故能为百谷王。(《老子》六十六章)

⑰虽其善祝，岂能胜亿兆人之诅?(《左传·昭公二十年》)

⑰役人曰:"纵其有皮，丹漆若何?"(《左传·宣公二年》)

⑰若其残生损性，则盗跖亦伯夷已，又恶取君子小人于其间哉!(《庄子·骈拇》)

⑰若其无法令而可以接诈、应变、生利、揣事者，上必采其言而责其实。(《韩非子·问辩》)

⑰我退而楚还，我将何求? 若其不还，君退、臣犯，曲在彼矣。(《左传·僖公二十八年》)

⑰附之以韩魏之家，如其自视欿然，则过人远矣。(《孟子·尽心上》)

⑰故圣人明君者，非能尽其万物也，知万物之要也。故其治国也，察要而已矣。(《商君书·农战》)

以上"其"作分句主语的句子，其共同特点是:"其"字前面有介词"为""及""比"以及连词"以""虽""纵""若""如""故"等。

(3)"其"组成的主谓结构前有修饰成分。

⑱夫子曰:"大道于大不终，于小不遗，故万物备。广广乎其无不容也，渊乎其不可测也。"(《庄子·天道》)

⑱失礼违命，宜其为禽也。(《左传·宣公二年》)

⑱确乎其不可拔，乾龙也。(《易经·乾卦》)

⑱俨兮其若客;涣兮若冰之将释;敦兮其若朴;旷兮其若谷;混兮其若浊。(《老子》十五章)

⑱道之出口，淡乎其无味。(《老子》三十五章)

⑱咸其自取，怒者其谁邪?(《庄子·齐物论》)

⑱岂其食鱼，必河之鲂? 岂其取妻，必齐之姜?(《诗经·陈风·衡门》)

⑱岂其贪壤地，而弃先王之命？（《国语·鲁语上》）

以上例中的"其"字，前面有修饰性成分"广广乎""渊乎""宜""确乎""俨兮""敦兮""旷兮""混兮""淡乎""咸""岂"等作状语。根据句法语义分析，"其"无疑作主语而不是定语。先秦汉语中，主谓结构前用状语表修饰的情况并不鲜见。例如：

⑱迟迟吾行也，去父母国之道也。（《孟子·万章下》）

⑱中置，自咎曰："岂将军食之而有不足？"是以再叹。（《左传·昭公二十八年》）

⑲君能有终，则社稷之固也，岂唯群臣赖之？（《左传·宣公二年》）

⑲向吾见若眉睫之间，吾因以得汝矣。（《庄子·庚桑楚》）

⑲凡周存亡，不三稔矣！（《国语·郑语》）

由此可以证明，前面同类句式中的"其"作主语，是能够成立的。

以上对先秦时期代词"其"作主语的情况进行了粗浅的陈述。限于水平，疏误难免，敬祈指正。亦权作引玉之砖，以期时贤对这一语法史上的争端作进一步的研究。

（原载于《语言研究》2003 年第 4 期，发表时有所删节，此次作了补充）

关于古汉语中"然而"表顺接问题的讨论

《中国语文》期刊于 1993 年第 2 期发表了谢质彬《"然而"表顺接质疑》一文，又于同年 4 月 12 日收到谢质彬《〈"然而"表顺接质疑〉补正》一文。同年 4 月 26 日、5 月 6 日、10 月 14 日还先后收到李先耕《"然而"顺接述例》、史佩信《"然而"表顺接例证》、朱城《"然而"表顺接考察》三文。谢的《〈"然而"表顺接质疑〉补正》和三篇讨论文章都认为，在古汉语中，"然而"表转折是通例，但也有表顺接的用法，并举例加以说明。现将上述四篇文章在本文的同一标题下按收文时间的先后一并摘要刊出，供读者参考。摘要的原则为：凡引例相同者，保留先收到的，删略后收到的；在文字上，则保留主要的，删略枝节的或无关宏旨的。

谢质彬《"然而"表顺接质疑》一文，对荫范提出的"然而"在古汉语中可表顺接的说法提出了异议。谢质彬认为荫范文中引用的"然而"表顺接的两条材料不能成立，对此我们表示赞同。但是，在古代汉语中"然而"是否如谢质彬所言"只能用来表示转折，不能表示顺接"呢？就我们掌握的材料看，"然而"在古汉语中表顺接是毋庸置疑的事实。这种用法又大致可分为两类：

（1）"然"承接上文，"而"顺连下文，表前后事情或事理的相承关系，可译为"于是就""这样就""然后"等。例如：

《孟子·公孙丑下》："齐人伐燕。或问曰：'劝齐伐燕，有诸？'曰：'未也'。沈同问：'燕可伐与？'吾应之曰：'可。'彼然而伐之也。彼如曰：'孰可以伐之？'则将应之曰：'为天吏，则可以伐之。'"这段对话表现了孟子的巧辩才能。"然而"表示的是孟子之言和齐人伐燕的先后关系，应以"于是就"释之。

《墨子·鲁问》："若以王为无道，则何故不受而治也？若以白公为不义，何故不受王、诛白公，然而反王？"楚国白公作乱，以武力胁迫王子间为王，王子闾坚持不从。墨子不认同王子闾的迂曲、固执，于是发表了以上看法。清人毕沅注："言何不借王之权以杀白公，然后反位于王？"毕沅以"然后"释"然而"，得其正诂。

《荀子·儒效》："（周公）教诲、开导成王，使谕于道，而能掩迹于文武。周公归周，反藉于成王，而天下不辍事周，然而周公北面而朝之。"此为赞颂周公摄政而大公无私之言。杨倞注："待其固安之后，北面为臣，明其摄政非为己也。"可见，"然而"连接了平定天下后周公如何礼敬成王两件大事，是"然后"的意思。

《公羊传·僖公三十三年》："秦伯将袭郑。……弦高者，郑商也，遇之殽，矫以郑伯之命而犒师焉。或曰往矣，或曰反矣。然而晋人与姜戎要之殽而击之，匹马只轮无反者。"弦高假托郑伯之命来犒劳准备袭郑的秦师，使秦师迷惑不决而贻误了战机，最后遭到失败。这里的"然而"，一些虚词书将其视为转折连词。然揆之文意，"然而"连接的事件仍侧重在时间的先后上，宜释为"然后""后来"。

（2）"然"承接上文，"而"据以推论，表前后事件的条件关系，与"然则"同，可灵活释为"因而""因此""既然如此，那么""那么"等。例如：

《墨子·法仪》："既以天为法，动作有为，必度于天。天之所欲则为之，天所不欲则止。然而天何欲何恶者也？天必欲人之相爱相利，而不欲人之相恶相贼也。""然而"紧承"天之所欲"与"天所不欲"而发，提出"天何欲何恶"的问题，因此"然而"是"那么"的意思。

《荀子·礼论》："故绳者直之至，衡者平之至，规矩者方圆之至，礼者人道之极也。然而不法礼，不足礼，谓之无方之民，法礼足礼，谓之有方之士。"作者先强调"礼"是人道的最高标准，然后据此划分出两类不同的人众，则"然而"当释为"因此""那么"。

《荀子·礼论》："故有血气之属，莫知于人。故人之于其亲也，至死无穷。将由夫愚陋淫邪之人与？则彼朝死而夕忘之。然而纵之，则是曾鸟兽之不若也。"这段文字是谈论三年丧制问题。荀子认为，愚陋淫邪之人对父母往往"朝死而夕忘之"，须规定丧制时间约束他们。否则，将会变得禽兽不如。"然而"在这里表示承上而作假设推论，因此"然而"是"因此""因而"的意思。

《荀子·解蔽》："传曰：'天下有二：非察是，是察非。'谓合王制与不合王制也，天下有不以是为隆正也，然而犹有能分是非治曲直者邪？""然而"处在假设复句的后一分句句首，表承上而作推论，是"那么"的意思。

《韩非子·八说》："慈母之于弱子也，爱不可为前。然而弱子有僻行使之随师，有恶病使之事医。不随师则陷于刑，不事医则疑于死。"作者先指出慈母对弱子不能过度溺爱，而后据此提出正确的爱子方法。"然而"可释为"因此""那么"。

《战国策·燕策一》："秦五世以结诸侯，今为齐下。秦王之志，苟得穷齐，不惮以一国都为功。然而王何不使布衣之人以穷齐之说说秦？"《史记·苏秦列传》记载此言作"然则王何不使辩士以此言说秦王？"可见，"然而"与"然则"有相同的功用。

《汉书·邹阳传》："夫全赵之时，武力鼎士，袨服丛台之下者，一旦成市，而不能止幽王之湛患。淮南连山东之侠，死士盈朝，不能还厉王之西也。然而计议不得，虽诸、贲不能安其位，亦明矣。"刘淇《助字辨略》说："此'然而'，犹云'然则'，承上之辞，非转语也。"刘淇之言得之。

《论衡·定贤篇》："治病之医，未必惠于不为医者。然而治国之吏，未必贤于不能治国者。偶得其方，遭晓其术也。"此"然而"表示据上推论，"那么"之义甚明。

毋容讳言，"然而"表示转折在古汉语中是其通例，但它何以又有表顺接的用法呢？据我们初步考察，"然而"表顺接出现在汉代以前，而又以先秦为主。这个时期的"然而"，在结构上比较松散、不稳定。不管是"然"与"而"连用共表转折，还是"然"承接上文，"而"表转折，它们往往是以单音词的身份临时组合而出现的。结构上的松散性，势必带来用法上的灵活多样。因为"而"是个可表多种连接关系的连词，所以它与"然"连用表顺接就不足为奇了。汉代以后，"然而"在结构上逐渐趋于固定，语法作用也随之趋于单一，成了纯表转折的复音连词，不再兼表顺接了。

（原载于《中国语文》1994 年第 3 期）

连词"所以"产生的时代

摘 要：本文指出，因果连词"所以"始于先秦；同时提出了确认"所以"为因果连词的原则和标准。

关键词：因果连词；因果复句；词组；所以

"所以"由词组虚化凝固为连词究竟始于何时？这是汉语语法史上聚讼纷纭的问题。

王力先生较早指出："到了唐代，'所以'就完全变为连词。"① 后来，又修改了这一看法："大约从晋代开始有的。"②

杨伯峻、何乐士先生认为，"'所以'作为连词，则大约是汉代以后的事。"③

王锳先生从《黄帝内经》中检得一例，据此认定："连词'所以'产生的时代可以定在西汉。"④ 但是，王魁伟先生认为，《黄帝内经》已由唐代王冰等人"迁移""加字"，作为西汉时的语料，不一定可靠。⑤ 陈秀兰从汉译佛经中找到几条新语料，指出："在东汉、三国时，因果连词'所以'已经出现。"⑥

也有将年代提前到先秦者。如楚永安先生曾经提到，"所以"用作连词，"这种用法在先秦已露端倪"⑦。惜一笔带过，未举书证。《汉语大词典》在"所以"作因果连词的用法下，举《荀子·哀公》"君不此问，而

---

① 王力：《汉语史稿》，北京：中华书局，1980 年，第 402 页。
② 王力：《汉语语法史》，北京：商务印书馆，1989 年，第 160 页。
③ 杨伯峻，何乐士：《古汉语语法及其发展》，北京：语文出版社，1992 年，第 963 页。
④ 王锳：《"所以 + 主谓"式已见于〈黄帝内经〉》，《中国语文》1993 年第 3 期。
⑤ 王魁伟：《"所以 + 主谓"式已见于〈黄帝内经〉补疑》，《中国语文》1993 年第 6 期。
⑥ 陈秀兰：《也谈连词"所以"产生的年代》，《古汉语研究》1998 年第 3 期。
⑦ 楚永安：《文言复式虚词》，北京：中国人民大学出版社，1986 年，第 317 页。

问舜冠，所以不对也"为最早书证。①《汉语大词典》为体例所限，不可能展开论述，且仅举此条先秦书证，故其说在学界少见提及。

按：以上诸说孰优孰劣，姑置而不论。我们觉得，要弄清这个问题，首先须界定好"所以"用作连词的语法标准。王力先生提出的标准是："第一它放在句首；第二句末没有'也'。"又说："完全变为连词，它的特征是'所以'后面可以有主语。"② 王力先生的观点可谓影响最大、最具代表性，各家之论述，大致都以此为据。这种看法是否合理，看来还有重新认识探讨的必要。试陈愚见如下：

第一，"所以"放在句首以及后面有主语是否用作连词的必要条件？似乎难以成立。

其一，即令被各家认可的魏晋以后的连词"所以"，并不一定置于句首，其主语或有省略，或无须出现，或置于"所以"之前。例如：

①《世说新语·德行》："华之学王，皆是形骸之外，去之所以愈远。"

②《世说新语·言语》："当由圣德渊重，厚地所以不能载。"

③《世说新语·规箴》："虽为小物，耿介过人，朕所以好之。"

④《论语·学而》："学而时习之，不亦说乎？"魏人王肃注："时者，学者以时诵习之。诵习以时，学无废业，所以为说怿。"

⑤《忍经·躁进之忍》："融正以求丞不得，所以求郡，求郡不得，亦可复求丞。"

⑥《王梵志诗·渐渐断诸恶》："只是众生不牵致，所以沉沦罪业深。"

其二，现代汉语里，因果复句中连词"所以"的位置也是较灵活的，并不一定受上述条件的制约。比如，在结果分句里，既可以说"我所以不喜欢他"，也可以说"所以我不喜欢他"。现代汉语如此，何以用不同的标准来衡量古代的连词"所以"呢？

其三，在先秦汉语中，一批表因果关系的连词（这里只举双音节连词）如"是以""是用""是故""由是""用此""用是"等，它们既可以用于主语之前，也可置于其后。这是尤其值得我们注意的情况。此不赘引处于主语之前者，仅举处于主语之后的例子：

① 罗竹风主编：《汉语大词典》（第七卷），上海：汉语大词典出版社，1991 年，第 350 页。
② 王力：《汉语史稿》，北京：中华书局，1980 年，第 402 页。

⑦《左传·隐公十一年》："郑、息有违言，息侯伐郑。郑伯与战于竟，息师大败而还，君子是以知息之将亡也。"

⑧《庄子·山木》："吾敬鬼尊贤，亲而行之。无须臾离居，然不免于患，吾是以忧。"

⑨《诗经·小雅·六月》："狝狁孔炽，我是用急。"

⑩《论语·公冶长》："伯夷、叔齐不念旧恶，怨是用希。"

⑪《左传·襄公二十六年》："晋、楚将平，诸侯将和，楚王是故昧于一来。"

⑫《国语·晋语三》："今又击之，秦莫不惧，晋莫不怠，斗士是故众。"

⑬《墨子·非命上》："义人在上，天下必治，上帝、山川、鬼神必有干主，万民被其大利，吾用此知之。"

⑭《礼记·礼运》："今大道既隐，天下为家……故谋用是作，而兵由此起。"

第二，句末语气词"也"能否作为必要条件？恐怕不能。因为"也"乃表肯定确认的语气词，用于结果分句末，对结果或结论予以确认，是其通常用法。我们看到，即使在比较典型的"所以"作因果连词的句子里，语气词"也"仍可出现。例如：

⑮《礼记·中庸》："诚者，自诚也；而道，自道也。"东汉郑玄注："言人能自诚，所以自诚也；有道艺，所以自道达。"两个句子一个用"也"，一个不用，并不影响"所以"为连词。

⑯《文心雕龙·明诗》："而辞人遗翰，莫见五言。所以李陵、班婕妤见疑于后代也。"

⑰《列子·说符》："歧路之中又有歧焉，吾不知所之，所以反也。"

同时，上古汉语中，其他因果复句末亦不乏用语气词"也"煞尾者。例如：

⑱《论语·公冶长》："敏而好学，不耻下问，是以谓之'文'也。"

⑲《庄子·养生主》："天之生是使独也，人之貌有与也，以是知其天也，非人也。"

⑳《左传·襄公二十六年》："卫人归卫姬于晋，乃释卫侯，君子是以知平公之失政也。"

㉑《史记·扁鹊仓公列传》：“今在骨髓，臣是以无请也。”

㉒《礼记·大学·贤贤章》：“君子贤其贤而亲其亲，小人乐其乐而利其利，此以没世不忘也。”

综上所论，王力先生关于“所以”作连词的标准不足取法。我们认为，确定“所以”是否为因果连词，应把握两个原则：一是古今参照比较的原则。即参考现代汉语语法学界的有关意见。“所以”作为连词，在不同时代虽可能略有差异，但其基本语法作用应当是一致的，不应将古今对立，另立差别迥异的标准。二是系统性的原则。即应将“所以”置于古代汉语的语法系统，尤其是在上古汉语因果复句的系统中进行全面的考察比较，进而确定其标准；而不能就事论事，轻易下结论。在前面的辨析中，我们正是按照这样的原则做的。对于连词的语法作用，吕叔湘先生主编的《现代汉语八百词》界定为：“在因果关系的语句中表示结果或结论。”① 《现代汉语虚词例释》界定为：“用来表示因果关系，或推理和结论的关系。”② 参考以上两说，我们确定的标准为：①用于表结果的分句中，表示结果或结论，具有“是以”“因此”等语法意义。②并非构成“所”字结构，将后一分句转变成名词性词组。根据这样的标准，我们把连词“所以”初步产生的年代定在先秦。下面举例分析以明之：

㉓《左传·僖公六年》：“夏，诸侯伐郑，以其逃首止之盟故也。围新密，郑所以不时城也。”由于“围新密”的原因，郑国不能在农闲时节筑城。

㉔《左传·哀公元年》：“勤恤其民，而与之劳逸，是以民不罢劳，死之不旷。吾先大夫子常易之，所以败我也。”此言当年楚大夫子常不体恤士兵百姓，因此楚国被吴国打败。

㉕《左传·昭公十三年》：“行理之命，无月不至，贡之无艺，小国有阙，所以得罪也。”此言因为小国应接不暇，有所缺失，所以就得罪了盟主郑国。

㉖《孟子·告子上》：“《诗》云：‘既醉以酒，既饱以德。’言饱乎仁

① 吕叔湘主编：《现代汉语八百词》，北京：商务印书馆，1980年，第457页。
② 北京大学中文系汉语专业主编：《现代汉语虚词例释》，北京：商务印书馆，1982年，第408页。

义也，所以不愿人之膏粱之味也；令闻广誉施于身，所以不愿人之文绣也。"这是说，仁义之德已让人饱足，所以就不羡慕别人的膏粱美食；美好声誉已施于身上，所以就不羡慕别人的华丽服饰。刘淇《助字辨略》云："所以，犹云故也。"是为得之。

㉗《国语·楚语下》："不仁者则不然。人好之则偪，恶之则怨，高之则骄，下之则惧。骄有欲焉，惧有恶焉。欲恶怨偪，所以生诈谋也。"此言由于有"欲恶怨偪"，因此就产生了诈谋。

㉘《晏子春秋·外篇下》："仲尼游齐见景公。景公曰：'先生奚不见寡人宰乎？'仲尼对曰：'臣闻晏子事三君而得顺焉，是有三心，所以不见也。'"此言晏子有三心，所以我不见他。

㉙《荀子·致士》："故一年与之始，三年与之终。用其终为始，则政令不行，而上下怨疾，乱所以自作也。"由于"终"与"始"颠倒变易，导致政令不通、上下怨恨，国家的混乱因此就产生了。

㉚《荀子·臣道》："罚其忠，赏其贼，夫是之谓至暗，桀、纣所以灭也。"此言由于罚忠赏贼，是非混淆，夏桀与商纣因此而灭亡。

以上诸例中的"所以"，置于先秦语法体系中比较分析，符合作因果连词的条件。然不少人认为，"所以"前省略了表复指的主语"此"或"是"。如"桀、纣所以灭也"即"（此）桀、纣所以灭也"，这就是桀、纣灭亡的原因，故"所以"是词组而不是连词。这种看法理由并不充分。应当看到，在因果复句中，表复指的"此"或"是"并非必不可少的成分，有时出现，只是起着强调作用；而在"是以""以是""是故""是用"等因果连词构成的复句中，则极少使用。或许正是受到这批因果复句的类化影响，用于"所以"之前的"是""此"才逐渐消失。于是，"所以"由词组转变为连词。我们不妨再加上这样的标准："所以"前若有"是""此"复指上文时，"所以"是词组；若无，则为因果连词。

到了汉代，"所以"用作因果连词渐多，其中一些异文材料值得我们注意：

㉛《韩诗外传·二》："今东野毕之御，上车执辔，衔体正矣；周旋步骤，朝礼毕矣；历险致远，马力殚矣。然犹策之不已，所以知其佚也。"按："所以知其佚也"句，《荀子·哀公》作"是以知之也"；《吕氏春秋·适威》作"臣是以知其败也"；《孔子家语·颜回》作"臣以此知

之"；《新序·杂事五》作"是以知其失也"。这些异文，或用"是以"，或用"以此"，可证"所以"为因果连词。

㉜《孔子家语·六本》："观此，如行则让长，不疾先，如在舆，遇三人则下之，遇二人则式之，调其盈虚，不令自满，所以能久也。"按："所以能久也"句，《说苑·敬慎》作"故能长久也。"是"所以"与因果连词"故"语法作用同。

㉝《韩诗外传·二》："吾闻卫世子不肖，所以泣也。"按："所以泣也"句，《太平御览》卷四百六十九作"是以泣也"。

㉞《说苑·尊贤》："夫太山不让壤石，江海不逆小流，所以成大也。"

㉟《韩诗外传·三》："夫太山不让砾石，江海不择小流，所以成其大也。"

按：㉞㉟两例之言，《韩非子·大体》作"太山不立好恶，故能成其高；江海不择小助，故能成其富"；《管子·形势解》作"海不辞水，故能成其大；山不辞土石，故能成其高"；《史记·李斯列传》作"是以太山不让土壤，故能成其大；河海不择细流，故能就其深"。这些异文，均用因果连词"故"，可证"所以"为连词。

㊱《说苑·善说》："闾丘先生对曰：'惟（唯）闻大王来游，所以为劳大王。'"按："惟（唯）"是表原因的连词，"因为""正因为"之义，与"所以"构成因果复句。比较同类句式：《老子》二章："夫唯不居是以不去。"《左传·昭公十五年》："王唯信子，故处子于蔡。"《左传·哀公元年》："阖庐惟能用其民，以败我于柏举。"这些材料足证"所以"是因果连词。又如：

㊲《新序·善谋上》："烛之武可谓善谋，一言存郑而安秦。郑君不蚤用善谋，所以削国也；困而觉焉，所以得存。"

㊳《新序·杂事五》："夫儒服，先王之服也，而荆王恶之；兵者，国之凶器也，而荆王喜之。所以屈于田赞而危其国也。"

㊴《史记·礼书》："治，辨之极也；强，固之本也；威，行之道也；功，名之总也。王公由之，所以一天下、臣诸侯也；弗由之，所以捐社稷也。"

㊵《史记·吕太后本纪》："而诸吕又擅自尊官，聚兵严威，劫列侯忠臣，矫制以令天下，宗庙所以危。"

㊶《史记·孝文本纪》："六月，帝曰：'汉与匈奴，约为昆弟，毋使害边境，所以输遗匈奴甚厚。"

以上这些"所以"，其语法作用与今几无区别，此不赘述。

㊷《史记·司马相如列传》："太史公曰：《春秋》推见至隐，《易》本隐之以显，《大雅》言王公大人而德逮黎庶，《小雅》讥小己之得失，其流及上。所以言虽外殊，其合德一也。"

㊸司马迁《报任安书》："仆赖先人绪业，得待罪辇毂下，二十余年矣。所以自惟：上之不能纳忠效信，有奇策才力之誉，自结明主；次之又不能拾遗补阙，招贤进能，显岩穴之士。"

按：以上两例"所以"，与今"因此"无别。这两例还有共同的特点：一是"所以"并非用于因果复句中，而是在下一句（复句）的开头，总结上面的一个整句而不是分句；二是"所以"分别出现在主语"言"和"自"之前。这些特点，似可看作"所以"作因果连词进一步发展成熟的标志。

（原载《辽宁大学学报》2000 年第 4 期）

出土文献"是是"连用后一"是"字的训释问题

摘　要：有学者指出，先秦时期的出土文献中，"是是"连用的后一"是"字不是系词而是副词。本文对此进行辨析、讨论。结论是："是是"连用的后一"是"字可以用作系词，但不能一概而论。一般来说，当它用于判断句中，应为系词；当它用于叙述句中，则是副词。

关键词：是；系词；副词

随着先秦时期的部分地下文献的出土，汉语语法史上长期争论的关于系词"是"形成于何时的问题逐渐有了较为集中的认同。在出土的先秦文献中，有一批"是是"连句式。对于后一"是"字，不少学者都认为是系词，并将其作为论证系词初步形成于先秦的重要证据。《中国语文》2002年第2期刊登的梁冬青先生的长篇论文《出土文献"是是"句新解》（以下简称"梁文"），对此提出了不同看法："把出土文献'是是'句中的第二个'是'字理解为系词，有些仓促，容易违背语言发展的社会性、系统性"，指出："应该理解为'寔'，副词，用在谓语前，充当状语，对事实的真实性，对动作行为或事态进行强调。"文章收集了六种先秦出土文献中全部"是"字的用例，并进行了穷尽性分析。笔者读后颇受启发，但对文中的主要看法似觉难以苟同。为使这一问题的研究有所进展，在此将一些不成熟的意见道出，供梁先生及同行参考。

一

梁文不赞同出土文献"是是"句中第二个"是"字为系词，对此提出了四个疑点。下面就这四个疑点逐一进行辨析讨论。

第一个疑点："如果把出土文献'是是'句中第二个'是'解释为系词，那为什么系词'是'只出现在个别的篇章或某些特定的范围？"这是对"是"作系词质疑的主要依据。梁文着眼于语言的社会性和系统性,提出这样的疑问,当然很有道理。不过我们觉得,历史语言研究中,社会性和系统性原则的运用,不能过于机械、绝对;对于一些问题,还不妨调整角度思考。对此,首先应注意到,在特定的时期和范围里,语言现象的普遍性和特殊性的辩证关系问题。考察古代文献语言,我们不得不承认,有时确实存在着某些词语和特殊用法仅见于一定范围、特定篇章或者个别作者笔下的情况。这种情况固然少见,但不能一概否定。比如,在《诗经》中,"于"作动词有两种较为特殊的用法。一是置于动词之前,表动作行为的进行状况。如:

①燕燕于飞,差池其羽。(《诗经·邶风·燕燕》)

②之子于归,言秣其马。(《诗经·周南·汉广》)

③君子于役,不知其期。(《诗经·王风·君子于役》)

二是"于"后面带上对象宾语,类似及物动词,主要出现在《诗经·豳风·七月》中。如:

④三之日于耜,四之日举趾。

⑤一之日于貉,取彼狐狸。

⑥昼尔于茅,宵尔索綯。

"于"字的上述两种用法,历代学者的训释颇有分歧。第一类"于"字,或训作"往",或释为动词词头,或认为是助词;第二类"于"字,或解作"为",或释为"往"等。何以如此呢?原因固然是多方面的,而其中不容忽视的原因是"于"字这两种用法在先秦其他文献中罕见,很难找到同类例子参照佐证,只能靠《诗经》的用例来排比归纳,寻找答案。这样,意见分歧就在所难免了。我们认为,这些"于"字有点类似泛义动词"为",对其解释当灵活处理。上述几种解释的高下暂置不论,而举出这种现象,旨在据以探讨:仅靠《诗经》中的用例,能否对这些"于"字作出比较合理的解释?答案应该是肯定的。先秦汉语中,"于"的这种用法虽然是罕见、特殊的,但毕竟不是孤例,就《诗经》一书而言,多少还有一定的普遍性、合理性。因此,即使没有旁证,只要坚持审慎态度,认真推考全书用例,辅之以其他有效手段,仍有求得恰当解释的可能;因而不宜轻易用社会性、系统性予以否定。传统训诂学十分强调本证,将其摆在十分重要的位置,其缘由盖在于此。像"于"字的特殊用法只见于《诗经》一书之类的情况，古书中并非仅见，此不赘述。诚然，"如果某词只在一部书中具有某种意义，同时代其他的书并不使用这种意义，那么这种意义是可怀疑的"。梁先生引用的王力先生这段话，对于研究古代语言，的确具有非常重要的指导意义，笔者常引为座右铭，并用于训诂实践。不过，也未尝不可如是理解：王力先生之言旨在强调求证词义应高度重视例证的充足性和可靠性，不要轻下结论。而对于证据不足的情况，怀疑当然是必要的，科学研究本来就是从怀疑开始的；但怀疑不等于否定，只要找到释疑的可靠理据，结论未必不能成立。总之，对于个别特殊的语言现象，既不能刻意标新立异，强作解人；又需正视其存在的事实，经多方谨慎求证后，方可作出稳妥的解释。从这个意义上说，黎锦熙先生"例不十，法不立"的"十"，应该包含两层含义：既指多种文献中的"十"条书证，也不排除个别文献中的"十"条书证。

梁文提出的疑点，还涉及如何审视新兴语言现象的问题。我们知道，语言的变化是渐变而不是突变。一般来说，新兴语言现象的产生，往往会有一个萌芽阶段，不可能同时遍地开花。著名语言学家索绪尔在强调语言对个人的巨大社会强制性的同时，又明确指出："任何东西不经过在言语中试验是不会进入语言的；一切演化的现象都可以在个人的范围内找到它们的根子。"[1] 这段话值得我们深思。先秦时期"是"用作系词，毕竟还处于"在言语中试验"、初露端倪的阶段，其时运用范围小，出现例证少，当为正常现象。同时，对"是是"连用这种情况，还不能排除一定数量的地下文献尚未发现，目前难窥全豹的可能。何况，"是"作系词，并非仅仅出现在出土文献的"是是"连用中，且已偶见于先秦其他传世文献，因此就更不能轻易否认了。郭锡良先生一直主张系词"是"产生于西汉，但同时也指出："不排除战国末系词'是'就已萌芽。"[2] 郭锡良先生注意到了语言发展的这一特点。可以说，新兴的语言现象偶见于一定的场合，也是语言发展不平衡的表现形式之一。

第二个疑点："'是'字作为系词，在句中不应该是可有可无的。但是

---

① ［瑞］费尔迪南·德·索绪尔著，高名凯译：《普通语言学教程》，北京：商务印书馆，1980 年，第 23 页。

② 郭锡良：《汉语史论集》，北京：商务印书馆，1997 年，第 118 ~ 119 页。

在'是是'句中，第二个'是'字大多可删去而不影响句意。"由此而论，若为判断句就必须有系词"是"，否则不能构成判断；那些删去后不影响句意表达的"是"就不可能是系词，只能用作别类词。此说是经不起推敲的。因为显而易见的事实是：先秦汉语中绝大多数判断句不用系词"是"，不也照样表示判断么？即使不借助虚词手段，单靠语序，仍然可以构成判断。兹举几条人们熟悉的例子：

⑦赳赳武夫，公侯干城。(《诗经·周南·兔罝》)

⑧君子之德，风；小人之德，草。(《论语·颜渊》)

⑨贵，人之所欲也。(《孟子·万章上》)

⑩今君，天子。(《韩非子·说林上》)

这些没有"是"字的判断句，既不能看作省略了系词，也不能认为省略了副词或其他成分，它就是当时正常的表达方式。即使在现代汉语里，判断句中也不一定都有系词。如："今天星期三""鲁迅，浙江人""台湾，中国的领土"等，若硬要在这类句子的主谓之间补出"是"字，能说它不是系词而是副词吗？

梁文还以湖北云梦睡虎地秦墓竹简《日书·甲种·诘》中几个类似的句子为例，强调说："大致相同的表达形式，可用'是是'句，也可用'是'字句，甚至不用'是'字，并没有太多不同。"以此论定"是是"连用中后一"是"字作为系词没有存在的必要。如此立论，也是值得商榷的。从言语表达的角度看，同一语义内容，用几个结构大致相同而略有增删变化的句子来表述，是很正常和普遍的现象，这正是语言灵活性、多样性的表现。何况"是是"连用属新兴的语法现象，语言发展过程中，新质要素的产生并不一定意味着旧质要素的必然消亡。有时候，新旧形式会在一定时期和范围内相互竞争而共存，以保持语言格局的相对稳定。怎么能先预设一个固定的言语表达模式，进而否认与其相近形式存在的合法性和必要性呢？

第三个疑点："如果把'是是'句中第二个'是'解释为系词，那么为什么系词'是'18次均放在代词'是'字之后，而只有1次放在普通名词之后？"同时指出，若是"为了加强主语'是'的指示作用"，大可用"此是"表达而犯不着用"是是"。对于第一点，我们在前面已讲得很清楚，即："是是"句中，代词与系词连用，一方面可能反映了一定时期和范围内某些作者的使用习惯，另一方面也可能属于新兴的言语表达方式，所以看起来有点特殊。这里着重讨论第二点：应该怎样看待和研究古代的特殊语言现象？毋庸置疑，诠释古代语言必须从当时的语言事实出发，尽可能客观地揭示并把握其原有意义、用法、规律等，而不宜代古人言，设想古人应该怎样讲才合理、正确，尤其不能以后世的标准和习惯去衡量。这一原则对于特殊语言现象的研究，同样也是适用的。"是是"连用，既非两词重叠，也不是叠音词，置于先秦汉语的背景下进行审视，总有王力先生所说的"很怪"的感觉。试想，第二个"是"字若按梁文作副词来解释，难道就不会使人感到奇怪，就不会导致理解上的困惑？何况，"是是"连用在某些文体中并不鲜见，说明它的存在有一定的合理性，并不至于引起交际上的混乱。至于梁文设想的将"是是"换成"此是"，的确可以"两全其美"，但那不过是脱离实际的大胆假设。因为"此是"连用在先秦时期罕见，汉代以后才逐渐习用，若是，拿晚出的用法去解释早期的语言现象，显然是不可取的。

　　第四个疑点："某些大致相同的内容，可用'是是'句表达，也可用'是谓'句表达。"而两种句式所表达的"基本意思不变，它们属于同构关系"。此说是想借助"变换考察"的方式，来否定"是是"的后一"是"作为系词存在的合理性。因为拿"是谓"句比较类推，"是"就只可能是动词。然而这样一来，不是正好推翻了作者自己的结论——"是"为副词吗？众所周知，副词与动词之间的差距，要比系词与动词的差距大。本来，梁文已经指出，"从大类上分，系词可属于动词"，不知何故，又将自己置于这种矛盾的境地？唐钰明先生用变换考察的方法，根据出土文献中的"是谓"句，推论"是是"中的"是"为判断动词。这一见解得到了学术界的认可，正是因为动词与系词相近，可比性较强。① 需要指出的是，各家把"是"字称为系词也好，称为判断词、判断动词也好，并不意味着他们认为这种"是"在意义与用法上有多大差别。"是是"的后一"是"字同"是谓"的"谓"意义相近，都有表肯定、强调的作用。吕叔湘先生在谈及"是"字的性质时说："'是'字的基本作用是表示肯定。联系，

---

① 唐钰明：《上古判断句的变换考察》，《中国语文》1991 年第 5 期。

判断，强调，都无非是肯定，不过轻点儿重点儿罢了。"① 吕叔湘先生的话讲得十分清楚、到位。出土文献中时而用"是是"，时而用"是谓"，可以视为古人为了避免行文单一、使其富有变化的表达手段。实际上，两者所承载的语义内容大体上是差不多的。

二

以上我们对梁文提出的四个疑点进行了辨析讨论，从而为"是是"连用的后一"是"字为系词的看法提供了支持。梁文认为"是是"句第二个"是"字当释为副词，这一看法对部分句子而言，有其合理之处；但由于对这一现象缺乏全面的审视把握，以偏概全，因而影响了立论的确信度。下面对此再作分析讨论。

梁文论证"是"为副词的依据之一是"是是"句所表达的语义内容与同类句式有所不同。"用'是是'句表达的内容，往往程度较严重，或关系重大；用'是谓'句或无'是'句表达的，则大都比较缓和。"试图通过同类句式语义上的比较来找出"是"的特征，从而论定"是"为副词。看来，这一方法未必奏效。首先，文章对材料的分析处理存在一定的问题。"是是"句是相对独立的单句，对其语义内容的比较应限定在"是是"句本身，而不宜将前后的相关内容牵扯进去，以免喧宾夺主。考察梁文中提及的"是是"连用之例，所谓程度严重、关系重大云云，其实相当部分并非体现在"是是"句本身，而是在其前后的句子中。事实上，"是是帚彗""是是苦彗""是是丘鬼""是是饿鬼"等名词作谓语的句子较为简单，它们根本没有蕴含复杂的语义内容和特点。即使按梁文的作法，把"是是"句的比较范围扩展到本句以外的相关句群中，那么它们在语义上的区别究竟如何呢？在长沙马王堆汉墓帛书《天文气象杂占》里，"是谓"句与无"是"句的相关句子中，既有"邦有亡者""一邦亡"，也有"兵起""大战""天下疾"等重大事件，它们与"是是"连用的句群在语义上的区别并不大。而在《日书·甲种·诘》里，这几类句子之间虽有一定的区别，但仍不明显。退一步说，"是是"句与同类句式果真有梁文所说的这些语义区别，就能够据以证明后一"是"当为副词而不是别类词么？

---

① 吕叔湘:《汉语语法论文集》(增订本)，北京：商务印书馆，1999 年，第 544 页。

未必如此。我们完全可以作这样的推测：正是为了强调事件的重大、严重，作者才刻意选择了代词"是"与系词"是"连用的新形式，以增强其语气，达到引人注意的效果。这或许也是前面讨论得较多的何以出现"是是"连用这种特殊表达方式的原因之一吧。

梁文选取了几条先秦文献中的材料，作为"是"用作副词的佐证。遗憾的是，这些例证均欠允当，因而说服力十分有限。所引几条例证是：《诗经·鲁颂·闷宫》"是生后稷"、《尚书·秦誓》"是能容之"、《诗经·召南·小星》"寔命不同"及《左传·昭公二十五年》"而民实则之"。这些例证中只有两条用"是"字，其余两条则为"寔"和"实"。而"是""寔""实"之间的关系比较复杂，虽然它们"往往可以通用"，但通用的用法不等于其自身的用法，直接用以为据，并不稳妥。若仅取两条用"是"之例，又略显单薄。尤让人生疑的是，这四例都不是判断句而是叙述句；且除"而民实则之"外，其他三例的"是""寔"都用在句首，与"是是"连用句的后一"是"所处位置不类。靠这样几条"是""寔""实"作副词的例证，怎能有力地支持判断句中"是是"连用的后一"是"一定用作副词的结论呢？

至于将甘肃天水放马滩秦墓竹简《日书·乙种》中"南门是将军门"的"是"也解释为副词"寔"，就更为勉强了。梁文认为，《日书·乙种》中的"仓门是富"是叙述句，"是"为副词。这样，六部出土文献中仅剩下"南门是将军门"一条例证，因而不足以证明"是是"的后一个"是"为系词。果真只有这条孤证，当然不能立说，然而事实并非如此。看《日书·甲种》疏证及梁文是怎样论述"南门是将军门"的"是"为副词的。为曲成其说，梁文援引了《日书·甲种》中的几个例句："货门，所利贾市""南门，将军门""北门，利为邦门""东门，是胃（谓）邦君门"等，然后拿"东门，是胃（谓）邦君门"这个叙述句作为既定模式，由此而曲意发挥，竟得出其余三个判断句亦当与之类似的结论。如此推论，真令人不可思议。总之，梁文否认"南门是将军门"的"是"为系词是十分牵强的。退一步说，即令用"是谓"句类推"南门是将军门"有可取处，"是"充其量也只有作动词的可能，怎么会得出它是副词的结论呢？唐钰明先生采取变换分析的方法，用"南门，将军门"证明"南门是将军门"

的"是"为系词。① 其说之所以得到学术界的认同，一则因为两句都是名词谓语句，且语义内容相同，具有很强的可比性；二则因为先秦传世文献中尚有少数为人们认可的书证能够支持这一结论。例如：

⑪惠公蠲其大德，谓我诸戎，是四岳之裔胄也。（《左传·襄公十四年》）

⑫谓彼是是也，不可。（《墨子·经说下》）

⑬此是何种也？（《韩非子·外储说左上》）

⑭韩是魏之县也。（《战国策·魏策三》）

当然，这些例证对于浩如烟海的先秦文献来说，毕竟是凤毛麟角。但是如前所说，作为新兴的、处于萌芽状态的语言现象，它们的出现所透露的信息是不能忽略的。

最后，需要说明的是，虽然我们对梁文提出了种种怀疑，坚持"是"在先秦有时可作系词，但对文中的某些看法并未一概否定。我们接受"是"在先秦时期用作副词的观点，也承认"是是"连用的后一"是"字有时能够充当副词。但我们认为，对"是是"连用的材料需要加以甄别区分；同时，对系词、判断句等概念也要明确地加以界定。按照王力先生的定义，"系词是在判断句中把名词性谓语联系于主语的词。……当谓语不是名词性质的时候，谓语前面的'是'字也不是系词"②。用这个标准分析"是是"，问题就迎刃而解了。一般来说，"是是"句的后一"是"字之后若是名词或者名词性中心词语，且主谓两部分有等同关系，则这类句子为判断句，"是"字可以认定为系词。如"是是竹彗""是是蒿彗""是是苦彗""是是刺鬼""是是丘鬼"等。若"是是"句的后一"是"字后面是谓词性词语，这类句子属叙述句，"是"当为副词。如"是是恙气处之""是是棘鬼在焉""是是勺鬼狸焉""是是可亡不复""凡是是咸池会月矣"等，可以归入此类。当然，"是"字这两种用法的区分也不是绝对的，有些句子的归属有时还难以判定，需要进一步讨论。本来，梁文在分析"仓门是富"时便指出，该句"不是判断句，而是叙述句"，可见并非没有区

---

① 唐钰明：《古汉语研究中的"变换"问题》，《第一届国际先秦汉语语法研讨论文集》，长沙：岳麓书社，1994年，第211页。

② 王力：《汉语语法史》，北京：商务印书馆，1989年，第183页。

别两类不同句子的意识；可惜在处理"是是"句时却忽略了这一点，笼统地将两类句子混为一谈，从而导致论说中的种种矛盾疏漏，无法得出令人信服的结论。

　　总之，我们支持"是"作系词在先秦已经萌芽的看法，从而认定，出土文献中"是是"句的第二个"是"在判断句里当为系词而不是副词。

（原载《古汉语研究》2004 年第 4 期）

出土文献"是是"句后一"是"字的训释问题再议

摘　要：文章对梁冬青《出土文献"是是"句的再探讨》一文提出的问题予以辩说。进一步申论，先秦时期"是"已经开始用作系词，出土的战国文献中"是是"句的后一"是"字大多是系词而不是副词。

关键词："是是"句；是；系词；副词；代词

拙文《出土文献"是是"连用后一"是"字的训释问题》①，针对梁冬青先生《出土文献"是是"句新解》（以下简称"新解"）② 一文提出了不同的看法。梁先生的新作《出土文献"是是"句的再探讨》（以下简称"梁文"），③ 则对拙文作出了回应。梁先生的回应促使我们对既往的研究原则和论证方法进行认真反思，也激发我们对"是是"句后一"是"字的训释问题继续探讨的兴趣。梁文指出拙文中的某些问题，个别地方是我们理解有误，也有的是材料不够充分，研究还欠深入。但总体来说，拙文的基本观点暂时还没有修改的必要。下面就梁文质疑的几个主要问题进行辩说，同时对己见试作申论补充。

一

首先，如何看待先秦时期"是"作系词数量不多、所谓"个别的孤例"问题。梁文坚持强调，六种出土文献中有大量的判断句，为什么不使用系词"是"，提出"为什么系词'是'只出现在个别篇章或某些特定范围"的疑问。其实，梁先生自己在文中已经作了回答："当一个新的语法

---

① 朱城：《出土文献"是是"连用后一"是"字的训释问题》，《古汉语研究》2004 年第 4 期。
② 梁冬青：《出土文献"是是"句新解》，《中国语文》2002 年第 2 期。
③ 梁冬青：《出土文献"是是"句的再探讨》，《古汉语研究》2007 年第 1 期。

结构形式开始萌芽，文献中出现的例句不可能很多。""当一个新的语法结构形式出现初期，例句往往是少量的。"这也印证了拙文的解释："新兴语言现象的产生，往往会有一个萌芽阶段。""先秦时期'是'用作系词，毕竟还处于'在言语中试验'、初露端倪的阶段，其时运用范围小，出现例证少，当为正常现象。"如果梁文承认先秦时期"是"作系词是新兴的语法现象，那么实际上同我们已经有了共识，此处不再赘言。不过尚需说明的是，就出土文献中的"是是"而言，已不算"个别的孤例"，它们分别出现在南北不同地域的三种文献中，即南方的湖南长沙、湖北云梦，北方的甘肃天水。虽然文献的出土之处并不一定就代表了该地的用语特点，但分处异地而又大致共时的语言材料中有着某些相同的表达方式，那就不能简单地认为是巧合，而是在一定程度上反映了其时语言的特点或发展趋势。说是"个别的孤例"，则与事实不符。而且如拙文所言，"像'是是'连用这种情况，还不排除一定的地下文献尚未发现，目前难窥全豹的可能"。今天，我们可以大胆地提出系词"是"萌芽于先秦的设想，正是有幸沾溉于陆续出土的地下文献，而这些材料是前辈学者无缘亲睹的。出土的先秦文献中，还有"是"作系词的其他例句：

①庚申是天昌，不出三岁必有大得。（《睡虎地秦墓竹简》日书甲194）

②鬼恒逆人，入人宫，是游鬼。（《睡虎地秦墓竹简》日书甲214）

③鬼恒宋伤人，是不辜鬼，以牡棘之剑刺之，则止矣。（《睡虎地秦墓竹简》日书甲215）

④一室中有鼓音，不见其鼓，是鬼鼓，以人鼓应之，则已矣。（《睡虎地秦墓竹简》日书甲215）

⑤仓门是富井，居西南，困居西北，庸必南无。（《放马滩秦墓竹简》日书乙，门忌）

⑥其它人是增积，积者必先度故积。（《睡虎地秦墓竹简》秦律十八种36/25）

⑦其前人者是增积，可殹（也）。（《睡虎地秦墓竹简》秦律十八种36/25）

加之先秦传世文献中还有"是"作系词的零散语料，将这"二重证据"合在一起，为数不可谓少，这是应当正视的。

梁文指出："语言是交际的工具，人们不可能采用一个除了他自己之外，谁也不懂的新的语法结构形式。"就语言运用的一般规律来说，此言十分正确；但对于新兴语法形式的初始阶段而言，就不能一概而论。其一，语言的发展变化总是先从个体的"言语中实验"开始，其时，人们未必很快就熟悉、理解，当有一个逐渐适应、接受的过程。其二，新兴的语法现象不会从天而降，往往是在旧有语法形式的基础上渐变而成的。因此，在新兴语法现象初始期发生的细小变化，不可能"谁也不懂"，甚至无法进行交际。拿"是"来说，当其尚未演化成系词时，常常用在判断句的谓语前，复指前面的主语（话题），同时也起着系联的作用，这就是代词"是"最终能成为系词的依据和前提。就当时的使用者而言，对于过渡时期处于两可状态的"是"，将其视为表示指代或者表肯定确认的词，应不会对文意的理解产生多大偏差，更不至于影响交际正常进行。

梁先生批评拙文"黎锦熙先生'例不十，法不立'的'十'，应该包含两层含义：既指多种文献的'十'条书证，也不排除个别文献中的'十'条书证"。（据王力《汉语史稿》第19页引，应为"不立法"）这段话认为"不符合黎锦熙先生的原意"。按，黎先生此言，是语言研究的基本原则。而拙文这段话前面有"从这个意义上说"加以限定，则是"对于个别特殊的语言现象"而言的；拙文说"不排除个别文献中的'十'条书证"，旨在强调在遵守基本研究原则的前提下，应辩证地看待个别特殊的问题。如拙文论及的《诗经》中"于"的特殊用法等，就是在历史语言研究中不可回避的实例。这类例子并非仅见，此不赘引。这样理解，与黎先生的原意并不冲突。如果按梁文之说，"在同一篇章中虽然出现多条书证，但只是出于同一作者之手，并不能解释其社会性问题"，那么，专书词典就不能编写，专书语法研究又当如何进行呢？

梁文还指出："更重要的是，一个新的语法结构形式，特别是使用至今的语法结构形式出现之后，其发展就应具有持续性，不可能出现后不久就突然消失，而在几百年后又突然出现。""是"用作系词后，不能说没有持续性。据研究，《睡虎地秦墓竹简》写成时间大约在战国末年至秦始皇时期，《放马滩秦墓竹简》与之大致相同，《马王堆汉墓帛书》一般认为是战国晚期完成。系词"是"出现以后，一直到汉代，中间未曾中断。西汉的用例如：

⑧蔡人不知其是陈君也，而杀之。（《谷梁传·桓公六年》）

⑨韩是魏之县也。（《战国策·魏策三》）

⑩此是欲皆在为王，而忧在负海。（《战国策·中山策》）

⑪齐庄公出猎，有螳螂举足将搏其轮，问其御曰："此何虫也？"御曰："此是螳螂也。"（《韩诗外传·八》）

⑫口是何伤？祸之门也。（《说苑·敬慎》）

⑬臣是夫馺桑下之饿人也。（《说苑·复恩》）

⑭固曰："此是家人言耳。"（《史记·儒林列传》）

⑮商君亡至关下，欲舍客舍，客舍人不知其是商君也。（《史记·商君列传》）

梁文言"出现后不久就突然消失，而在几百年后又突然出现"，不知"突然"当作何解，不知这"几百年"是怎么计算出来的。

还有，如何理解新兴语法现象的"持续性"问题。像"是是"连用构成的判断句，虽然出现以后就未见其继续使用，但它毕竟展示出系词"是"形成的初始状态，同时也为其后的发展成熟打下了基础。且新兴语法结构出现后不可能一成不变，往往会有调整、完善的过程；只要其基本框架、主要构成要素相对稳定，就是具有了持续性。"是是"连用的后一"是"作为系词最终能够沿用下来，正是其持续性的体现。

梁文援引前辈学者的看法，否定了拙文引用的先秦传世文献中六个用作系词的"是"。这里，拟对这些"是"字再作分析说明。全部列举如下：

《左传·襄公十四年》："惠公蹠其大德，谓我诸戎，是四岳之裔胄也。"

《墨子·经说下》："谓彼是是也，不可。"

《荀子·性恶》："问者曰：'礼义积伪者，是人之性，故圣人能生之也。'"

《晏子春秋·内篇谏上》："君若欲无礼，此是已。"

《韩非子·外储说左上》："此是何种也？"

《吕氏春秋·重言》："齐桓公与管仲谋伐莒，谋未发而闻于国。……管仲曰：'国必有圣人也。'……少顷，东郭牙至。管仲曰：'此必是已！'"

可将这几例分为三类。第一类是拙文的理解有误，如《左传·襄公十四年》之例。王力先生的解释很有道理，"是"应是代词而不是系词。因为此例的下一句为"毋是翦弃"，这个"是"就是代词宾语前置，正好与"是四岳之裔胄也"句中的"是"照应。

第二类的"是"仍应视为系词，如《荀子·性恶》和《晏子春秋·内篇谏上》《吕氏春秋·重言》之例。洪心衡先生认为《荀子·性恶》例中的"是"是副词，表强调。① 按，"是"由用于句首的复指代词演变为表判断的系词，固然有如郭锡良等先生所言的原因"主语简短，复指的必要性不大，'是'的复指意味随之减弱，主要是起联系主语、谓语的作用"②。就这类例句而言，还应注意另一个重要因素，即：判断句中，用"者"字结构作主语时，"者"是表复指的代词。如："礼义积伪者"意即"礼义积伪这些东西"，"者"已承担了复指主语"礼义积伪"的功能；若下面接着再用"是"来复指，就有点叠床架屋了。在这种情况下，"是"的指代功能势必会被冲淡、减弱，而系联、判断功能则突显出来。试比较：

a 礼义积伪，是人之性。主语无"者"字复指，句意为：礼义积伪，这些东西是人类天生具有的（本性）。"是"表复指。

b 礼义积伪者，是人之性。主语加"者"字复指，句意为：礼义积伪这些东西，是人类天生就具有的（本性）。"是"表判断。

洪心衡先生可能觉得把这个"是"视为表复指的代词欠妥，但又不愿承认先秦的"是"可作系词，于是提出"是"为副词的折中看法。细加斟酌，这样的解释其实很勉强。从表达的内容看，"礼义积伪者，是人之性"只需一般性地断定，不具针对性，没有必要加重语气强调。再看洪心衡先生所引另一条例句：

《荀子·大略》："礼者，其表也，先王以礼表天下之乱。今废礼者，是去表也，故民迷惑而陷祸患。"

---

① 郭锡良：《关于系词"是"产生时代和来源论争的几点认识》，《汉语史论集》．北京：商务印书馆，1997年。

② 洪心衡：《〈孟子〉里的"是"字研究》，《中国语文》1964年第4期。

同样，这个"是"释为代词，语意重复；释为表强调的副词，与句子语气不符；只有解作系词，才较为顺畅。"今废礼者，是去表也"的意思是：如今废弃礼义这种作法，是去掉了天下治与乱的标志。例中的"是"侧重表肯定、确认，并系联着主语和谓语。这类例子在先秦汉语中并不少见：

⑯《荀子·富国》："故美之者，是美天下之本也；安之者，是安天下之本也；贵之者，是贵天下之本也。"

⑰《荀子·性恶》："然则礼义法度者，是圣人之所生也。"

⑱《荀子·性恶》："圣人积思虑、习伪故，以生礼义而起法度，然则礼义法度者，是生于圣人之伪，非故生于人之性也。"

⑲《庄子·骈拇》："且夫待钩绳规矩而正者，是削其性者也；待绳约胶漆而固者，是侵其德者也。"

⑳《庄子·大宗师》："终其天年，而不中道夭者，是知之盛也。"

㉑《庄子·骈拇》："夫不自见而见彼，不自得而得彼者，是得人之得而不自得其得者也。"

㉒《韩非子·五蠹》："夫古之让天子者，是去监门之养而离臣虏之劳也。"

㉓《吕氏春秋·振乱》："禁之者，是息有道而伐有义也。"

这些例中的"者"已承担了复指主语的功能，且成为主语的内容；若再用后面的"是"去复指就属多余了，因而"是"解作系词比较适宜。由此我们设想，代词"者"紧贴在判断句的主语后复指主语，或许也是导致"是"的复指意味减弱、消失，最终成为系词的重要因素之一。

再看《晏子春秋·内篇谏上》《吕氏春秋·重言》例。洪诚先生认为《吕氏春秋·内篇谏上》"此必是已"的"是"是代词而不是系词，但同时又指出，"此必是"是"是"字从代词演变为系词的一个重要句型，"'此必是'的用法，比'则是'更近于纯粹系词的形式"①。可见他意识到"是"已有系词的特点，盖因所见证据不足，故未轻下断言，遂用"纯粹系词"将其排除在外。按照洪先生的理解，这个"是"虽不是"纯粹系词"，起码还可算作系词的活用法。我们认为，"此必是"的"是"前有

---

① 洪诚：《论南北朝以前汉语中的系词》，《语言研究》1958 年第 2 期。

副词"必"修饰，表肯定、确认，具有谓词性，就应当是系词。其意为：这个人（东郭牙）一定是了。管仲此言，言简意明，很符合其身份及特定的对话语境。若视"是"为代词，硬要补上具体的指代对象，像《吕氏春秋译注》那样释为"这人一定是那个把消息传出去的人了"，反而显得辞费。此外，洪先生举《吕氏春秋·知分》之例"崔杼不说，直兵造胸，句兵钩颈，谓晏子曰：'子变子言，则齐国吾与子共之；子不变子言，则今是已。'"认为"今是已"分明就是"此是已"。那么，"此是已"的意思就是，此时就是（你的死期）了。若视"是"为代词，释为"现在就是如此（这样）"，那么，"是"的指代内容并不清楚、确定，因而无以与上文照应。

至于《晏子春秋·内篇谏上》，应是"内篇谏上"，拙文误将"上"作"下"，在此更正。"君若欲无礼，此是已"，是晏子针对齐景公对陪酒的臣下所讲的"今日愿与诸大夫为乐饮，请无为礼"这番话而发的。意思是，您若想臣下不为礼，这些做法就是。据文意看，"是"应是表肯定、确认，而不是梁文所说的指代"无礼之实"。理由同前，此不赘述。

第三类的"是"确然是系词而不是其他，如《墨子·经说下》《韩非子·外储说左上》之例。王力先生、郭锡良先生认为例中可能有传抄讹误。我们认为，在拿不出这两例中存在讹误的确证时，则不宜轻易否定"是"为系词；两位先生持谨慎稳妥态度，其看法是建立在不轻易认可先秦文献（至少是传世文献）中"是"已开始了由代词向系词的演变，且确有少数例子可资证明这一基础之上的。倘若将各类零散资料汇集起来考察，这种疑惑应可以消除。

据上分析可知，拙文中引用的六条"是"为系词的先秦例证，除一例属理解有误外，余五例都是能够成立的。

二

梁文对唐钰明先生的变换分析法作了进一步的阐发，认为："'是谓'句中，'谓'字是动词，不是系词，那么，'是是'句中，第二个'是'字也不是系词。"理由是，动词"谓"和系词"是"不同属最小级别单位，只能进行"不完全同义变换"，因而"是是"句的第二个"是"就不可能是系词。其实，拙文从未说过动词"谓"与判断动词即系词是完全同义的，因为这不会影响我们对于"是是"中后一"是"字的词性及用法的认定：言语表达方式本来就可以是多样化的。梁文用变换分析法得出"是"非系词的结论，则使我们对这一方法及操作运用是否合理感到疑惑。首先是"变换的原式""变换式"如何认定的问题。拿梁文中所举之例看，如果认定"南门，将军门"是原式，且为判断句，那么，本为叙述句的变换式"东门，是胃（谓）邦君门"就会变换成判断句，"是谓"则成为多余的成分；反之，又可据原式"东门，是谓邦君门"类推其变换式"南门，将军门"为叙述句——梁先生"新解"一文的结论就是这么推出来的。像这类可以互为对象、循环"变换"的句子，若出发点不同，原式选择必异，其结论就会相反。那么，应如何认定孰为原式孰为变换式？

其次是如何把握变换分析的原则问题。梁文用"东门，是谓邦君门"作为原式，去变换分析"南门是将军门"，居然作出后者的"'是'为系词的结论就很难成立"的断言。"东门，是谓邦君门"是叙述句，"是"为代词，"谓"是动词，"是谓"意即"这道门叫作"；而"南门是将军门"分明是判断句，两者连"同构关系"都算不上，若进行变换分析，不是违反了"同一性原则"么？如此分析论证，结论实难服人。

尤其令人困惑的是，梁文虽然费了很多笔墨用变换分析法来证实己说，但始终未曾解答两个关键问题：第一，既然动词与系词不属同一小类，用"是胃（谓）"的"胃"作为"原式"参照可以否认"是是"的后一"是"为系词，那么，作为表修饰限定的副词与动词连同属大类都算不上，又凭什么可以"是谓"推论出"是是"等于"是寔"，从而认定后一"是"为副词呢？第二，梁文十分推崇唐钰明先生的变换分析法，但是，唐先生用变换分析法则推论出"是是"的后一"是"是系词而不是副词，不知该怎样解释这一矛盾。

唐先生曾经指出：变换分析法"也有其局限性"；"孤立运用变换并不足取，只有置于综合性、系统性的研究中，变换才具有生命力，才能焕发异彩"。① 唐先生所言是谨慎的。梁文则夸大变换分析法的作用，称其"具有极强的说服力"，且在论证中"孤立运用变换"分析语法结构，曲解文

---

① 唐钰明：《古汉语语法研究中的"变换"问题》，《著名中青年语言学家自选集：唐钰明卷》，合肥：安徽教育出版社，2002 年。

中例句，来为己说辩护。这恐怕与唐先生倡导的原则相违。

三

梁文针对拙文中"'是是'句是相对独立的单句，对其语义内容的比较应限定在'是是'句本身，而不宜将前后相关内容牵扯进去，以致喧宾夺主"这段话提出了批评，申言必须根据上下文确定词义。按，根据语境求证词义，是词义训释的基本原则之一。不过，拙文的这段话主要是就"是是"连用句与同类句式的结构特点和语义内容的比较分析而言，并不是针对单个词义的训释求证所发。我们认为，弄清"是是"的后一"是"不单是词义问题，同时也与句法、语义紧密相关。因此，需要先作单句的结构、语义的分析比较，然后再考察后一"是"在这个特定的单句中的语法功能、词义特点等。在这个问题上，句法第一、词义第二，不能主次不分，以致"喧宾夺主"。况且，我们说"不宜将前后相关内容牵扯进去"，只是强调"不宜"，并未断言"不可"。因为出土文献中的"是是"句结构比较完整，语义内容亦相对独立，故其前后内容只宜作附加参考。否则，就会使结论的合理性受到干扰、影响。

我们坚持认为，出土文献中，"是谓"句，无"是"句所在的句群、句段记录的事件和表达的内容，与"是是"句相比，并不就是都有多大的差异，就梁文所举之例看：

是是苦彗，天下兵起，若在外归。（马王堆汉墓帛书《天文气象杂占》）

是胃（谓）白灌，见五日而去，邦有亡者。（马王堆汉墓帛书《天文气象杂占》）

我们看不出"是是"句比"是谓"句严重、重大的程度体现在哪里，反而是"是谓"句涉及"邦有亡"，这种大事比"是是"句涉及的"天下兵起"似乎还要严重。按照梁先生的解释，"是"作副词是通"寔"字。"寔"作为表决断的语气副词，含"确实""实在"的意思；它"一般用于叙事抒情，总与某种特定情况联系在一起"①，因而针对性较强；而且，既是强调，句末往往有语气词"也"收尾，以增强其语气。而"是是"连用的判断句，大多只是一般性地陈说断定占辞内容，句末均没用语气词"也"，看不出强调的语气。总之，将后一"是"解释为"确实""实在"是很牵强的。

四

拙文对梁先生"新解"一文中证明"是"在先秦可以充当副词的材料提出了几点质疑：第一，均为叙述句而不是判断句难以有效证明；第二，四例中有三个"是"或"寔"都用于句首，与"是是"连用的位置不类；第三，将"南门是将军门"的"是"也解作语气副词，过于牵强。令人遗憾的是，梁文对此未作解答；而且，在进一步证成"是"为语气副词时，仍没有提供与"是是"连用相应的新例句，只是补充了两条"实"作副词的例子。在未予说明"是"作副词是新兴语法现象的情况下，仅凭如此单薄且未必可信的材料，坚持认定"是是"连用的后一"是"为语气副词，这与其反复强调的"社会性""系统性"似乎是背道而驰的。

拙文最后的处理结果是将"是是"句一分为二，进而对"是是"的后一"是"字分别进行解释：用于判断句中的"是"为系词；用于叙述句中的"是"为副词。同时说明："'是'字这两种用法的区分也不是绝对的，有些句子的归属有时还难以判定，需要进一步讨论。"判断句有广义和狭义之分。狭义判断句仅指名词谓语句，广义判断句则包括名词、动词、形容词充当谓语者。② 拙文所说的判断句是狭义的判断句。这样处理，旨在使叙述句和判断句的界限简明清楚，避免将问题复杂化。梁文批评说："不应该把是否是判断句作为'是是'句中第二个'是'作系词或是副词的先决条件。"这是我们不能接受的。不先分清判断句和叙述句，讨论系词就失去了意义。系词本是以判断句作为其存在的前提：若非判断句，哪里会需要系词？就此而论，不是划分判断句、叙述句有无必要的问题，而是划分是否合理的问题。现在看来，拙文对判断句的划分范围偏窄，局限

---

① 萧娅曼：《汉语系词"是"的来源与成因研究》，成都：巴蜀书社，2006 年。
② 杨伯峻、何乐士：《古汉语语法及其发展》，北京：语文出版社，1992 年，第 718～720 页。

了"是"作系词的条件，以至于将部分谓词性词语充当谓语的"是是"句排除在判断句之外，使得该类句中一些本为系词的"是"扩展到梁先生所定的副词中去了。如"是是恙气处之""是是棘鬼在焉""是是可亡不复""是是大凶"等，按照广义的标准，可以将其归入判断句中；将这类句子的第二个"是"释为系词，也是顺理成章的事。这不仅不会影响拙文的结论，还可为拙文增添一些有说服力的语料证据。这样，出土文献"是是"句的后一"是"字，大多数都可以归入系词中。

梁先生指出："名词性谓语可以受副词修饰。"副词可以直接修饰名词性谓语，毋庸置疑。但这并不意味着，表判断的"是是"句第二个"是"在名词谓语句中就一定要充当副词；也不能简单地根据"是乃狼也"之类的句子，通过"变换分析"，类推"是是"连用的后一"是"就是副词。确认句中的"是"为系词还是副词，还需要将多种因素综合起来考虑。对此，前面已有讨论，不赘。其实，就"是"字而言，仅从理解训释角度看，我们的看法同梁先生已经比较接近：把"是"视为语气副词也好，判断系词也好，从表达上看，只是在语气上略有轻重之别罢了。王力先生早年就曾把判断句中带有一定系词性质的副词如"乃""即"叫作"准系词"。① 由于梁文固持先秦时期的"是"不能充当系词之见，也就只能把那些本为系词的"是"以语气副词或者指示代词解之。但愿通过进一步的讨论，双方的认识能够渐趋一致。

（原载《古汉语研究》2008 年第 4 期）

---

① 王力：《中国文法中的系词》，《龙虫并雕斋文集》（第一册），北京：中华书局，1980。

试论转折连词"然"的形成

摘 要："然"用作转折连词形成于战国时期，或许略早于"然而"。确定"然"为转折连词的主要依据是上下文语意关系。"然"由代词演变为转折连词，与其自身的回指功能和处于句首引领下文的特殊位置有关，但归根结底，是受其前后语意关系的影响制约产生的。

关键词：转折连词；然；然而；代词；回指

"然"字在古代汉语中，处于句首时可用作转折连词。早在元代，卢以纬在《助语辞》中说："若用'然'字在句首，便有转折意，有翻入意。"① 此后，清代的虚字著作如《虚字说》《经传释词》《经词衍释》以及《马氏文通》《词诠》等对"然"具有表转折的用法均有所提及。那么，"然"表转折从何时开始？从不少论著所列举的例证中，可以推知大概肇始于先秦。笔者寡闻，尚未见学界对此进行专题研究，并形成比较一致的结论。还有，"然"与双音节转折连词"然而"的关系如何？两者孰先孰后产生？怎样确定"然"是代词还是转折连词？"然"怎么由代词演变成转折连词的？这些研究语法史不能回避的问题，亦缺少令人信服的说明解释。有鉴于此，本文拟作一点探讨。

一

先讨论作为转折连词的"然"同"然而"的关系问题。吕叔湘先生是较早对这一问题进行研究的学者。他在《中国文法要略》中讨论"转折关系词"时说："'然'字的开始盛行在'然而'之后，我们可以说它是'然而'之省，以'然'摄'而'；我们也可以说是'虽然'之省，那就

---

① （元）卢以纬，刘长桂、郑涛点校：《助语辞》，合肥：黄山书社，1985 年，第 60 页。

本来不一定要随以'而'字。"① 吕先生的看法是模棱两可的。他的后一假说后面再予讨论。按其前一假说推之，既然"然"的"开始盛行"在"然而"之后，那么，"然"作转折连词就应当晚于"然而"。

其后，王力先生在《汉语语法史》中指出："直到汉代以后，'然'字才单独用作转捩连词。"王力先生没有明言"然而"作转折连词形成的时间，只是提及了"然"作转折连词的形成过程：

副词"然"（这样）→副词"然" + 连词"而"（尽管这样，但是）→连词"然"。②

王力先生沿用《马氏文通》的说法，把表指代的"然"叫作副词（状字）。称名不同，并不影响我们的讨论。从王力先生对"然"作转折连词形成过程的推想看，毫无疑问，他认为"然"作转折连词是在"然而"之后。

前不久，刘利先生撰文，比较集中地论述了"然而"作转折连词的问题。文中对"然"作转折连词的有关问题也有所涉及。根据刘先生所论，"然"和"然而"应该是平行演变为转折连词的，时间在战国时期。③

以上诸说均有可商之处。首先，"然"作转折连词不可能形成于"然而"之后。"然而"在未成为转折连词之前是代词"然"和连词"而"的松散组合，这是包括以上几位学者在内的学术界的普遍看法。例如《孟子·梁惠王下》："乐以天下，忧以天下，然而不王者，未之有也。"例中"然"字的功用是回指上文假设的"乐以天下，忧以天下"的条件，可译为"如此，这样"；"而"字则是引出相反的结果——还是不能实行王道。在这种情况下，表示转折的语意重心无疑是落在"而"字及其后面的句子上。由此将引发以下的疑问：如果"然"还没有改变其原有的指代功能、产生新的转折用法的话，那么它和"而"结合共表转折意义时，"而"字的转接作用无疑仍居主导地位；即使"然"字虚化、与"然而"凝固成词后，其表转折的重心也很难说偏倚在"然"字一边，两者至多不过平起平坐，怎么能凭空省去"而"字，以"然"摄"而"，最终单独表示转折

① 吕叔湘：《中国文法要略》，北京：商务印书馆，1982 年，第 342 页。
② 王力：《汉语语法史》，北京：商务印书馆，1989 年，第 146 页。
③ 刘利：《上古汉语的双音节连词"然而"》，《中国语文》2005 年第 2 期。

呢？由此可见，必须先弄清"然"字转折用法的来龙去脉，否则，讨论"然而"成为转折连词将缺乏必要的前提条件，更遑论厘清"然"与"然而"之间的复杂纠葛了。

"然"与"然而"同时演变为转折连词亦缺乏说服力。先看"然"字。既然"然而"在没有成为转折连词前的分工是"然"承上、"而"启下；那么，若"然"字单用，没有"而"字配合以启下时，又怎么能身兼二职，且与"然而"平行演变成转折连词呢？再看"然而"。"然"是构成"然而"的一员，决定了两者之间不可分割的关系，因而"然而"的演变就不会是孤立的、单向的。平行演变说仅注意到外在语法因素对"然"和"然而"共有的影响作用，却未考虑其内在因素的作用，尤其是"然"对"然而"的演变可能存在的重要影响，也就难有充足的理由解释它们何以能平行演变等问题。

以上我们从逻辑事理上对几家有代表性的看法提出了质疑。孰是孰非，最终还得靠语言事实检验。为此，我们选取了《左传》《国语》《墨子》《荀子》《庄子》等五部先秦比较有代表性的文献，对这些文献中"然""然而"用作转折连词的情况作了全面的调查统计。从我们掌握的材料看，"然"表转折的用法最早出现于《左传》，据此说"然"作转折连词形成于战国时期，应该没有问题。我们的统计结果如下：《左传》中，"然"作转折连词共19见，"然而"1见；《国语》中，"然"作转折连词共8见，"然而"3见；《墨子》中，"然"作转折连词共20见，"然而"4见；《荀子》中，"然"作转折连词共7见，"然而"3见；《庄子》中，"然"作转折连词共10见，"然而"无一见。五部文献中，总计"然"作转折连词64见，"然而"11见。这一统计结果表明："然"表转折的用例较之"然而"已有明显的优势；而且，较早的《左传》又显得十分突出。这不能不引起我们的深思。至少可以说明："然"作转折连词肯定不会晚于"然而"；两者平行成为转折连词也还存在较大的困难。由此看来，我们前面提出的质疑不无道理。根据这一语言事实，还可大胆推知，"然"作转折连词或许要略早于"然而"。只有基于这样的认识，才能比较合理地解释作为转折连词的"然"与"然而"之间的纠葛关系。这就是，"然"先一步产生了表示转折的用法，然后才与表转折的连词"而"结合，最后逐渐形成同义并列的复合词。需要指出的是，"然"同"然而"作为转折连词出现的时间虽有早晚之分，但肯定不会相去甚远。即便如此，它们产生的先后逻辑顺序仍然不容颠倒。

二

以上我们对五部文献中"然"以及"然而"用作转折连词的统计结果，可能有点出乎人们的意料，一时还难以获得认同。为何我们的统计结果会与通行的看法相违？这里固然有对材料的理解上见仁见智的原因，更重要的因素恐怕是在确定"然"为转折连词的依据上存在一定的分歧。遗憾的是，学术界似乎并未就这一问题展开讨论、达成共识；对"然"是否作转折连词往往是凭经验、凭语感来判断、确认的。笔者目前仅见刘利先生的文章有所提及。在他看来，"然"也好，"然而"也好，它们能成为转折连词，应该是有一定的语法形式作为鉴别标志。就"然"字而言，概括起来主要有两点：一是"然"字前面的句子中有表示让步的"A 则 A 矣"结构；二是"然"与"虽"配合使用，构成"虽……然"的平行格式。其中，又以后者为主。刘利先生既把这两点作为确认"然"为转折连词的依据，也把它们视作"然"演变成为转折连词的动因。不可否认，这两点对于分辨"然"是否为转折连词，有一定的参考作用。但是，若将其作为确定"然"是否为转折连词的主要标志以及形成原因等的标记，则有失偏颇。

我们认为，既然讨论的是代词"然"怎样演变成为真正的虚词——转折连词的问题，那么确定"然"是否为转折连词，就不能抛开虚词研究的基本原则。陈望道先生说得好："虚字所以成为虚字，好像便在它那意义是跟着实字变，有时还跟着句子的组织变，研究虚字我看必须连带注意虚字所跟的实字或虚字所在的句子的组织，才能确实指出虚字的功用。"① 陈先生论及的是研究"虚字的功用"问题；同样，确定"然"是否已虚化为连词，最主要的标准或依据也应当是"然"字"所在句子的组织"，即特定的语境，也就是上下文意。因此，首要任务是考察"然"字所处的前后句子在语意上是否存在着相背相反的关系，即弄清其是否为转折句。吕叔湘先生指出："凡是上下两事不谐和的，即所谓句意背戾的，都属于转折

---

① 复旦大学语言研究室编：《陈望道语文论集》，上海：上海教育出版社，1980 年，第 249 页。

句。所说不谐和或背戾，多半是因为甲事在我们心中引起一种预期，而乙事却轶出这个预期。因此由甲事到乙事不是一贯的，其间有一转折。"① 吕先生对此概括得十分精辟。在弄清转折句的基础上，再根据上下文意考察鉴别"然"的功用主要是回指上文还是表示转折。下面参照这个标准，从前面五部文献中各举两例试作分析：

①吾不能早用子，今急而求子，是寡人之过也。然郑亡，子亦有不利焉。（《左传·僖公三十年》）

②今吾子之言，乱之道也，不可以为法。然吾子，主也，至敢不从？（《左传·成公十二年》）

例①，郑伯先对"吾不能早用子，今急而求子"的做法作了检讨："是寡人之过也"，这是对既往事实的确认评价。下面则语意一转：我的过错归过错，但是，倘若你烛之武因此耿耿于怀，不肯相助，那么郑国灭亡了，你也没有好日子过。

例②，晋使郤至先对楚相子反说的话予以否定："不可以为法"，下面语意一转：但是，您毕竟是本次享宴的主人，我怎敢不听从呢？

③包胥曰："善哉！蔑以加焉，然犹未可以战也。"（《国语·吴语》）

④文子曰："吾亦愿之。然吾观国人，其父兄之食粗而衣恶者犹多矣，吾是以不敢。"（《国语·鲁语上》）

例③为楚大夫申包胥回答越王勾践之言。前面"蔑以加焉"，是对勾践历数对吴国开战的种种优势的肯定，意即简直是无以复加了。尔后语意一转：但仍不能凭这些优势战败吴国。

例④，鲁国上卿季文子生活十分节俭，"无衣帛之妾，无食粟之马"，别人问他为何不追求奢华，文子承认自己是愿意奢华的，但是看到国人"食粗而衣恶者"还很多，所以就不敢了。

以上例中的"然"字表转折的功用甚明。我们选择这四例详加分析是有针对性的，因为刘利先生的文章中也列举了这几例，并认为这些"然"字"对前文回指是明显的"，将其视为回指代词。然细绎之，这些"然"字的上文里，并没有明确具体的指代对象，因而"然"的指代似无着落。若视"然"为回指代词，总觉与文意不协；而释为转折连词"然而""但

---

① 吕叔湘：《中国文法要略》，北京：商务印书馆，1982年，第340页。

是"，意思就十分自然顺畅了。例①的"然"字，王力先生主编的《古代汉语》亦注为："连词，表转折，等于说'然而'。"虽然这一注释未必是王力先生本人的意见，但仍值得我们注意。再看下面的例子：

⑤良弓难张，然可以及高入深；良马难乘，然可以任重致远；良才难令，然可以致君见尊。（《墨子·亲士》）

⑥公输子之意，不过欲杀臣，杀臣，宋莫能守，可攻也。然臣之弟子禽滑厘等三百人，已持臣守圉之器，在宋城上而待楚寇矣。（《墨子·公输》）

⑦故虎豹为猛矣，然君子剥而用之。（《荀子·王制》）

⑧齐桓公闺门之内，县乐奢泰游抏之修，于天下不见谓修。然九合诸侯，一匡天下，为五伯长。是亦无他故焉，知一政于管仲也。（《荀子·王霸》）

⑨吾敬鬼尊贤，亲而行之。无须臾离居，然不免于患，吾是以忧。（《庄子·山木》）

⑩子胥沈江，比干剖心。此二子者，世谓忠臣也，然卒为天下笑。（《庄子·盗跖》）

为节省篇幅，恕不一一分析以上诸例。这些"然"字的回指内容都不易概括认定，而"然"表转折的作用则十分明显：都是先对前文的事实予以认定，紧接着用"然"字一转，引出与前文相反相背的内容。

为了检验以上"然"字作转折连词的可靠性，在此不妨尽数举出王力先生在《汉语语法史》中认为"然"字单独用作转折连词的汉代用例，以为佐证：

⑪上曰："王陵可。然陵少戆，陈平可以助之。陈平智有余，然难以独任。周勃厚重少文，然安刘氏者，必勃也。"（《史记·高祖本纪》）

⑫足下位为上相，食三万户侯，可谓富贵无歉矣。然有忧念。（《史记·郦生陆贾列传》）

⑬吾尝将百万军，然安知狱吏之贵乎？（《史记·绛侯周勃世家》）

⑭剧孟虽博徒，然母死，客送葬，车千余乘。（《史记·袁盎晁错列传》）

⑮荆轲虽游于酒人乎，然其为人沈深好书。（《史记·刺客列传》）

例中的"然"表转折是毋庸置疑的。试将这些例中的"然"字同我们上文所举的先秦用例进行比较，不难看出，它们所处的语境及在句中的作用似乎并无二致。而且，这些例子同上文的先秦用例一样，在"然"的前文里隐含有"虽然""即使"的让步意味，但并未使用表让步的"虽""则"等字眼。由此说明，我们对上述转折连词"然"的理解分析不无道理。惜不知何故，王力先生要将具有同样功用的先秦"然"与汉代的"然"区别对待。对此，我们深感疑惑，不得其解。

下面，再考察一下先秦时期具有转折语意关系的复句（句段），看句中其他表转折的虚词是如何确定的，它们是否有相应的语法形式予以配合。例如：

⑯不见子都，乃见狂且。……不见子充，乃见狡童。（《诗经·郑风·山有扶苏》）两个副词"乃"表转折，有"却，竟然"之义。

⑰吾以子为异之问，曾由与求之问。（《论语·先进》）副词"曾"，有"竟然，却"之义。

⑱今三川周室，天下之市朝也，而王不争焉；顾争于戎狄。（《战国策·秦策一》）副词"顾"表转折，高诱注："顾，反也。"

⑲君贶之以大礼，何乐如之？抑小国之乐，大国之惠也。（《左传·文公三年》）副词"抑"表转折，有"不过，但是"之义。

⑳寡君愿事君朝夕不倦，将奉质币以无失时，则国家多难，是以不获。（《左传·昭公三年》）连词"则"表转折，有"但是，然而"之义。

㉑荃不察余之中情兮，反信谗而齌怒。（《楚辞·离骚》）"反"，副词，"却，反而"之义。

以上这些表转折的副词、连词，本来都是一词（字）多义的；由上可见，它们所处的转折句中，并没有别的语法形式配合。确定它们为表转折关系的虚词，主要是句子的语意关系，舍此似无他途。

至于转折句中，连词"而"单用的例子就更多了。同样，"而"所在的转折句中大多数也没有其他语法标志。何况，"而"还可表示顺接等多种连接关系，那么，凭什么辨认"而"是表转接还是其他关系的连词呢？无他，只能是"而"字前后句子之间的语意关系。如：

㉒夫子焉不学，而亦何常师之有？（《论语·子张》）

㉓贤者更礼，而不肖者拘焉。（《商君书·更法》）

通过以上的分析讨论，我们可以初步对"然"用作转折连词确定这样的标准：当"然"用于含有转折语意的复句或句段之中，处在具有相反相背意义的后一句子的句首，且句中又无其他表转折的词语出现时，从语意的表达看，"然"的回指作用已经淡化甚至消失，表"启下"的连接作用凸现出来，那么，就可以认定"然"已虚化为转折连词而不是代词。至于某些语法标志，至多不过作为辅助的参考依据，其作用不宜夸大。以上我们所统计的先秦五部文献中 64 个表转折关系的连词"然"，正是根据这样的标准确定出来的。

三

前面我们论证了"然"作为转折连词当出现在"然而"之前，也就证明"然"之成为转折连词并非受"然而"或者"而"的影响。接下来需回答的是，"然"作为一个常用的代词，怎么会成为转折连词的？如上所引，吕叔湘先生的又一解释是："我们也可以说是'虽然'之省。"此说亦尚需斟酌。"虽然"乃连词"虽"和代词"然"的组合，是"虽然如此""尽管如此"的意思。例如《孟子·滕文公上》："诸侯之礼，吾未之学也；虽然，吾常闻之矣。"这里，用于折转复句中的"虽然"独自构成前一分句，表示让步，而其后的分句则是相反相背的内容。需要注意的是，"虽然"自身并未包含转折，具有转折意思的是后一分句。这样，作为代词的"然"字，即使省掉与之组合的"虽"字，又怎么能一步跨入转折连词的行列呢？刘利先生根据吕叔湘先生之说作了进一步的推演阐发，他说："'然'在承认或认可前文所述事实的同时，也赋予了句子以'尽管如此，可是'的让步加转折的语用意义。这就为'虽'的出现提供了语义条件。当'虽'进入转折句的前文以后，不仅接管了让步的语用意义，同时也消解了'然'的回指功能，使其成为纯粹的连接成分。"① 这样解释的仍不能令人满意。其一，究竟是上下文影响、制约了代词"然"，最终促使其语法化，成为与原义差距较远的转折连词，还是"然"的出现改变了句子原有的语意格局，赋予其"尽管如此，可是"的让步加转折的语用意义？就词义演变的一般规律而言，导致这种变化的主要因素应该是前者，即上下文。作为一个起回指作用的"然"字，居然会赋予句子如此重要的

---

① 刘利：《上古汉语的双音节连词"然而"》，《中国语文》2005 年第 2 期。

语用意义，产生这么大的影响，是不可思议的事。其二，按照刘利先生的意思，代词"然"原有的回指功能被消解的直接原因，是由于让步连词"虽"进入了转折句的前文中。这个设想要得到认可，还面临着种种困难。一是在先秦汉语中，"虽"作为让步连词，其单用的使用频率较高，"虽然"组合也较普遍；但"虽"与"然"在具有转折语意关系的复句中以间隔方式搭配使用的情况则屈指可数。语言成分的演变与使用的频率是紧密相关的。寥寥几例偶尔使用，竟然导致常用代词"然"产生如此大的变化，最终成为转折连词，显然不合词义变化之常轨。二是在早期一批具有转折语意关系的复句、句段中，其前文里并没有"虽"字出现，大量的"然"作为转折连词已经单独使用，那么，"然"的回指功能是靠什么消解的？其表连接的作用是怎么形成的？以《左传》为例。在《左传》中，所有在转折句中充当转折连词的"然"，没有一例是与"虽"搭配使用的。由此看来，"然"完成由代词向连词的转变与"虽"的出现没有必然的因果关系。

　　我们认为，探求"然"由代词演变为转折连词，应当将"然"自身的回指功能、引领下文的作用及在句中所处的位置等因素结合起来考虑，不可偏废。"然"字经常处在复句的后一分句或某些句段之首，既回指前文之内容，表示肯定，又在语气上有一停顿。《马氏文通》认为"然"字"其冠句首作为一顿以取势"①，信然。应当看到，代词"然"的功能虽然主要是回指前文，但毕竟处在具有转折语意的句首这个特殊位置上，充当主语，兼及引领下文，因而受转折语意的影响较之前文要大、要直接。这一特定的语境是"然"变化成转折连词的决定性因素。再者，转折复句、句段中，上句（文）的出现往往是为了衬托下句（文）；下句（文）才是落脚点，才是作者要强调的语意重心。正如马建忠所言："将飞者翼伏，将跃者足缩，将转者先诺。"② 因此，当"然"出现在具有转折语意关系的复句、句段中，其后又没有跟着连词"而""则"或者副词"且""犹"等连接下文时，就不得不调整其原有的功能——由回指（承上）为主、领下为辅转换为平行承担回指与领下两重任务。如上所言，由于转折复句、

---

① 马建忠：《马氏文通》，北京：商务印书馆，1983年，第311页。
② 马建忠：《马氏文通》，北京：商务印书馆，1983年，第311页。

句段的语意重心往往偏移到"然"字所在的逆转句上面，因而"然"的回指作用势必随之逐渐弱化乃至消失，于是，最终演变成表示转折关系的连词。

代词"然"受其前后语意关系的影响而虚化成转折连词，这一假设还可从"然"的另一发展变化得到支持。我们发现，有少数"然"字演变成了表示顺接关系的连词。如：

㉔鲋鱼忿然作色曰："吾失我常与，我无所处。吾得斗升之水，然活耳。"（《庄子·外物》）此言我得到斗升之水，于是就活了下来。

㉕至楚，庄生家负郭，披藜藋到门，居甚贫。然长男发书进千金，如其父言。（《史记·越王勾践世家》）此言于是长男打开信匣，给庄生送进千金。

㉖孔子曰："其男子有死之志，妇人有保西河之志。吾所伐者不过四五人。"灵公曰："善。"然不伐蒲。（《史记·孔子世家》）此言灵公于是就不攻伐蒲国了。

㉗嗟乎！世士诚躬师孔圣之崇则，嘉楚严之美行，……则道丰绩盛，名显身荣，载不刊之德，播不灭之声，然知薄者之不足，厚者之有余也。（《后汉书·朱穆传》）此言然后就知道薄者不足和厚者有余了。

㉘夔、（紫）玉更相白于太祖，太祖取所铸钟，杂错更试，然知夔为精而玉之妄也。（《三国志·魏书·杜夔传》）"然知"，于是才知道。

虽然这类用例数量不多，但富有启发意义。"然"何以有这样的演变？是因为代词"然"也可用于表顺接关系的复句中，居后一分句之首，回指上文；受复句句意关系的影响，其回指作用逐渐淡出，所以就虚化成表顺接的连词。

起回指作用的代词演变成表连接关系的词语，还可以找到类似的佐证。例如，先秦汉语中，近指代词"斯"亦可用于句首，回指前文：

㉙因民之所利而利之，斯不亦惠而不费乎？（《论语·尧曰》）"斯"回指前文"因民之所利而利之"的做法。

㉚有子曰："礼之用，和为贵，先王之道，斯为美。"（《论语·学而》）"斯"回指前文的"和为贵"。

这些处在特殊位置上的"斯"同"然"一样，同时还兼有引领下文的作用。一方面，由于"斯"经常出现在表顺接关系的复句中，而这类复句的逻辑语义关系是比较明晰的，因而"斯"的回指并非不可或缺，其指代功能便会逐渐减弱；另一方面，顺接复句需要一定的语法形式来衔接使其更加紧凑，于是，"斯"便虚化成表顺接关系的连词，相当于"这样，那么"。如：

㉛仁远乎哉？我欲仁，斯仁至矣。（《论语·述而》）意即"那么，仁就来到了"。

㉜王无罪岁，斯天下之民至焉。（《孟子·梁惠王上》）意即"那么，天下的老百姓就会到来了"。

㉝如知其非义，斯速已矣，何待来年？（《孟子·滕文公下》）意即"那么，就赶快停止算了"。

其实，这些"斯"即使虚化为连词，其复指的作用似乎并没有完全消失，由此正可追溯到连词"斯"来源于代词。

再如，先秦汉语中，"是"本为指示代词，后来演变为判断词。判断词又称系词，它是连接判断句的主语和名词谓语的纽带。"是"何以会产生这种变化？也是与其复指（即回指）的功能和其所处句中的特定位置分不开的。"是"作为指示代词，在判断句中，常用于名词谓语之前，复指大主语。如：

㉞知之为知之，不知为不知，是知也。（《论语·为政》）"是"复指前文"知之为知之，不知为不知"的为学态度。

㉟覆天下之义者，是立命者也。（《墨子·非命上》）"是"复指前文"覆天下之义者"这类人。

代词"是"既"承上"——复指大主语，又处在名词谓语之首，起着"启下"——连接名词谓语的作用。后来，"是"的指代作用逐渐减弱，最终演变成系联主语和名词谓语的判断词。这一问题学界多有论述，几成定论，此不赘言。

综上可见，从语法类型的角度观照，"然"由回指代词演变为转折连词，并不是孤立现象。这些由指代作用演变为具有不同连接作用的词也再次证明，上下文语意关系的影响制约，是代词虚化为连词的决定性因素。

（原载《古汉语研究》2007 年第 3 期，发表时略有删节，此次作了补充）

也谈"诚"和"果"语气副词用法的形成

摘　要：文章对谷峰关于"诚""果"语气副词用法形成的观点提出不同看法，认为：形容词"诚"演变为副词并未经过"词义的泛化"阶段，而是在状语位置上直接虚化为语气副词，形成于先秦早期。语气副词"果"并非来自动词"实现"，而是来自形容词"果敢、果决"，先秦早期即已形成。

关键词：语气副词；诚；果；形成

《中国语文》2011 年第 3 期的《上古汉语"诚""果"语气副词用法的形成与发展》一文（作者谷峰，以下简称"谷文"），较为深入全面地探讨了两词作为副词的来源、形成和发展等，读后受益颇多。但在两词如何演变成副词的问题上，谷文的论述尚存一些瑕疵。在此试陈浅见，就教于谷先生及方家同仁。

1. 关于"诚"

语料的时间层次问题。谷文把"诚"演变为副词的讨论限定在上古汉语时期，其时间跨度是不小的。为了明晰词义的变化发展过程，文中采用"上古""上古语料""战国时期""战国中晚期"等表时段的词语加以区分，这很有必要。但文章在论述中，并未严格按照时段处理，对语料的运用有时失之随意、过宽，且有年代含混倒置的情况。比如，在论及"诚""最初是形容词，表示心意真诚，描述人的道德品质"时，引用了 9 条材料。其中，只有例（15）《诗经》例（17）《左传》属于先秦早期文献，例（12）《孟子》例（18）《韩非子》稍晚；其余则为《礼记》4 见，《管子》1 见。我们知道，《礼记》《管子》一般应视为汉代文献。讨论先秦常用词"诚"的最初意义，汉代语料居然占了多数，这是很不合宜的。谷文在语料使用年代方面的疏失，直接影响了其立论的可信度。这一问题下面还将提及。

谷文认为，形容词"诚""不可能在状语位置上直接虚化为副词"，理由之一是"'$诚_1$'（形容词"真诚"）在上古很少作状语"。所列的"形容词'$诚_1$'的语法功能"表中，《诗经》《周易》《左传》《国语》《论语》《孟子》《荀子》《礼记》8 部文献，"$诚_1$"的用例共 70 条，作状语者仅 5 条。这个数据似乎很能说明问题。然而，谷文的选择性统计存在明显缺陷，其对用例的分析处理也有可商之处。首先，讨论"诚"由形容词演变为副词的年代应当限定在先秦，何以要放宽、延伸到"上古"？我们推测，这样做的目的，是便于将《礼记》中多达 32 条用例纳入其中。若去掉这几近总数一半的材料，其结论恐怕就得大打折扣了。

其次，表中《荀子》"$诚_1$"作状语仅 1 见，我们的统计则为 9 见，例句如下：

①诚以其国为王者之所，亦王。（《荀子·王制》）此言如果一心把自己的国家变成一个实行王道的地方，也就能称王天下了。

②百姓诚赖其知也，故相率而为之劳苦以务佚之，以养其知也；诚美其厚也，故为之出死断亡以覆救之，以养其厚也；诚美其德也，故为之雕琢刻镂、黼黻文章以藩饰之，以养其德也。（《荀子·富国》）"诚赖其知"，即诚心依靠国君的智慧；"诚美其厚"，即真心赞美国君的仁厚；"诚美其德"，即真诚赞颂国君的德音。

③人主之患，不在乎不言用贤，而在乎不诚必用贤。（《荀子·致士》）"诚必用贤"即真心、果断地任用贤才。

④然而国晏然不畏外而固者，无他故焉，明道而均分之，时使而诚爱之。（《荀子·议兵》）"诚爱"即真心爱护。

⑤曷谓贤？明君臣，上能尊主下爱民。主诚听之，天下为一海内宾。（《荀子·成相》）"诚听"即真心听从。

⑥故明主谲德而序位，所以为不乱也；忠臣诚能然后敢受职，所以为不穷也。（《荀子·儒效》）

⑦如是，则臣下百吏至于庶人，莫不修己而后敢安正，诚能而后敢受职。（《荀子·君道》）

例⑥⑦的"诚能"，释为真心感到有才能，或者确实有才能。我们更倾向于前者，因为这是臣子自己对其才能的估价。

此外，《墨子》中"请"通"诚"多见。王念孙《读书杂志·墨子第二》："古者'诚'与'请'通，不妨改字。"其中"请"亦有作"诚₁"者。例如：

⑧今天下之王公大人、士君子，请将欲富其国家，众其人民，治其刑狱，定其社稷，当若尚同之不可不察。(《墨子·尚同中》)

⑨今天下之王公大人士君子，中请将欲为仁义，求为上士，上欲中圣王之道，下欲中国家百姓之利，故当尚同之说而不可不察。(《墨子·尚同下》)

⑩今天下士君子，请将欲求兴天下之利，除天下之害，当在乐之为物，将不可不禁而止也。(《墨子·非乐下》)

以上 3 个"请将欲"，均为"真心想要"之意。

综上，"诚₁"作状语，《荀子》中有 9 例（或含谷文 1 例），加上谷文统计的 4 例，共 13 例，去掉《礼记》中的 32 例，几乎占谷文统计的先秦 7 部文献中的 38 例的三分之一；若加上《墨子》的 3 例，比例就更大了。由是言之，谷文"'诚₁'在上古（按：应为先秦）很少作状语"的说法应当重新考虑。我们调查的结果与谷文存在较大的出入，固然与对用例的理解分歧有关——或许存在谷文视为副词的"诚"，我们认为是形容词"诚₁"；不过这正好说明，谷文"'诚₁'不可能在状语位置上直接虚化为副词"的又一理由——"'真诚'义和'的确'义都不存在模棱两可的情况"之言未必符合事实。需要说明的是，以上所言仅针对谷文此论而发，《荀子》和《墨子》并非先秦早期文献，其时"诚₁"作状语的多少以及所占的比例对其虚化为副词不会产生直接影响。

谷文指出："形容词'诚₁'演变为真值确认副词至少要经过两个阶段，首先是'诚'的词义泛化，然后是句法地位的重新分析。"对其演变过程进行详尽推论后，谷文得出"诚"在战国中晚期"实现了形容词向副词的转变"的结论。遗憾的是，这一构想撇开先秦早期业已出现的语言事实，主要凭借晚出的材料演绎推理而成，虽不乏新意，且看似有理，实则难以立足。我们对先秦早期 7 部文献中的"诚"进行了全面调查，结果是：《尚书》无，《周易》《诗经》《左传》《国语》《论语》《老子》共 10 见：

⑪闲邪存其诚，善事而不伐。(《周易·乾卦》) 孔颖达疏："当自存其诚实也。"

⑫修辞立其诚，所以居业也。（《周易·乾卦》）孔颖达疏："诚谓诚实也。"

⑬申伯还南，谢于诚归。（《诗经·大雅·崧高》）孔颖达疏："申伯于是诚实归之矣。"（按：此处谷文引孔疏有误。）

⑭齐、圣、广、渊、明、允、笃、诚。（《左传·文公十八年》）孔颖达疏："诚者，实也。秉心纯直，布行贞实也。"

⑮桓公召而与之语，訾相其质，足以比成事，诚可立而授之。（《国语·齐语》）

⑯贞为不听，信为不诚。（《国语·晋语三》）韦昭注："信心行之，而不见诚。"

⑰毛以示物，血以告杀。接诚拔取以献具，为齐敬也。（《国语·楚语下》）韦昭注："接诚于神也。"

⑱诚哉是言也！（《论语·子路》）皇侃疏："诚，信也。"

⑲诚不以富，亦祇以异。（《论语·颜渊》）何晏集解引郑注曰："祇，适也。言此行诚不可以致富，适足以为异耳。"

⑳古之所谓曲则全者，岂虚言哉？诚全而归之。（《老子》二十二章）河上公注："诚，实也。"

这 10 例中，"诚"作副词 3 见，作形容词 7 见。从语法功能和语义特征分析，例⑮⑲⑳中的 3 个"诚"无疑是副词，是"确实、实在"的意思。"诚可立而授之"即确实可以立为大官并授予政事；"诚不以富"即确实不可以致富；"诚全而归之"即实在能使人得到保全。这几例"诚"比谷文认定的经历"词义泛化"和"句法地位的重新分析"两个阶段，至战国中晚期才形成的副词"诚"出现要早，这是谷文之论绕不过去的屏障。此外，略晚于《论语》的《墨子》中，亦有"请"通副词"诚"，表"确实、真的"之义的例证：

㉑意亦使法其言，用其谋，计厚葬久丧，请可以富贫、众寡、定危、治乱乎？（《墨子·节葬下》）

㉒今絜为酒醴、粢盛，以敬慎祭祀，若使鬼神请有，是得其父母姒兄而饮食之也，岂非厚利哉！若使鬼神请亡，是乃费其所为酒醴、粢盛之财耳。……虽使鬼神请亡，此犹可以合欢聚众，取亲于乡里。今执无鬼者言曰："鬼神者，固请无有。是以不共其酒醴、粢盛、牺牲之财。"（《墨子·

明鬼下》）

　　还有"成"通副词"诚"的用例：

　　㉓《诗经·小雅·雨无正》："戎成不退，饥成不遂。"陈奂《传疏》："成当读为诚。"此言战争确实尚未停止，饥荒确实尚未消除。

　　㉔《墨子·贵义》："（穆贺）谓子墨子曰：'子之言则成善矣。'"孙诒让《闲诂》引王念孙云："古或以成为诚。"此言你的主张确实好啊。

　　再看上引 7 个作形容词的"诚"，其中既有表心意真诚，亦有泛指真实、诚实者，古代注释家训之以"信""实""诚实"等即为明证，此亦无须申说。谷文把《论语·子路》"诚哉是言也"的"诚"认定为"词义泛化的开始"，这个判断亦恐与实际情况有出入。

　　总之，先秦早期的语料证明：形容词"诚"演变为副词未必经过"词义泛化"阶段；且"诚"始作副词时，就置于谓词性词语前，并非如谷文所言，经历过"句法地位的重新分析"，即先出现在名谓句的主谓之间，然后扩展到谓词性谓语的主谓之间这样特殊而复杂的过程。"诚"由形容词"真实、诚实"演变出"确实、实在、的确"等副词义，遵循了形容词演变为副词的一般规律，即在状语的位置上直接虚化为副词。不然，则难以解释何以"诚"作形容词后不久，也开始有了副词用法的情况。

　　此外，谷文将例（28）"惟诚能之求"置于"诚"作形容词的例句中，欠妥。杨倞注："诚能，实能也。""诚"应是副词，修饰"能"，意即"确实有才能"，句中指称确实有才的人，充当"求"的前置宾语。例（27）"且虞庆诎匠也而屋坏"，"壤"当为"坏"，此盖因"坏"的繁体"壞"与"壤"形近而致误。

　　2. 关于"果"

　　谷文认为"果"的演变过程是："果"由名词"结果、战果"等引申为不及物动词"实现"，后面带上使动宾语，通过语用推理，"当'果'出现在判断、推论等与时间无关的语境时"，就成为了典型的语气副词。这一说法亦有失察欠周之处，下面逐一评析之。

　　对所举例中"果"的"实现"义理解有误。文章引用 3 例及 2 条相关注疏：

　　（41）以邦事作龟之八命：一曰征，二曰象，三曰与，四曰谋，五曰果……。(《周礼·春官·大卜》)（郑玄注引郑司农云："果谓成事与不也。"）

（42）言必信，行必果。(《论语·子路》)（皇侃义疏："果，成也。"）

（43）若是道也果，可以教训，何败国之有！(《国语·晋语八》)

按，例（41）郑司农云"成事与不"，意当为结果如何。郑玄注曰："果谓以勇决为之。"两家均未视"果"为"实现"义。例（42）"果，成也"之言，本为皇侃引《缪协》而非皇侃义疏。郑玄注："行必果，所欲行必敢为之。"皇侃义疏："行不能相时度宜，所欲行者必果敢为之。"朱熹集注："果，必行也。"此例中"果"与"信"对举，当是"果决、坚决"之义。例（43）的"道"指鲁国叔孙穆子"不难以死安利其国"的精神。韦昭注："果，必行也。"意即坚决实施。由此可见，以上3例中，"果"的"实现"义很难坐实。

谷文列举了"果₁"（动词"实现"）带使动宾语的两类情况（为省篇幅，以下对谷文所引例句有所删节）：

一是"果"带上动词性宾语，即所谓"使动宾语"，共4例。

（44）嬖人有臧仓者沮君，君是以不果来也。(《孟子·梁惠王下》)

（45）卫献公出奔，反于卫，及郊，将班邑于从者而后入。柳庄曰："如皆守社稷，则孰执羁靮而从？如皆从，则孰守社稷？君反其国而有私也，毋乃不可乎？"弗果班。(《礼记·檀弓下》)

（46）延州来季子其果立乎？巢陨诸樊，阍戕戴吴，天似启之，何如？(《左传·襄公三十一年》)

（47）以其五贤陵人，而以不仁行之，其谁能待之？若果立瑶也，智宗必灭。(《国语·晋语九》)

谷文指出：这些例中"'果'的'（使……）实现'义很强，是句子的核心动词，证据是'果 + VP'中的VP能承前省略，'果'却不能"。真的如此吗？试将"果"省略，例（44）作"不来"，例（45）作"弗班（分赐）"，例（46）作"其立乎"，例（47）作"若立瑶也"，原句大意不会改变［例（46）（47）的具体解释见后］。反之，"果"后的动词省去，其句意则欠完整。因为，句中的"果"只是修饰性成分，真正动作性强的是其后的动词。

二是"不果"的组合，这是其立论的重要依据，共3例。

（48）郑公孙黑将作乱，欲去游氏而代其位，伤疾作而不果。（《左传·昭公二年》）

（49）归告褚师比，欲与之伐公，不果。（《左传·哀公十五年》）

（50）固将朝也，闻王命而遂不果，宜与夫礼若不相似然。（《孟子·公孙丑下》）

我们认为，"不果"当为两个副词组成的惯用词组，其动词谓语承前省略，含有此前拟作或预料的事最后没有出现或付诸实施的意思。例（48）的"不果"，即最终没有"去游氏而代其位"；例（49）的"不果"，即最终未能去"伐公"；例（50）的"不果"，即最终未能去"朝"即朝见王。如是，"果"后省略的怎么会是宾语呢？

这样解释，似乎与前面所言"果"后的动词不宜省去相矛盾。其实不然。据我们的考察，"不果"这种表达方式是有条件的：一是与否定副词有关，二是用于句末，三是出现在动词省略或无须出现的语境中。先秦时期，"未""否""非""不"等否定副词在对话中可用在句末或独立成句。例如：

㉕穆叔归，曰："齐犹未也，不可以不惧。"（《左传·襄公十九年》）

㉖齐侯见使者曰："鲁国恐乎？"对曰："小人恐矣，君子则否。"（《国语·鲁语上》）

㉗问曰："夫子之任，见季子；之齐，不见储子，为其为相与？"曰："非也。"（《孟子·告子下》）

㉘（公曰）："相国使子乎？"对曰："不也。"（《吕氏春秋·不苟》）

在特定语境中，否定副词还可与副词或助动词组合，用于句末。例如：

㉙王曰："大福不再，祇取辱焉。"（《左传·昭公十三年》）

㉚夫释权衡而断轻重，废尺寸而意长短，虽察，商贾不用，为其不必也。（《商君书·修权》）

㉛夫为人子者，惧不孝，不惧不得。（《国语·晋语一》）韦昭注："不得立也。"

㉜厉公将伐郑，范文子不欲。（《国语·晋语六》）

㉝子谓冉有曰："女弗能救与？"对曰："不能。"（《论语·八佾》）

㉞闻晋师既济，王欲还，嬖人伍参欲战。令尹孙叔敖弗欲。（《左传·宣公十二年》）

以上句末的"不再""不必"等短语的动词或承前省略，或可据文意补出。可见，副词性词组"不果"用在句末，并不违反先秦汉语的语法规则和表达习惯。

"使动宾语"究竟指什么？通行的说法，是指在使动用法中充当施事的宾语。使动用法的语义关系是主使宾动，即主语并不直接发出动作行为，而是使宾语去实施或完成这个动作行为。主语为间接施事，宾语为直接施事，因而是体词性的。若宾语原具谓词性，也需转换成体词性词语。如：

㉟善为国者，其教民也，皆作壹而得官爵，是故不官无爵。（《商君书·农战》）

"不官无爵"即不使无爵者做官。"无爵"是动宾短语，这里转换为名词性的"无爵者"，充当了"官"的宾语。

然而，谷文则把"VP"即使动宾语确认为"主使者有意实施的自主行为"，施事变成了"行为"，这是将谓语的功能挪移到宾语身上，因而与使动用法的语义关系冲突。诚然，在谷文所举的少数用例中，"果VP"似乎隐含有"使VP实现"的语义，但这不能作为"VP"就是使动宾语的依据。若以此推之，不少时间副词都可与动词构成这样的语义关系，带上所谓的"使动宾语"。例如：

㊱乐郊乐郊，谁之永号！（《诗经·魏风·硕鼠》）"永号"亦可解为"使哀号长长地发出"。

㊲既见君子，我心则降。（《诗经·小雅·出车》）"既见君子"亦可解为"使见君子实现"。

㊳王不听，卒铸大钟。（《国语·周语下》）"卒铸大钟"亦可解为"使铸大钟最终得以实现。"

㊴吴泄庸如蔡纳聘，而稍纳师。（《左传·哀公二年》）"稍纳师"亦

可解作"使纳师逐步进行。"

⑩秋,齐侯伐卫……自卫将遂伐晋。(《左传·襄公二十三年》)"遂伐晋"可解作"使伐晋实现。"

⑪爱人者,人恒爱之;敬人者,人恒敬之。(《孟子·离娄下》)"恒爱之"可解为"使爱之恒久";"恒敬之"亦可解为"使敬之恒久"。

⑫吾不能变心而从俗兮,固将愁苦而终穷。(《楚辞·涉江》)"终穷"亦可解作"使穷困始终伴随"。

然而,谁也不会把时间副词后的动词视为使动宾语,也不会认定这些副词是动词。这些用例有力证明了动词前的"果"只能是副词而不能是动词。总之,谷文用"果"带上"使动宾语",作为其"语用推理",进而虚化为副词的前提条件,是经不起推敲的。

谷文从"果+使动宾语"格式出发,设计了"果"虚化为副词的路径及演变过程。即:"果+使动宾语"先出现在非现实句(或可称作"未然语境")中,然后出现在已然语境中,于是"'果'的意义开始虚化"。所举用于已然语境之例是:

(51) 越王句践即位三年而欲伐吴。……王曰:"无是贰言也,吾已断之矣!"果兴师而伐吴,战于五湖,不胜,栖于会稽。(《国语·越语下》)

(52) 晋侯在外,十九年矣,而果得晋国。(《左传·僖公二十八年》)

(53) 佞之见佞,果丧其田。诈之见诈,果丧其略。(《国语·晋语三》)

认为这些"果""只有确认 VP 实现的作用,在'果+VP'中降位为附加语,VP 成为句子的语义重心,提升为主要动词"。其实,这些"果"与所谓非现实句[谷文例(44)(45)(46)(47)]中"果"的功能并无二致,都是肯定、确认其后的动词。从所引用的语料年代看,用于非现实句的"果",有的出自《孟子》《礼记》,比以上所举用于已然语境的"果"还要晚,难以证明这两类"果"之间的发展演变关系。这种语料先后交错出现的现象,可以视为"果"的副词用法在大致接近的历史时期内不同语境中的分布。谷文避开为"果"的词性正名,称其为附加语。作为修饰动词的附加语,不是副词是什么呢?

我们认为，探讨语气副词"果"的形成及来源，亦需注意先秦内部的时间层次，不能对前期和后期的材料混而不分，将其视为同一历史平面的语料来处理。另外，应该从语言事实出发，不宜过度依靠逻辑推理，依照某种理论来选取材料以证成其说。为此，我们以前面所列的先秦早期7部文献为据，将其作为一个相对封闭时段的语料系统进行全面考察，以求得到客观稳妥的结论。据我们统计，7部文献中，"果"字凡47见。"果"作名词"果实"在《周易》中有4见；作动词在《老子》中有6见，在《左传》中有1见；其余则为形容词、副词。（《尚书》中的2见"果"出自伪古文，未统计）"果"作动词之例如下：

㊸善有果而已，不敢以取强。果而勿矜，果而勿伐，果而勿骄，果而不得已，果而勿强。（《老子》三十章）王弼注："果，犹济也。""济"，即成功。

㊹城鄫，役人病。有夜登丘而呼曰："齐有乱!"不果城而还。（《左传·僖公十六年》）"城"是动词，即修筑城墙。"不果城"，即没有完成筑城任务。

但是，"果"由动词"成功"或"完成"演变为副词"真的、确实"义，中间似乎还需要过渡的环节，而先秦早期的语料是无以弥补这个缺环的。然而，"果"的副词用法在此阶段确然已经形成。由此可见，谷文的设想与其时的语言实际脱节。尤需注意的是，"果"用作动词之例甚少，又主要集中在《老子》的一段话中，如是竟然虚化出常见的副词义来，显然与词义演变的一般规律相违。总之，根据先秦早期的语言事实以及多种因素考量，"果"的副词用法来自动词的说法难以成立。

"果"的副词用法当来自形容词"果敢、果决"。清人朱骏声《说文通训定声》谓"果"通"敢"，"果、敢一声之转"。即"果"有"果决"义，是"敢"字的假借。此说撇开了字形的束缚，有可取之处。但是，"果"与"敢"在形容词义位上有别："果"侧重于行事果断、坚决；"敢"侧重于有胆量、勇于进取。可见，"果"并没有承接"敢"的此义，而是独具自身的意义特征，因而也没有像"敢"一样虚化为助动词。此外，在7部文献中，"果"作形容词比"敢"字出现频率要高，且"果"与"敢"还常并列使用。这些情况表明，"果"作"敢"的通假字，恐不合于古音通假的常规。我们认为，"果"作形容词，系本无其字的假借，借而不还，就成了固定的书写形式。这样解释，或许可避免"果"通"敢"的种种矛盾。"果"作形容词的用例如：

㊺巽为木，为风……为白，为长，为高，为进退，为不果，为臭。（《周易·说卦》）孔颖达疏："为不果，取其风性前却，不能果敢决断。"

㊻戎，昭果毅以听之之谓礼，杀敌为果，致果为毅。（《左传·宣公二年》）

㊼夫膏粱之性难正也，故使惇惠者教之，使文敏者导之，使果敢者谂之。（《国语·晋语七》）

㊽中行偃欲伐之，栾书曰："不可。其身果而辞顺。顺无不行，果无不彻，犯顺不祥，伐果不克。夫以果戾顺行，民不犯也，吾虽欲攻之，其能乎？"（《国语·晋语六》）韦昭注："果，谓敢行其志。"

㊾明日，迁军接和，斩有罪者以徇，曰："莫如此志行不果。"于是人有致死之心。（《国语·吴语》）韦昭注："果，勇决也。"

㊿季康子问："仲由可使从政也与？"子曰："由也果，于从政乎何有？"（《论语·雍也》）何晏集解引包咸曰："果，谓果敢决断。"

51子曰："果哉！末之难矣。"（《论语·宪问》）何晏集解："果，谓果敢。"

"果"由形容词虚化为语气副词，符合该类型词语演变的规律。从句法位置看，"果"作状语修饰动词在先秦早期文献中习见，且多为修饰施行、发动、确立等义，由此虚化出"真的、确实"义来，十分自然。从语义上分析，"果决、果敢"意味着做事决断，志在必得，也预示着会取得真实的、实际的效果，两者之间有着较为密切的联系。例如：

52象曰：山下出泉，蒙。君子以果行育德。（《周易·蒙卦》）孔颖达正义："此蒙道以果决其行告示蒙者。"此"果行"即果断施行。

53楚子成章华之台，愿与诸侯落之……公将往，梦襄公祖。梓慎曰："君不果行。襄公之适楚也，梦周公祖而行。今襄公实祖，君其不行。"（《左传·昭公七年》）"君不果行"，意即君王不要执意前去楚国参加落成典礼，后面的"君其不行"亦可佐证。

54夫齐侯将施惠如出责，是之不果奉。（《国语·晋语二》）"奉"即行，"不果奉"犹言齐侯不会下决心推行。

55（勾践）果行，国人皆劝，父勉其子，兄勉其弟，妇勉其夫。（《国语·越语上》）“果行”，犹言勾践果决地践行了誓言。

(56)（越）王曰：“无是贰言也，吾已断之矣！”果兴师而伐吴，战于五湖。（《国语·越语下》）既言“吾已断之”，表明其决心已定，故“果”即为“果断、果决”。

例(55)(56)中的“果”，已含有“真的、确实”意味，可以看作是其虚化的开端。再看以下的用例：

(57)且是人也，居丧而不哀，在戚而有嘉容，是谓不度。不度之人，鲜不为患。若果立之，必为季氏忧。（《左传·襄公三十一年》）“若果立之”，既可释为“假若真的立他作国君”，也可解作“假若一定要立他作国君”。

(58)智宣子将以瑶为后，……（智果）对曰：“……若果立瑶也，智宗必灭。”（《国语·晋语九》）“瑶”即智伯。“若果立瑶”的语意与例(57)“若果立之”同。

(59)小人实不才。若果行此，其郑国实赖之，岂唯二三臣？（《左传·襄公三十一年》）“若果行此”，既可释为“假若真的行此”，也可理解为“假若决意行此”。

以上三例中可作两解的“果”，均用在假设复句的前一分句中。在说话人看来，假若对方真的实施（完成）了某事，就意味着是其决意为之的结果。可以看出，这些“果”已主要偏向于表确认语气，形容词的语义则逐渐退隐。“果”的这种处于副词、形容词两可的状态，反映了其演变的过渡期特征，显示了其转化的轨迹。

(60)赵文子问焉，曰：“延州来季子其果立乎？”（《左传·襄公三十一年》）问者想知道的是，季札是否真的被立为国君；而对吴国来说，就意味着是否决定立其为君了。

以上四例“果”用在未然语境中。当“果”用于已然语境，且只表示叙事者对已经出现的事实（件）予以确认，而不考虑所述对象对该事是否持有“果决、决意”的主观意志时，“果”则完成了形容词向副词的转化，成为纯粹的语气副词。例如：

(61)晋侯在外，十九年矣，而果得晋国。（《左传·僖公二十八年》）

(62)叔孙曰：“列国之卿当小国之君，固周制也。邾又夷也。寡君之命介子服回在，请使当之，不敢废周制故也。”乃不果坐。（《左传·昭公二

十三年》）

㊓夫享，所以昭德也。不昭，不如其已也。乃不果享。（《左传·定公十年》）

㊔骊姬果作难，杀太子而逐二公子。（《国语·晋语一》）

㊕（申生）果败狄于稷桑而反。谗言益起，狐突杜门不出。（《国语·晋语一》）

㊖佞之见佞，果丧其田。诈之见诈，果丧其赂。（《国语·晋语三》）

㊗楚众欲止，子玉不肯，至于城濮，果战，楚众大败。（《国语·晋语四》）

由于这些"果"用在已然语境中，表达的是对事件结局的确认，所以又与时间范畴产生了联系，因而引例中有的"果"可作两解："真的、确实"和"最终、终于"。如例㊒"乃不果坐"，又可释为"于是终于没有对质辩论"；例㊓"乃不果享"又可释为"于是最终没有设享礼"。但在这种情况下，"果"所表达的主要还是确认语气，"果"仍然是语气副词而不是时间副词，因而不至于对我们以上的结论产生影响。

综上所述，"果"作副词来源于形容词"果决、果敢"，在先秦早期已经形成。谷文以先秦中后期文献《庄子》《吕氏春秋》中的例句为证，把"果""出现在判断、推论等与时间无关的语境"作为形成的标志。这应当是"果"的语气副词用法进一步发展、完善的标志。

参考文献

［1］李佐丰：《古代汉语语法学》，北京：商务印书馆，2005年。

［2］王念孙：《读书杂志》，南京：江苏古籍出版社，1985年。

［3］杨伯峻、何乐士：《古语汉语语法及其发展》，北京：语文出版社，1992年。

［4］中国社科院语言研究所古代汉语研究室编：《古代汉语虚词词典》，北京：商务印书馆，1999年。

［5］朱骏声：《说文通训定声》，武汉市古籍书店影印，1983年。

［6］宗福邦、陈世铙、萧海波：《故训汇纂》，北京：商务印书馆，2003年。

（原载《中国语文》2015年第5期）

"为""试"作动词前缀辨

摘 要：王云路先生《中古诗歌附加式双音词举例》一文中论及"为""试"作动词前缀问题。本文认为，"为"置于动词之前或之后均为同义连用；"试"置于动词之前应为语气副词。因此，不应将"为""试"视为前缀。

关键词：为；试；动词；前缀

近年来，中古汉语词汇研究已愈来愈受学术界的重视，且有不少新的成果问世，形势喜人。这一阶段大量产生的双音节词亦是学者们研究讨论的热点之一。我们欣喜地看到，在众多的学者中，王云路先生对中古附加式双音词似乎情有独钟，给予了较多关注，相继有多篇专题论文问世，将这课题的研究扎扎实实地向前推进了一步。《中古诗歌附加式双音词举例》一文（以下简称王文）①，便是她在该领域研究的力作之一。文章对中古诗歌中出现的一批附加式双音词进行了发掘整理，其所论及的附加式双音词，笔者认为大多数都言而有据、言之有理，可以成立。由于这项工作带有"垦荒"的性质，要想在短期内做到尽善尽美比较困难。其中，关于"为"和"试"作动词的附加成分即前缀的问题，便是我们觉得罅漏较多、需要认真讨论的问题之一。在此拟陈一得之见，就教于王先生及学界同人，以期澄清疑惑，求其正解。

一

先看"为"字。王文认为，在中古汉语里，"当某些单音节动词要构成双音节词而苦于找不到适当的同义词时，往往把'为'字拉来作附加成分"。文中列举的例证甚多，其中，个别例证欠允当这里暂且不论，拟集

---

① 王云路：《中古诗歌附加式双音词举例》，《中国语文》1999 年第 5 期。

中讨论两个问题：

其一，"为"置于动词之前是否是中古产生的新用法？我们知道，王先生的文章着眼于中古时期的断代研究，对一些词汇现象的"溯源"问题不予过多关注，自然无可厚非；但对此避而不谈，未尝不是阙失。事实上，这种用法在上古就已出现，且用例甚多，试举部分材料以说明之：

①有恸乎？非夫人之为恸而谁为？（《论语·先进》）

②其一人专心致志，惟弈秋之为听。（《孟子·告子上》）

③使之虽病也，任之虽重也，君子不能为谋也，士弗能死也，不可，我则既言矣！（《礼记·檀弓下》）

④故人苟生之为见，若者必死；苟利之为见，若者必害；苟怠惰偷懦之为安，若者必危；苟情说之为乐，若者必灭。（《荀子·礼论》）

⑤多事而寡功，不可以为治纲纪。（《荀子·非十二子》）

⑥楚兵数千人为聚者，不可胜数。（《史记·陈涉世家》）

⑦乃使人至庐江、会稽为求盗，未发。（《史记·淮南衡山列传》）

⑧恐卒然不可为讳，是仆终已不得舒愤懑以晓左右。（司马迁《报任安书》）

⑨汝为人臣子，不顾恩义，叛主背亲，为降虏于蛮夷，何以汝为见？（《汉书·苏武传》）

⑩天生万物欲令相为用，不得相贼害也。（《论衡·物势篇》）

这些动词前的"为"意义抽象，难以用合适的词语解释，只能参照它后面的动词，与其合而释之。例①"为恸"即哀恸，其宾语"夫人"前置，《论衡·问孔篇》作"吾非斯人之为恸而谁为？"可为其证；例②"为听"即听从，其宾语"弈秋"前置；例③"为谋"即谋划；例④"为见"即看见，"为安"即安于，"为乐"即乐享，它们的宾语均前置；例⑤"为治"即治理；例⑥"为聚"即聚集；例⑦"为求"即搜求；例⑧"为讳"即避讳；例⑨"为见"即看见，其宾语"汝"前置；例⑩"为用"即利用，取用。总之，这些"为"加动词的格式及表义特征，与王文所举中古之例基本上是一样的。

其二，"为"是否真正具备作动词前缀的条件？王文虽提到了词缀的三个特点，惜未抓住要领，且与所举语例不甚吻合。请看朱德熙先生的论断："真正的词缀只能黏附在词根成分上头，它跟词根成分只有位置上的关系。"① 朱先生是针对现代汉语而言，但这一标准同样适用于中古汉语。我们的理解是，作为词缀的词已完全失去其原有的词汇意义，只有构词的语法功能而不具备其他功能。"为"字则不然。诚如王文所言："'为'本是一个应用广泛、含义较抽象的动词。"它单独作动词时，对其作具体解释往往会感到难以把握。那么，当"为"字与某些动词连用后，其基本意义及表义特征是否产生了质的变化？我们觉得，受其连用的那个动词的影响，"为"的意义在一定程度上的确有所泛化、弱化，似乎有一定的依附性，不好与连用的动词平分秋色。尤其从现代汉语翻译的角度看，很难用合适的词语替换。但是，必须看到，"为"的基本词汇意义及表义特征仍然存在，它并未虚化到仅仅作为动词词根的附加成分的地步，从众多的语例中，不难体会到这一点。另外，作为一个应用非常广泛的常用词，在其基本意义无多大变化的情况下，怎么能够成为毫不表义的构词成分呢？这种虚化、弱化的过程又是如何进行的呢？王文由于割断了这种现象的历史联系，自然不可能作出合理的解释。从我们增补的以上材料可以看出，"为"的这种用法，从先秦直到中古，几无变化，这不能不使我们对"为"用作词缀的说法产生极大的怀疑。

王文还忽略了词缀的一个重要特点，"词缀都是定位语素"②。就是说，一个具有同一语法功能的词缀，其位置应是固定不变的：要么黏附在词根之前，要么黏附其后。但是，"为"并非如此。"为"在上古汉语中有时就已经置于动词之后了。例如：

⑪寺人孟子，作为此诗。(《诗经·小雅·巷伯》)

⑫不患莫己知，求为可知也。(《论语·里仁》)

⑬昔者圣王制为五刑，以治天下，逮至有苗之制五刑，以乱天下。(《墨子·尚同中》)

⑭宋之衰也，作为千钟；齐之衰也，作为大吕。(《吕氏春秋·侈氏》)

⑮夫自上圣黄帝，作为礼乐法度。(《史记·秦本纪》)

⑯凡有天下治为万民命者，盖之如天，容之如地。(《史记·吕太后本纪》)

---

① 朱德熙：《语法讲义》，北京：商务印书馆，1982年，第29页。

② 朱德熙：《语法讲义》，北京：商务印书馆，1982年，第28页。

⑰富家之翁，赀累千金，生有富骨。治生积货，至于年老，成为富翁矣。(《论衡·初禀篇》)

这些动词后的"为"，意义也较抽象，难以单独作释，其表义特征与处于动词之前基本上是一致的。例⑪"作为"即创作，写作；例⑫"求为"即追求；例⑬"制为"即创制，制定；例⑭"作为"即制造；例⑮"作为"即制定；例⑯"治为"即治理；例⑰"成为"即变成，与今义同。

中古时期，这种用法仍有出现，不知何故王文未予提及。如：

⑱知几其神乎！古人以为难；交疏吐诚，今人以为难。(《世说新语·规箴》)

⑲四座咨嗟称快，王亦以为奇。(《世说新语·文学》)

⑳裴仆射，时人谓为"言谈之林薮。"(《世说新语·赏誉》)

㉑过去有人，痴无智慧，极渴须水，见热时焰，谓为是水，即便逐走至辛头河。(《百喻经·渴见水喻》)

㉒绍兵卧，布无何出帐去，而兵不觉。夜半兵起，乱斫布麻被，谓为已死。(《三国志·魏书·吕布传》裴松之注引《英雄记》)

㉓自晋永宁以后，虽所在称兵，竟自尊树，而能建邦命氏成为战国者，十有六家。(《三国志·魏书·崔鸿传》)

以上例句中，例⑱⑲"以为"即认为；例⑳"谓为"即称做、叫做；例㉑㉒"谓为"即认为；例㉓"成为"义与今同。其实，这种用法在现代汉语中还有保留，如"作为""认为""以为""成为""变为""难为"等，不一而足。"为"字既可置于动词之前，也可放在动词之后。这种位置上的不固定，正是"为"词义宽泛灵活的又一表现，也是"为"不能视为动词词缀的又一力证。

通过以上辨析，我们否定了王云路先生将"为"视作动词前缀的看法；同时，也对"为"的词义特点作了初步探讨。那么，究竟该如何解释与动词连用的"为"字呢？我们认为，"为"置于动词之前或置于其后，都是一种特殊的同义连用，属并列结构。汉语在双音化进程中，曾出现大量的同义词连用，它们是后世众多并列式双音词形成的重要基础和构成材料。由于受同义连用的类化影响，加上动词"为"意义宽泛、灵活、适用面广的特点，人们把"为"与单音节动词组合在一起，构成特殊的同义连用，就不足为奇了。谓之特殊，一则因为"为"的词义宽泛、笼统，可与多个单音动词连用；二是它们不像其他同义连用如"货贿""克能""怨望""畅茂""树艺"等，两个表义成分的意义旗鼓相当，且明确而具体。不过，只要认真体会不难发现，这些"为"在动词前多少还有点"实施""进行""做"等动词意味；在动词之后也还隐含着表前一行为动作的结果变化等意味。这种意味或隐或显，不可一概而论。由于"为"的前后有意义较为显明而具体的动词，所以在理解时容易为人们忽略，尤其是用翻译法来研究这种现象的时候。这也许正是王文误以"为"作词缀的一个重要原因。此外，"为"与动词连用，还起着突出、强调那个动词的动作性及协调音节的作用。显然，这就不是一般词缀所具有的特征了。

二

再讨论"试"的问题。对于"试"作动词前缀，王文似不如对其他附加式那样肯定，有点模棱两可、举棋不定。既云"'试'作前附成分，其姑且、尝试的意味已较虚化了"，又在注释里解释说："有时候，'试'是前附成分还是实词了，很难截然划分，而且作为附加成分也含有一定的意义。""较虚"也好，"含有一定的意义"也好，都表明"试"并不是一个纯粹的仅有构词功能的词缀。还是朱德熙先生说得好，他说"前后两个成分之间存在着明显的修饰关系"者，不构成附加式①。考察王文所举的"试问""试听""试望""试去""试逐""试立""试将"等组合中，"试"并非简单地与后面的动词黏附一起，起构词作用，而是与之构成修饰关系，其"尝试""姑且""且"等语气犹存。从词性上看，这些"试"当为语气副词。体味这些诗句可知，诗人在动词前加上"试"，语气显得委婉而含蓄；若将"试"作毫不表义的前缀解，诗意则将大为逊色，直白索然。又，王文引《陈诗》卷六谢燮《陇头水》诗："试听铙歌曲，唯吟君马黄。"诗中"试听"与"唯吟"对举，"试"作副词无疑。"试听"犹言"且听"。王文释作"倾听"，其高下优劣不言而喻。王文中本来已经提到"我们也应注意到另外的情形"，即"试"与"聊"对文的情况，并列举诸例以证"'试'有姑且或尝试之义"，不知何故却视此例中的"试听"

---

① 朱德熙：《语法讲义》，北京：商务印书馆，1982年，第29页。

之"试"为前缀？由此可见，仅凭语感来鉴定是否是词缀是不可取的。笔者从"试问"又联想到中古常有"借问""请问"等用法，如：

㉔借问游方士，焉测尘嚣外。（陶渊明《桃花源诗》）

㉕借问经营本何人？道人澄观名籍籍。（韩愈《送僧澄观》）

㉖系书请问燕耆老，今日何须十万兵？（杜甫《渔阳》）

"借问""请问"的结构形式及表义特点与"试问"类似。如果说"试问"的"试"是词缀，那么"借""请"可否视为词缀呢？恐怕谁都难以赞同。这也启发我们，将"试"解作词缀，是站不住脚的。

末了，还想补充几句。关于词缀的有关理论问题，目前的研究还比较薄弱。对于词缀的标准，意见也不尽一致。就纵向的比较研究看，古代汉语、近代汉语、现代汉语所划定的标准亦不统一。在我们看来，王先生划分词缀的标准似乎失之过宽。总之，切盼有识之士从汉语实际出发，对这一问题作全面深入的探讨。理论上的问题不澄清，见仁见智，莫衷一是，难有进展。笔者草成此文，深知无甚高论，倘能充任引玉之砖，则于愿足矣。

（原载《湖北民族学院学报》2001 年第 3 期）

"何"字单用指人补说

摘 要：《古汉语研究》1998 年第 1 期的《"何"字单独用不能指人吗？——与吕叔湘先生商榷》一文指出，疑问代词单用可以指人。此说可以成立，但由来已远，并非首创。该文对"何为者"的解释不尽恰当，为此，本文进行了辨析。

关键词：何；谁；何为者

康甦先生指出，吕叔湘先生的《文言虚字》言"何"字单用不指人的说法不符合古汉语的实际情况；认为"何"字作疑问代词，单用可以指人。① 这一观点可以成立。康先生的文章，引发了我们探究的兴趣。围绕这个问题，我们搜集了一些资料，在此列举出来，作为对康文的一点补充。另外，康文对某些材料的理解，我们不敢苟同，亦在此略陈浅见，与康先生讨论。

"何"作疑问代词用以指人，可谓由来甚远。例如：

① 《说文解字》："谁，何也。"

② 《吕氏春秋·贵信》："凡人主必信，信而又信，谁人不亲？"高诱注："谁，犹何也。"

③ 《战国策·西周策》："公不如谓周君曰：'欲何置？'"高诱注："置，立也。欲立谁为太子也。"

以上材料中，许慎以"何"解释"谁"，可见"何"可以指人这一用法在汉代是较为通行的。汉代学者高诱在注释中或以"何"训"谁"，或以"谁"训"何"，两词互为训释，反映出它们浑言不别的词义特征。

五代徐锴在《说文解字系传》中指出："何，……一曰谁也。"

---

① 康甦：《"何"字单独用不能指人吗？——与吕叔湘先生商榷》，《古汉语研究》1998 年第 1 期。

尔后，一些文言虚字专书及古汉语语法著作也提及"何"相当于"谁"的用法问题。兹列部分如下：

④清人刘淇《助字辨略》云："何，孰也，谁也。"举例为《论语·先进》："宗庙会同，非诸侯而何？"谓："此'谁''孰'之辞也。"

⑤清人吴昌莹《经词衍释》云："何，谁也。何、谁，同义也。《左传·襄公二十七年》引《诗》曰：'何以恤我，我其收之。'以，有也；言谁有恤我也。"

⑥近人裴学海《古书虚字集释》（1954）云："何，谁也。"举例为《说苑·复恩》："主晋祀者，非君而何？"谓《左传·僖公二十四年》"何"字作"谁"，两词义同。

⑦王力《汉语史稿》（1980）指出："'何'字指物，以用于宾语为常。"但又谓："偶然也指人，如《诗经·小雅·蓼莪》：'无父何怙？无母何恃？'"

⑧杨伯峻《古汉语虚词》（1981）云："'何'作代词，一般只代事物或地方，极少代人。"按，"极少"并非绝无，故杨先生举例为《左传·昭公十一年》："景王问于苌弘曰：'今兹诸侯，何实吉？何实凶？'"并译作"哪个吉利？哪个遭殃？"

⑨易孟醇《先秦语法》（1988）指出："'何'的此一语法功能，主要见于《公羊传》和《谷梁传》中，且多作谓语，而不作'人'的定语。"同时援引了这两部文献中的一些例证。

以上各家所举"何"作指人的疑问代词的材料，有的未必允当，这里不作评论。之所以列出，旨在说明古今学者对这个问题已有了大致的共识。正因为如此，所以《辞源》《汉语大字典》《汉语大词典》等语文工具书都给"何"立了"谁、哪个"的义项。

"何"训"谁"的材料，我们也发现了一些。这里仅选取"何""谁"连用的几例，以为补充：

⑩《庄子·应帝王》："吾与之虚而委蛇，不知其谁何？"

⑪《史记·淮阴侯列传》："上曰：'吾所追者谁何？'曰：'韩信也。'"

⑫《史记·吴王濞列传》："我已为东帝，尚何谁拜？"

⑬《吴越春秋》卷四："王曰：'其为谁何？'"

这些"谁何""何谁"乃同义连文，共同表示"谁、什么人"的意思。

从上面征引的材料可知，康文的观点和书证，前贤已大多涉及。真正属于康先生提出的新材料是"何为者"这种结构。康文认为："'何为'是疑问代词'何'作宾语，故而置于动词'为'之前……'为'在这里是联系动词，应译为'是'。'何'代人，译成'谁'或'什么人'。'者'是语气助词，用在句尾与其前面的疑问代词相呼应以加强疑问语气，可译为'呢'或略而不译。"这样理解，似乎可以讲得通；然细加斟酌，觉得这是用翻译法作出的解释，多有未安之处。下面试作申论：

首先，既然"何为"相当于"是谁（什么人）"，则意味着它在"何为者"这个结构中居于主体地位。那么，当"何为"单独使用，后面并无所谓加强语气的助词"者"时，就应该有表"是谁（什么人）"这种用法。遗憾的是，尽管"何为"在上古运用得十分普遍，但是我们尚未发现此类用例。"何为"的用法主要是以下几种：

（1）"何"作代词宾语，置于动词"为"前，相当于"干（做）什么"。例如：

⑭《论语·宪问》："蘧伯玉使人于孔子。孔子与之坐而问焉，曰：'夫子何为？'"

⑮《史记·穰侯列传》："秦兵可全，而君制之，何索而不得，何为而不成？"

（2）"何"作代词宾语，置于介词"为"前，相当于"为什么"。这种用法最常见，例如：

⑯《庄子·达生》："弟子问曰：'先生何为叹乎？'"

⑰《史记·范雎蔡泽列传》："士固有杀身以成名，唯义之所在，虽死而无恨。何为不可哉？"

（3）"何"作副词，修饰动词"为"，表示反问，相当于"怎么做（办）"。例如：

⑱《左传·僖公十五年》："吕甥曰：'君亡之不恤，而群臣是忧，惠之至也，将若君何？'众曰：'何为而可？'"

⑲《史记·萧相国世家》："汉十二年秋，黥布反，上自将击之，数使使问相国何为。"

为什么"何为"没有表示"是谁（什么人）"的用法呢？通过调查，我们发现，上古汉语中"为"作判断动词（即康文所说的"联系动词"）时，其宾语的位置都是固定的。例如：

⑳《论语·微子》："长沮曰：'夫执舆者为谁？'子路曰：'为孔丘。'……问于桀溺。桀溺曰：'子为谁？'曰：'为仲由。'"

㉑《仪礼·士昏礼》："敢请，子为谁氏？"

㉒《公羊传·宣公六年》："赵盾曰：'子名为谁？'"

㉓《韩非子·喻老》："有鸟止南方之阜，三年不翅，不飞不鸣，嘿然无声，此为何名？"

㉔《史记·扁鹊仓公列传》："意家居，诏召问所为何病死生验者几何人也，主名为谁？"又："'意以淳于司马病为何？'曰：'以为迵风，可治。'"

㉕《史记·孟尝君列传》："久之，又乘间问其父婴曰：'子之子为何？'曰：'为孙。''孙之孙为何？'曰：'为玄孙。''玄孙之玄孙为何？'曰：'不能知也。'"

㉖《史记·范雎蔡泽列传》："范雎曰：'彼来者为谁？'王稽曰：'秦相穰侯东行县邑。'"

㉗《论衡·谢短篇》："《易》本何所起？造作之者为谁？"

㉘《论衡·刺孟篇》："今于陵之宅，不见筑者为谁；粟，不知树者为谁。"

以上材料告诉我们，即使是疑问代词"谁""何"，它们作判断动词的宾语时，也是不能前置的。由此亦可知，通常言疑问代词作宾语均要前置的说法并不完全正确，这类例外不应忽视。

判断动词"为"的宾语位置固定并非孤立现象。从我们了解的情况看，萌芽于战国末期、形成于汉代的判断动词（也称系词）"是"，其宾语（也称表语）也一定要置于其后。据袁宾先生研究，将系词的表语置于其前，是魏晋以来汉译佛经里常用的句式，尔后才逐渐影响到其他文献中。①兹举袁书所引几条材料：

---

① 袁宾：《近代汉语概论》，上海：上海教育出版社，1992年，第218~219页。

《生经·佛说堕珠著海中经》："尔时导师，即我身是。五百贾客，诸弟子皆是。"

《六度集经》卷四十五："佛告诸比丘：童子者，吾身是也，妻者，俱夷是，四姓者，调达是。"

《五灯会元》卷二："道信禅师，贫道是也。"

这种句式在上古汉语中是不可能出现的。

综上所论，"何为"在上古汉语中没有表"是谁（什么人）"的用法。因此，康先生对"何为者"的解释是难以立足的。

那么，"何为者"究竟当作何解？我们认为，目前通行的说法基本上是可取的。"何为者"属名词性的者字结构；"者"为特殊指示代词，相当于"……的（人）"；"何"是指物的疑问代词，作动词"为"的宾语，前置；"何为者"的基本意思是"干什么的（人）"。但是，仅仅这样认识是不够的，尚需进一步探究"何为者"的语义特征。应当看到，"何为者"成为较固定的结构后，其语义中心落在了"者"字上，加之"为"是个意义灵活多变的泛义动词，因此，"何为者"在表义上往往有宽泛、笼统的特点，其询问的内容包括对方的来历、身份、居处、职务、地位、姓名等。在运用中，由于语境不同，对象各别，询问的侧重点也会有异；有时，"何为者"还表责问、呵斥语气，则无须对方作答。总之，对"何为者"既可释为"是谁（什么人）"，也可解作"是做什么的（人）""是怎样的人"，甚至还可释为"是什么东西"等。这样理解，庶几可以解决康文所言"答非所问"的矛盾。需要说明的是，以上对"何为者"的解读中，都含有一个判断动词"是"字。不过这个"是"并非出自动词"为"，而是出自要求对方确认、证实的疑问句式。这一点正是我们同康文分歧之所在。换句话说，康文对"何为者"的误解，其重要原因，就在于忽略了这类问句中所具有的要求对方确认、证实的语气，而这种语气恰好又是可以用今天的"是"来解释、替代的。

应当看到，康文对"何为者"的理解，与我们也有一致的地方，即询问的内容是以"人"为中心而不是以"事"为中心，只是解释的方式不同。按照我们的解释，康文所举之例均可以做到文从字顺。如：

㉙《史记·项羽本纪》里项羽问"客何为者"，释为"客人是干什么

的",与张良的回答"沛公之参乘樊哙者也"并无矛盾,因为项羽对突然闯进的陌生武夫急于要弄清的是对方的身份与来历。

㉚《列子·说符》里"字何为者"可释为"您是什么人"。这是爰旌目向他的救命恩人的发问。而丘的回答,既说出自己是哪里人,又有自己的名。

㉛《晏子春秋·内篇杂下》里"何为者也",侧重于问对方是从哪里来的,故楚王左右假拟"齐人也"答之。

㉜《庄子·外物》里"子何为者邪",可释为"您是做什么的呢?"庄周直呼"鲋鱼来",可见已知对方属何物;而其发问,旨在弄清对方的身份来历。鲋鱼以"东海之波臣"对之,则其"答"与"问"十分吻合。

㉝《史记·袁盎晁错列传》里"公何为者",是袁盎询问拟放他逃走者之言。这里显然是问对方的身份、基本情况,故司马的回答简明扼要地将此和盘托出。

再补上几条材料,并简析之。

㉞《晏子春秋·内篇杂上》:"公曰:'然夫子之于寡人何为者也?'对曰:'婴,社稷之臣也。'"齐景公使晏子干杂役,晏子不从,景公十分恼怒。此"何为者"旨在提醒晏子要明白自己是什么身份的人,不要忘乎所以。

㉟《公羊传·定公八年》:"阳虎者,曷为者也?季氏之宰也。""曷"同"何"。这里,"阳虎"姓名已知,再问以"曷为者",旨在明其身份,即是什么样的人。

㊱《史记·平原君虞卿列传》:"毛遂按剑历阶而上……楚王问平原君曰:'客何为者也?'平原君曰:'是胜之舍人也。'楚王叱曰:'胡不下!吾乃与而君言,汝何为者也!'"此处"何为者"两见,较为典型地反映了"何为者"语义宽泛的特征:如果说前者侧重于弄清毛遂的身份地位的话,那么,后者则分明是对毛遂的质问、呵斥,犹言"是什么东西"。

㊲《史记·齐悼惠王世家》:"纪太后大怒,曰:'王有后,后宫具备。且甲,齐贫人,急乃为宦者,入事汉,无补益,乃欲乱吾王家!且主父偃何为者?乃欲以女充后宫!'"此为纪太后怒中之言。"何为者"并非询问对方如何,而是斥骂当时并不在场的主父偃,其义与前例中后一"何为者"相同。

总之，只有将"何为者"视为一个整体，把握其基本意义及宽泛、笼统的表义特征，才能根据不同的语境，作出合理的解释。

顺便指出，康文在引文上偶有不规范的地方。"司马迁《鸿门宴》"当为《史记·项羽本纪》。引文亦有疏误，如《庄子·外物》"子何为者也"应为"子何为者邪"。

（原载《古汉语研究》2000 年第 1 期）

几篇短文读后

《中国语文》1997 年第 4 期刊登的一批短文，大多颇有见地，耐人寻味。读后获益良多。但我们也发现，有的文章还存在着这样那样的不足，包括学术研究应当注意避免的一些问题。在这里，笔者并无多少新见，只是凭借他人的观点和材料来澄清一些事实，提出来讨论，供同行参考。

首先，萧黎明先生《从郭璞注看名词"子"尾的产生》一文利用晋人郭璞注释《尔雅》《方言》的材料，证明"郭璞时代（276—324 年）名词'子'尾就已经产生"。文章选取的材料和结论都很有说服力。但是，文章在注①中说："孙（锡信）先生认为产生于魏以后，这是目前推论时间最早的观点。"这句话有两个疏漏：第一，孙锡信先生在《汉语历史语法要略》中曰："汉魏以后'子'字附于名词后只起称述某种事物的作用，而不指小，这个'子'就虚化为词尾了。"同时，孙先生又举了汉代桓谭《新论》和《汉书·地理志》中的两条材料为例。据此，孙先生确然是将"子"作词尾定在"汉魏以后"，而不是"魏以后"。一字之差，则年代不同矣。第二，说孙先生的看法"是目前推论时间最早的观点"，不知依据何在？笔者手头资料有限，仅就翻检所及，亦略知不少学者论及词尾"子"产生的时间要早于孙先生：

①王力《汉语史稿》（1958 年）指出："在上古时代'子'字已经有了词尾化的迹象。特别是像《礼记·檀弓下》：'使吾二婢子夹我'（疏：'婢子，妾也'），只有把'子'字认为词尾，然后容易说得通。"

②太田辰夫《中国语历史文法》（1987 年）列举了几条"子"作词尾的上古材料。

③潘允中《汉语语法史概要》（1982 年）指出，词尾"子""在上古已经有了一些"。

④易孟醇《先秦语法》（1989 年）说："'子'字作为名词词尾，在先秦也初见端倪。"

⑤杨伯峻、何乐士《古汉语语法及其发展》（1992 年）谓之"名词后缀"，并举了一些先秦至汉代的例子。

⑥向熹《简明汉语史》（1993 年）明确指出："先秦已经产生了名词词尾'子'。"

由此可见，不管是提出这种观点的时间，还是推论"子"作词尾所产生的时间，孙锡信先生之论都不能算最早的。可以这样认为，"子"作名词词尾，先秦开始萌芽，汉魏以后完成了虚化过程，因为语言的发展变化是渐变而不是突变的。萧先生援引的材料，可以作为名词词尾"子"成熟的有力佐证。

其次，李功成先生《他称代词"他"的起源》指出，陈霞村先生在《关于古代汉语词类的两个问题》一文中，将他称代词"他"的起源"上溯至南北朝"。事实上，早在半个世纪以前就有学者论及这个问题。杨树达《高等国文法》（1930 年）、吕叔湘《汉语第三身代词说》（1940 年）、高名凯《汉语语法论》（1946 年）曾经把"他"用作第三人称代词（即他称代词）的起源时间或定在"汉以后"（高名凯），或定在六朝（杨树达、吕叔湘）。其后，又有多家对此做过研究。

李文还认为，《搜神记》中的"适来饮他酒脯"例，是他发现的一个很有意思的例子。但是据我们所知，这条材料最早在高名凯先生的著作中有所提及，尔后潘允中、吕叔湘、柳士镇、孙锡信等先生的著述也曾引用。另外，对于这条材料，目前看法不一。如郭锡良先生就认为此例的"他"仍指"别人"而并非第三人称代词。① 蒋绍愚先生对这条材料又作了进一步的辨析。蒋先生根据汪绍楹先生的校注，指出："此条并非晋代干宝所作，而是后人根据《稗海》本《搜神记》删节而羼入"，是唐代人写的。② 由此而论，这条材料的价值就不言而喻了。

最后，郑涛先生《释"苛政"》一文中认为柳宗元《捕蛇者说》"苛政猛于虎"句的"苛政"即"苛征"，应释为"繁重的赋税和徭役"。对此，我们觉得有两个问题：首先，是论证方法不可取。因为"苛政猛于

----

① 见郭锡良：《汉语第三人称代词的起源和发展》，《语言学论丛》第 6 辑，北京：商务印书馆，1980 年。

② 见蒋绍愚：《近代汉语研究概况》，北京：北京大学出版社，1994 年。

虎"句出自《礼记·檀弓下》，且柳宗元又明言为"孔子曰"，并未加工改造。这样，要准确解释"苛政"，只能将其置于《礼记·檀弓下》的历史背景下来考求；若置于《捕蛇者说》的历史背景下考察分析，则为舍本而求末。其实，王引之《经义述闻》谓"政"通"征"，正是针对《礼记·檀弓下》的"无苛政"及"苛政猛于虎"而论的。其次，王引之对"征"的解释还欠确切。王氏认为"征"指"赋税及徭役"，似有增文成训之嫌。考之"征"的先秦古义，或表"赋税"，或表"征收赋税"，并不包括"徭役"在内。就郑文所引的四例看，除《礼记·檀弓下》"无苛政"外，其余的"政"即"征"都释为"赋税""租税"。郑先生未予深察，照搬王引之的训释，致使材料与观点相违。

（原载《中国语文》1998 年第 5 期）

汉语语法史上的几个问题

摘　要：针对王力先生《汉语语法史》一书中论及的汉语语法史上若干重要问题提出讨论，用较为丰富的语言材料阐述了不同的看法。

关键词：汉语语法史；虽然；然；或；但；可

在学习王力先生的《汉语语法史》（1989 年）时，笔者发现了一些值得重新认识探讨的问题，其中也有学术界关注的热门话题。今就搜集到的材料整理成文，略陈浅见，权作引玉之砖，以期对这些问题作进一步的研究。

虽然　后来词组"虽然"凝结成单词，用作推拓连词（让步连词），其意义只等于古汉语的一个单词"虽"字。这是很晚的事了。（第 161 页）

按，王力先生举《红楼梦》为例得到的这一说法过于保守。"虽然"凝固成一个词，远远早于清代；但我们从《论衡》中就已发现用例：

《论衡·变虚篇》："诸侯有当死之罪，使方伯围守其国。国君问罪于臣，臣明罪在君。虽然可移于臣子与人民，设国君计其言，令其臣归罪于国，方伯闻之，肯听其言，释国君之罪，更移以付国人乎？"此例中的"虽然"，注本一般于其后断开，成为两个词，"即使如此"之义。然细绎文意，此"然"字义已虚化，"虽然"仅表让步假设，当与下文紧连，此言"即使国君可以移罪给臣子和人民，但是，倘若国君又让大臣将罪过全归于人民，方伯会相信国君的话吗？""设国君计其言"语意已转，并未与"移于臣子与人民"并列，故"虽然"后不应断开。

《论衡·道虚篇》："齐王疾痛，使人之宋迎文挚。文挚至，视王之疾，谓太子曰：'王之疾必可已也。虽然王之疾已，则必杀挚也。'""虽然"之后，一般将其断开，视为"即使如此"之义。但是，"如此"是指代前面

"王之疾必可已"的，这样一来，下面的"王之疾已"岂非重复多余之言？将"虽然"视为一词，表让步假设，则前后衔接紧凑，何等简洁明了！

魏晋隋唐以后，"虽然"作为连词渐多起来。例如：

庾信《竹枝赋》："予此衰矣，虽然有以；非鬼非蜮，乃心忧矣。"

《敦煌变文集·降魔变文》："虽然不饱我一顿，且得噎饥。"

《敦煌变文集·丑女缘起》："虽然富贵居楼殿，耻辱缘无倾国财。"

《敦煌变文集·燕子赋》："一虎虽然猛，不如众狗强。"

《王梵志诗·生住无常界》："虽然畜两眼，终是一双盲。"

于鹄《题邻居》诗："虽然在城市，还得似樵渔。"

然　直到汉代以后，"然"字才单独用作转捩连词。（第146页）

按，王力先生这一看法，盖取自《马氏文通》虚字卷之八："'然'字一顿，其无衬者，则乘势掉转……周秦之书，单用'然'字为转者不数见。"马建忠言"不数见"，并未认为没有；其书曾举《孟子·万章下》"然终于此而已矣"为例。王力先生则称："但这是孤证，不足凭信。"（见该页下小注）诚然，作为高度抽象的连词"然"字，倘若先秦仅此一例，确乎不可置信。但是，我们发现在先秦文献中，"然"作转折连词绝非个别现象，这就不能不对王力先生的断语产生怀疑了。例如：

《左传·僖公三十年》："吾不能早用子，今急而求子，是寡人之过也。然郑亡，子亦有不利焉。"

《左传·宣公二年》："不谷不德而贪，以遇大敌，不谷之罪也；然楚不克，君之羞也。敢籍君灵，以济楚师。"

《左传·成公二年》："缓曰：'自始合，苟有险，余必下推车。子岂识之？然子病矣！'"

《左传·成公十二年》："今吾子之言，乱之道也，不可以为法；然吾子，主也，至敢不从？"

《左传·襄公三十一年》："我闻忠善以损怨，不闻作威以防怨。岂不遽止？然犹防川，大决所犯，伤人必多，吾不克救也。"

《庄子·让王》："万钟之禄，吾知其富于屠羊之利也；然岂可以贪爵禄而使吾君有妄施之名乎？"

《庄子·盗跖》："子胥沈江，比干剖心。此二子者，世谓忠臣也，然卒为天下笑。"

《国语·越语上》："夫虽无四方之忧，然谋臣与爪牙之士，不可不养而择也。"

《墨子·所染》："不能为君者，伤形费神，愁心劳意。然国逾危，身逾辱。"

《墨子·天志中》："今天下之人曰：'当若天子之贵诸侯，诸侯之贵大夫，偏明知之，然吾未知天之贵且知于天子也。"

《韩非子·有度》："巧匠目意中绳，然必先以规矩为度。"

《韩非子·人主》："此三子者，为人臣非不忠，而说非不当也，然不免于死亡之患者，主不察贤智之言，而蔽于愚不肖之患也。"

《韩非子·外储说右上》："论其亲，则子母之间也，然犹不免议之于蔡妪也。"

或　无定代词"或"字发展为现代连词"或"字（或者）……从什么时候起"或"字用作连词，还没有研究清楚。（第64页）

按，王力先生所说的"或"作连词，指的是选择连词。然其标准是什么呢？《马氏文通》虚字卷之八："凡事理可分举者，则承以'或'字"；"故必事理分举，而后'或'字承之，方为连字"。参照马建忠的标准，我们认为，无明显指代作用、主要对事理（而不是人物）进行分举的"或"，则可视为选择连词。据此，可以这样说，"或"在先秦时期，就已开始出现连词的用法。例如：

《周易·系辞上》："君子之道，或出，或处，或默，或语。"唐孔颖达疏："言同类相应，本在于心，不必共同一事。或此物而出，或彼物而处，或此物而默，或彼物而语。出、处、默、语，其时虽异，其感应之事，其意则同，或处应于出，或默应于语。"孔颖达是将这几个"或"视为选择连词的。

《荀子·修身》："夫骥一日而千里，驽马十驾则亦及之矣……将有所止之，则千里虽远，亦或迟或速、或先或后，胡为乎其不可以相及也？……'迟彼止而待我，我行而就之，则亦或迟或速、或先或后，胡为乎其不可以同至也?’”前言如有一定的止境，哪怕千里之遥，驽马也会或者慢一点，或者快一点，或者在前，或者在后，赶上日行千里之良马；后言假如千里马能等待，驽马不停地往前赶，虽然可能会出现迟、速、先、后的不同情况，终究可以同达目的地。以上几个“或”字，均对可能出现的几种情况作选择性列举。

《史记·天官书》：“凡候岁美恶，谨候岁始。岁始或冬至日，产气始萌。”此“或”用在“岁始”与“冬至日”两个选择项之间，其为选择连词甚明。

《汉书·韩安国传》：“吾势已定，或营其左，或营其右，或当其前，或绝其后，单于可禽，百全必取。”这几个“或”字，正表示对付匈奴方法的选择性列举。

《诗经·小雅·信南山》：“我疆我理，南东其亩。”毛传：“或南或东。”

《周礼·地官·比长》：“比长各掌其比之治……徙于国中及郊，则从而授之。”郑玄注：“徙谓不便其居也。或国中之民出徙郊，或郊民入徙国中，皆从而付所处之吏。”

以上毛传和郑注用“或”字作释，“或”均为对两种情况的列举，并无指代意味。

“或”字又可与“乍”配合使用，构成表选择关系的格式，则“或”为选择连词的特征和语法作用更为明显。如：

秦人李斯《用笔法》：“或卷或舒，乍轻乍重。”

《颜氏家训·归心》：“儒家说天，自有数义：或浑或盖，乍宣乍安。”

庾信《哀江南赋》：“乍风惊而射火，或箭重而回舟。”

江淹《别赋》：“或春苔兮始生，乍秋风兮暂起。”

孔稚珪《北山移文》：“乍回迹以心染，或先贞而后黩，何其谬哉！”

上举诸例之“或”和“乍”字，有人视为副词，看来是值得商榷的。

但　直到《红楼梦》时代（18世纪），才有连词“但”字出现。（第147页）

按，王力先生这一结论十分谨慎。在他看来，只有在语法上能代替

"然而"的"但"字，才是真正的转折连词。我们赞同这个条件。不过，即令按这个条件，仍然可以把"但"作转折连词产生的时间提前到魏晋南北朝时期。例如：

《论语·卫灵公》："君子固穷，小人穷斯滥矣。"何晏《论语集解》注："君子固亦有穷时，但不如小人，穷则滥溢为非。"

《后汉书·华佗传》："使人探之，果得死胎，人形可识，但其色已黑。"

《后汉书·袁安传》："安与任隗举奏诸二千石，又它所连及贬秩免官者四十余人，窦氏大恨，但安、隗素行高，亦未有以害之。"

《世说新语·贤媛》："既召见而惜之，但名字已去，不欲中改，于是遂行。"

《世说新语·假谲》："我有一女，乃不恶，但吾寒士，不宜与卿计，欲令阿智娶之。"

《三国志·魏书·武帝纪》注引《曹瞒传》："初不中风，但失爱于叔父，故见罔耳。"

《水经注·沔水》："按《地说》言，汉水东行，触大别之陂，南与江合，则与尚书、杜预相符，但今不知所在矣。"

《颜氏家训·杂艺》："围棋……颇为雅戏；但令人耽愦，废丧实多。"

《宋书·索虏传》："申告嘉贶，实获厥心，但彼和好以来，矢言每缺。"

可　"可以"……和"可"字不同有两点：①"可"字后面的动词是被动意义的，"可以"后面的动词是主动意义的。②"可"字后面的动词不能带宾语，而"可以"后面的动词经常带宾语。（第 243～244 页）

按，王力先生的看法似不尽符合语言事实，今选取部分先秦语例，对"可"字的语法特点进行分析。《马氏文通》虚字卷之四曰："'可''是'两字后动字，概有受动之意。"又曰："凡动字后乎'可''是'助动字后，皆可转为受动。"王力先生之说盖取于此。诚然，先秦汉语中"可"字后的动词表被动意义者较多，但并非被动意义的动词也不少见。例如：

《论语·公冶长》："子谓公冶长：'可妻也。虽在缧绁之中，非其罪也。'以其子妻之。'"可妻"即可以将女嫁给他。

《论语·先进》:"以吾从大夫之后,不可徒行也。'"徒行",徒步行,这是"吾"的主动行为。

《论语·尧曰》:"择可劳而劳之,又谁怨?'"可劳"指可以劳作的时间或环境等,"劳"并无被动意味。

《孟子·告子下》:"其下,朝不食,夕不食,饥饿不能出门户。君闻之,曰:'吾大者不能行其道,又不能从其言也,使饥饿于我土地,吾耻之。'周之,亦可受也,免死而已矣。'"可受"的主语当是饥饿之人,而不是用以周济的食物,故"受"不是被接受。

《庄子·在宥》:"夫不恬不愉,非德也。非德也而可长久者,天下无之。'"可长久"犹言可以长久存在,无被动意味。

《庄子·应帝王》:"有人于此,响疾强梁,物彻疏明,学道不倦。如是者,可比明王乎?'"可比明王"即可以同明王相比。

《荀子·劝学》:"蟹六跪而二螯,非蛇蟮之穴无可寄托者,用心躁也。'"无可寄托者"即没有可以托身的地方。

《荀子·非相》:"且徐偃王之状,目可瞻焉。'这里的主语是"目","可瞻"是"目"发出的动作。

《韩非子·内储说上七术》:"夫人臣必仁而后可与谋,不忍人而后可近也;不仁则不可与谋,忍人则不可近也。'"谋"与"近"均是君主的主动行为,而非被动之举。

先秦汉语中,"可"字后的动词带宾语的情况也不乏其例,这在"可谓"句中最多。如:

《论语·雍也》:"夫仁者,己欲立而立人,己欲达而达人。能近取譬,可谓仁之方也已。"

《论语·泰伯》:"子曰:'泰伯,其可谓至德也已矣!'"

《左传·文公二年》:"怒不作乱,而以从师,可谓君子矣。"

其他的例子如:

《孟子·尽心下》:"大而化之之谓圣,圣而不可知之之谓神。"

《墨子·非乐上》:"万人不可衣短褐,不可食糠糟。"

《墨子·备城门》:"室以樵,可烧之以待适。"

《墨子·迎敌祠》:"能得明此者,可知成败吉凶。"

《谷梁传·隐公八年》："可言公及人，不可言公及大夫。"

《荀子·解蔽》："吾虑不清，则未可定然否也。"

《荀子·赋》："行远疾速而不可托讯者与？往来惛惫而不可为固塞者与？"

《韩非子·解老》："凡理者，方圆、短长、粗靡、坚脆之分也，故理定而后可得道也。"

《韩非子·外储说左上》："夫犬马，人所知也，旦暮罄于前，不可类之，故难。"

《韩非子·外储说右上》："虽有乎千金之玉卮，至贵而无当，漏，不可盛水，则人孰注浆哉！"

《韩非子·说疑》："如此臣者，虽当昏乱之主尚可致功，况于显明之主乎？"

（原载《湖北民族学院学报》1999 年第 4 期，此次收录时有删节）

从语法史看《汉语大字典》的虚词书证问题

摘　要：本文从汉语语法史角度对《汉语大字典》部分虚词条下所引书证进行讨论，旨在弄清这些虚词书证的"始见书"问题。文章充分吸收、采用了新的研究成果和材料，提出了较为稳妥的看法。

关键词：语法史；虚词；书证

书证是语文字典的血肉；对于源流并重的大型语文工具书《汉语大字典》来说，它也是反映字（词）义产生与发展、存在与消亡的重要依据。由此而论，书证选取准确合宜与否，无疑是衡量编著者水平高低以及字典质量优劣的一把标尺。有鉴于此，本文拟从汉语语法史的角度，对《汉语大字典》若干虚词的书证问题，主要是"始见书"的问题提出讨论，略陈管见。本着"例不十，法不立"的原则，文中尽可能多举书证，让语言事实说话，少加议论评说。这里所说的虚词，大体按传统对于"虚字"的分类标准，将代词、副词也包括在内。

　　子　zǐ 助词。1. 构词后缀。a. 加在名词之后。如：桌子；刀子。《旧唐书·张濬传》："贼平之后，方见面子。"（第二卷第 1008 页）

　　按：据以上书证编者似认定"子"作名词的构词后缀始于宋代。这失之太晚。"子"的这种用法，早在先秦即已出现。不少汉语语法史专家对此曾有所论及，不知何故编者不予考虑。今撮录比较可靠的部分材料以明之：

《诗经·鄘风·载驰》："女子善怀，亦各有行。"

《诗经·小雅·常棣》："妻子好合，如鼓琴瑟。"

《左传·成公十六年》："文子执戈逐之，曰：'国之存亡，天也，童子何知焉？'"

《左传·僖公二十二年》："寡君之使婢子侍执巾栉，以固子也。"

《墨子·明鬼下》："播弃黎老，贼诛孩子。"

《战国策·燕策一》："虽大男子，裁如婴儿。"

《史记·伍子胥列传》："两女子争桑相攻，乃大怒，至于两国举兵相伐。"

《汉书·高帝纪》："乡者夫人、儿子皆以君，君相贵不可言。"

《汉书·西域传》："乌弋山离国有桃拨、师（狮）子、犀牛。"

《焦仲卿妻》："却与小姑别，泪落连珠子。"

到了魏晋南北朝，后缀"子"应用更为普遍。王力先生《汉语语法史》（1989 年）所举材料甚夥，不赘。

故 副词。……仍然。《抱朴子·内篇·对俗》："江淮间居人为儿时，以龟枝床，至后老死，家人移床而龟故生。"（第三卷第 1454 页）

按：此条引例偏晚。我们在成书于西汉的《战国策》中亦发现有这种用例：

《战国策·东周策》："今君将施于大人，大人轻君；施于小人，小人无可以求，又费财焉。君必施于今之穷士，不必且为大人者，故能得其欲也。"此"故"字，王引之《经传释词》谓："犹'则'也"，"故能，则能也"。愚以为王之言不尽妥当。从上下文意看，"故"并非表一般性的因果关系，而是起强调某种情况依然存在的作用。此言只要"施于今之穷士"，照样能够达到自己的愿望。"故"释为"依然，仍然"为宜。

《战国策·燕策三》："且世有薄于（而）故厚施，行有失而故惠用。"鲍彪注："世虽薄我，我反厚施之；行与我不合，反惠爱任用之。"据鲍注，"故"似为转折连词。然细绎文意，表转折的是连词"而"，而不是副词"故"。此言世人虽薄待我，我却仍然厚施他们；别人行为有失，我却照样惠爱任用他们。"故"用于此强调行为的继续不变。

汉代其他文献中也有其例：

《史记·晋世家》："楚将子玉曰：'王遇晋至厚，今知楚急曹、卫而故伐之，是轻王。'"此言晋文公明知楚国急于想拉拢曹国、卫国，却仍然去讨伐他们，这是明显轻视楚王的行为。

《史记·魏公子列传》："侯生谓公子曰：'臣所过屠者朱亥，此子贤者，世莫能知，故隐屠间耳。'公子往数请之，朱亥故不复谢，公子怪之。"这里两个"故"均为副词，"仍然，还是"之义。先看前者。"世莫能知"与"隐屠间"并无因果关系。也就是说，朱亥之"隐屠间"非"世莫能知"所造成，所以，"故"不当释作"因此"。"故"旨在强调朱亥当前的处境，言其仍然隐藏于屠间。第二个"故"字有人释为"故意"，失之。作为地位很低的朱亥，对魏公子的屡次屈驾拜见竟不回拜，已足见其心存故意，倘前面再加一表故意之词，岂不多余？又从"数请之"，证明朱亥之"不复谢"是一仍其旧、不为所动的，由此才导致了"公子怪之"。因此，将"故"释为"仍然"，才能紧承文意。

《风俗通义·怪神》："兵弩自行，火从箧簏中起，衣物烧尽，而箧簏故完。""故完"，言仍然完好无损。

《焦仲卿妻》："三日断五匹，大人故嫌迟。"此言刘兰芝三天织了五匹布，但她的婆婆仍嫌其动作缓慢。

决　副词。表示肯定，相当于"必定""一定"。清洪昇《长生殿·密誓》："若果后来不背今盟，决当为之绾合。"（第三卷第 1575 页）

按："决"的这种用法，先秦已有萌芽，以后渐多其例。编者引清人材料为证，不察之误显然。请看下列材料：

《孔丛子·诘墨》："吾始谓墨子可疑，今则决不妄疑矣。"

《战国策·秦策四》："王曰：'钧吾悔也，宁亡三城而悔，无危咸阳而悔也。寡人决讲矣。'"高诱注："决，必也。""决讲"，犹言一定要讲和。

《史记·廉颇蔺相如列传》："相如度秦王虽斋，决负约不偿城。"

《汉书·赵充国传》："虽未即伏辜，兵决可期月而望。"又"虏虽未伏诛，兵决可期月而望"。

《论衡·定贤篇》："子贡之辩胜颜渊，孔子序置于下。实才不能高，口辩机利，人决能称之。"

宋人胡铨《戊午上高宗封事》："太后决不可复，渊圣决不可归。"

将　介词。……3. 把。《二程全书·遗书·入关语录》："公只是仁之

理，不可将公便唤做仁。"（第四卷第 2376 页）

按："将"的这种用法，语法学界谓之引出工具语的介词，构成处置式。王力先生《汉语语法史》明确指出："处置式确是在唐代就产生了。"我们认为，这种用法还可以上推到六朝时期。例如：

三国吴支谦译《佛说义足经》卷上："（王）便谓傍臣：急将是梵志释逐出我国界去。"

三国吴支谦译《撰集百缘经》卷十："于彼国中，有一比丘，常行劝他，一万岁中，将诸比丘处处供养。"

西晋竺法护译《生经》："时远方民，将一大牛，肥盛有力，卖与此城中人。"

乐府诗《妇病行》："唯将角枕卧，自影啼妆久。"

乐府诗《上山采蘼芜》："将缣来比素，新人不如故。"

颜之推《还冤志》："奴以斧斫我背，将帽塞口。"

隋三藏法师阇那崛多译《佛本行集经》："我今乃将臭肉身于此泥（上）作大桥梁。"

略　副词。……2. 稍微；略微。《红楼梦》第七十四回："外特寄香袋一个，略表我心。"（第四卷第 2542 页）

按：作为表程度较轻的副词，"略"出现甚早，先秦已见少数用例；汉魏以后，渐为普遍。《汉语大字典》引清代材料为例，不知出于何种考虑，兹援例以明之：

《荀子·儒效》："逢衣浅带，解果其冠，略法先王而足乱世术。"《汉语大字典》将此例置于"大致；概要"之下，欠安。"略"当表程度之轻微，言儒生们只要稍微效法先王就会搅乱治国之术。

《荀子·君道》："远者天下，近者境内，不可不略知也。"

《史记·项羽本纪》："于是项梁乃教籍兵法，籍大喜，略知其意，又不肯竟学。"

《史记·司马相如列传》："虽然，略以子之所闻见而言之。"

《史记·龟策列传》："略记其大指，不写其图。"

《史记·太史公自序》："故礼因人质为之节文，略协古今之变，作礼书第一。"

《论衡·难岁篇》："今略实论，令世观览，总核是非，使世一悟。"

《论衡·卜筮篇》："故谓卜筮不可纯用，略以助政，示有鬼神，明己不得专。"

《论衡·讥日篇》："时日之书，众多非一，略举较著，明其是非，使信天时之人，将一疑而倍之。"

《盐铁论·利议》："虽未尽可宣用，宜略有可行者焉。"

《三国志·魏书·王朗传》："自汉之初及其中兴，皆于金革略寝之后，然后凤阙猥闶，德阳并起。"

《南齐书·高帝纪上》："自轩黄以降，坟素所纪，略可言者，莫崇乎尧舜。"

唐人王度《古镜记》："颇涉史传，略解属文，见度传草，因悲不自胜。"

唐人王贞《洗竹》诗："道院竹繁教略洗，鸣琴酌酒看扶疏。"

稍　副词。1. 表时间状态。a 渐；逐渐。《玉篇·禾部》："稍，渐也。"《史记·殷本纪》："西伯滋大，约由是稍失权重。"……3. 表程度轻微，相当于"稍微""略微"。《左传·昭公十年》："昔庆封亡，子尾多受邑而稍致诸君。"（第四卷第 2606 页）

按：此条涉及"稍"作副词的两种用法，当分别析之。首先，表"渐；逐渐"义的引例为汉代，似嫌偏晚。据我们考察这种用法先秦就已开始产生。例如：

《左传·襄公二十八年》："（齐侯）与北郭佐邑六十，受之。与子雅邑，辞多受少。与子尾邑，受而稍致之。公以为忠，故有宠。"例中将子尾与北郭佐、子雅对于齐侯授邑的态度列举比较：一个全部接受，一个接受其中一部分，子尾则先接受，然后又逐渐地奉还给齐君。这种做法十分得体，遂得到齐侯的赏识宠幸。所以，"稍"无疑是表行为渐进的副词。其实，"稍微、略微"条下所引《左传·昭公十年》"子尾多受邑而稍致诸君"，记载的事与此例基本相同，则"稍"的用法当无二致。若将

"稍"视为表程度轻微的副词显然是不够妥当的，因为"致诸君"的是"邑"，名词，当以数量的多少或时间的先后计，不存在程度轻重的问题。这条例证应移于"渐；逐渐"条下。

《墨子·备城门》："疏束树木，令足以为柴抟……令其广厚，能任三丈五尺之城以上，以柴木土稍杜之，以急为故。"这里讲的是用柴抟加固城墙之事。"急"义为"坚，坚固"，"以急为故"，即以坚固为事。如是"稍杜之"则指渐渐地、慢慢地填塞好，不然，城墙将何固之有？

《韩非子·存韩》："臣斯请往见韩王，使来入见；大王见，因内其身而勿遣，稍召其社稷之臣，以与韩人为市，则韩可深割也。"这是说，先扣下韩王，不让他回去；然后，渐次召集诸大臣，拿韩王作人质，来与韩国讨价还价。

再看"表程度轻微"的引例。如上所论，所引《左传·昭公十年》"稍致诸君"的"稍"应为表时间渐进的副词。我们亦对先秦文献作过考察，目前尚未发现"稍"作表程度轻微的副词的用法。由此而论，此条引例失之偏早。比较可靠的材料始见于汉代。例如：

《汉书·爰盎传》："淮南王益横。谋反发觉。上征淮南王，迁之蜀，槛车传送。盎时为中郎将，谏曰：'陛下素骄之，弗稍禁，以至此。'""稍禁"，即略加禁止。

《汉书·王莽传》："府帑虽未能充，略颇稍给。"杨树达《汉书窥管》引周寿昌《汉书注校补》："略、颇、稍三字连文。"姚维锐《古书疑义举例增补·补语词复用例》："略，即颇也；颇，即稍也。此以三字为复用矣。"这是说"略、颇、稍"三字同义连用，共表"稍微、略微"之义。此条亦可作前论"略"表"稍微；略微"的力证。

《吴越春秋·王僚使公予光传》："子胥知王好之，每入语语，遂有勇壮之气；稍道其仇，而有切切之色。"此言只要略加谈及自己的仇怨，就会有哀伤之神色。

到了魏晋南北朝，用例渐多，兹引几条：

《古小说钩沉·冥祥记》："若有所遗漏，非故隐蔽，虽不获免，受报稍轻。"

《古小说钩沉·幽明录》："尸卧静舍，惟心下稍暖。"

《三国志·魏书·董昭传》："京都无粮，欲车驾暂幸鲁阳。鲁阳近许，转运稍易，可无县乏之忧。"

那　nǎ 代词。表示疑问，后作"哪"。《晋书·谢安传附谢玄》："玄常称曰：'我尚生瑛，瑛那得生灵运?'"（第六卷第 3760 页）

按：《晋书》为唐代房玄龄撰，应视为唐代的文献材料。王力先生《汉语语法史》指出，"那"作为疑问代词，产生于汉末。惜王力先生仅举以下两例书证：

《焦仲卿妻》："处分适兄意，那得自任专?"又"生人作死别，恨恨那可论"。

吕叔湘先生认为，"那"作疑问代词，"在《世说新语》和南北朝民歌中它已经很普遍；我们不妨假定它的起源在汉魏之际或更早"①。吕先生所举六朝用例甚多，惜无东汉材料。今搜集东汉时期部分材料以为匡补：

《东汉观记·刘玄载记》："更始夫人曰：'莽不如此，帝那得为之?'"《四库全书简明目录》曰："是书于汉明帝时创修，后递有增续，至熹平中，乃成书。"

东汉安世高译《道地经》："已无有中当那得住？已不得住当那得生？已不得生当那得老病死？生死如流水，不行生死业便死。"

东汉安世高译《太子慕魄经》："不贪富贵，不重珍宝，弃捐世荣，思想大道，高翔远逝，自济于世。父王曰：'当那可尔？汝为智者，当原不及。不可便尔，故离我去。'"

东汉安世高译《阿毗昙五法行经》："万物皆从因缘生，断因缘不复生，当那得此因缘？持意念道。"

东汉支曜译《小道地经》："要当先知是因缘，当那得分别知因缘所从起尽?"

阿　ā ①助词。名词词头，多用于姓名称谓之前。宋赵彦卫《云麓漫钞》卷十："古人多言阿字，如秦皇阿房宫，汉武阿娇金屋。晋尤甚，阿戎、阿连等语极多，唐人号武后为阿武婆，妇人无名，以姓加阿字。"按：

---

① 吕叔湘：《近代汉语指代词》，上海：学林出版社，1985 年，第 261 页。

《汉书·贾山传》"阿房之殿"颜师古训"阿"为"近"，与称谓名词异。《三国志·蜀书·庞统传》："先主曰：'向者之论，阿谁为失?'"《古辞·木兰诗二首》之一："阿爷无大儿，木兰无长兄。"（第六卷第4120页）

　　按：为了便于讨论，我们不妨较全面地称引原说。从上所引可知，"阿"作名词词头始于何时，编者似乎游移不定。从书证看，盖定在六朝时期。愚以为六朝偏晚。清人顾炎武《日知录》卷三十二"阿"条下指出："《隶释》汉《涒坑碑》阴云：其间四十人，皆字其名，而系以'阿'字。如'刘兴阿兴''潘京阿京'之类，必编户民未尝表其德。书石者欲其整齐而强加之．犹今闾巷之妇，以'阿'挈其姓也。"据顾炎武之言，"阿"作为名词词头，当产生于汉代。以下几则语言材料可证顾说可取：

　　《史记·扁鹊仓公列传》："故北济王阿母，自言足热而懑。"司马贞索隐："是王之你母也。"张守节正义引服虔曰："乳母也。"

　　《史记·范雎蔡泽列传》："居深宫之中，不离保傅之手。""保"即保母。《礼记·内则》："保受乃负之。"郑玄注："保，保母。"

　　《汉书·游侠列传》："过寡妇左阿君，置酒歌讴。"

　　东汉班固《汉武帝内传》："帝不知上元夫人何神人也，又见侍女下殿，俄失所在。须臾，郭侍女返。上元夫上又遣侍女答问，云：'阿环再拜。'"

　　西汉郭宪《洞冥记》卷一："俄有黄翁指阿母以告朔曰：'昔为吾妻，托形为太白之精。'"这里"阿母"指西王母。

　　东汉戴良《失父零丁》诗："今月七日失阿爹，念此酷毒可痛伤。"

　　《全后汉文》卷三十八载《风俗通义》佚文："庞俭妇艾氏，女字阿横。"

　　汉乐府《十五从军行》："道逢乡里人，家中有阿谁?"又"羹饭一时熟，不知贻阿谁?"

　　东汉支娄迦谶译《杂譬喻经》："有一老母，名阿龙。"

　　东汉蔡琰《悲愤》诗："阿母常仁恻，念何更不慈。"

　　《汉武故事》："若得阿娇作妇，当作金屋贮之。"

　　还有一条早于汉代的材料：

　　《山海经·海内经》："黄帝妻雷祖，生昌意，昌意降处若水，生韩流。

韩流濯首、谨耳、人面、豕喙、麟身、渠股、豚止，取淖子曰阿女，生帝颛顼。"郝懿行笺疏："蜀，古字通浊，又通淖，是淖子即蜀山子也。曰阿女者，《初学记》九卷引《帝王世纪》云：'颛顼母曰景仆，蜀山氏女，谓之女枢'，是也。"《山海经》乃先秦文献，若此条不伪，则"阿"作词头还可上推到先秦时期。

魏晋南北朝词语杂释

魏晋南北朝时期，产生了不少新词新义。对于这些用法较为特殊的词语，一般辞书失收，成了阅读该时期文献难以逾越的障碍。虽然今人已作了大量的考释诠解工作，但遗漏之处仍然不少。笔者在读书中亦捡得若干条，在此试作诠释。不敢自是，还望同好正之。

粗　副词，大致、大体、基本上。

此义在晋人王羲之的《杂帖》中多见。例如："诸从并数有问，粗平安。唯修载在远，音问不数，悬情。"又"老妇顷疾笃，恒忧虑，馀粗平安"。又"卿女母子粗平安"。以上"粗平安"犹言基本上平安。又"知阮生转佳，甚慰甚慰。会稽近患下，始差。诸谢粗安"。又"此诸贤粗可，时见省，甚为简阔"。"粗安"即基本平安，"粗可"即大致可以。六朝其他典籍中亦不乏其例。《三国志·魏书·曹植传》裴松之注引《魏略》："惟正须此小儿，大者可备宿卫。虽不足以御寇，粗可以警小盗。"东晋法显《鄯善国》："俗人衣服粗与汉地同，但以氈褐为异。"又《法显传·竭叉国》："自山以东，俗人被服类粗与秦土，亦以毡褐为异。"《世说新语·假谲》："却后少日，公报姑云：'已觅得婚处，门地粗可，婿身名宦，尽不减峤。'"《古小说钩沉·冥祥记》："异日，调忽往其家，弟具问嫂所苦，并审兄安否。调曰：'病者粗可，卿兄如常。'"《南齐书·礼志上》："雩祭五帝，粗可依放。"以上诸例中，"粗"的"大体上、基本上"之义甚明。

减　将近、接近。

"减"置于数量结构前，言其少时，是"不足、不到"的意思。这是其常义，一般辞书已明。然"减"在六朝时，又常置于表示数量较多的数量结构前，则当释为"将近、接近"。例如：东晋法显《法显传·陀历国》："下有水，名新头河……河两岸相去减八十步。九译所记，汉之张骞、甘英皆不至。"又《法显传·罗夷国、跋那国、毗荼国》："从此东南行减八十由延，经历诸寺甚多僧众万数。"按："由延"为古印度计程单位，所表长度其说不一，或言八十里，或言六十里，或言四十里。然"八十由延"终为较长之路程，故"减"只宜解为"将近"。又《法显传·伽耶城、贝多树下》："誓已，树便即根上而生，以至于今。今高减十丈。"《水经注·沔水》："洲大岸西有涸湖，停水数十亩，长数里，广减百步。"又《水经注·潕水》："人有掘出一兽，犹全不破，甚高壮，头去地减一丈许，作制甚工。"以上诸"减"，确然为"接近、将近"之义。

要　助动词，当、须。

江蓝生先生《魏晋南北朝小说词语汇释》①"要₂"条下指出："六朝文献中，'要'字单独作助动词的例子尚未见到，但'要当、要须'连用作助动词的现象已十分普遍；因此可以推断，助动词'要'的出现应在六朝之后不久。"这一结论值得讨论。六朝文献中，"要"单独作助动词已经出现，且并非偶然现象。三国魏何晏《九江记·王植》："卢植曰：'可便详问其故，要知姓字。'于是寿杖策而问之。"《后汉书·冯异传》："今之征伐，非必略地屠城，要在平定安集之耳。"又《后汉书·郎颛传》："臣闻皇天感物，不为伪动，灾变应人，要在责己。"《三国志·吴书·周鲂》："若因是际而骚动此民，一旦可得便会。然要恃外援，表里机互，不尔以往，无所成也。"《世说新语·贤媛》："武子为妹求简美对而未得。有兵家子有俊才，欲以妹妻之，乃白母。曰：'诚是才者，其地可遗，然要令我亲见。'"《南齐书·张敬儿传》："群公共议，宜启太后，奉令而行，当以王礼出第。足下乃可不通大理。要听君子之言，岂可罔灭天理，一何若兹？"《魏书·任城王传》："高祖曰：'名目要有其义，此盖取夫子闲居之义。不可纵奢以忘俭，自安以忘危，故此堂后作茅茨堂。'"又《魏书·儒

---

① 江蓝生：《魏晋南北朝小说词语汇释》，北京：语文出版社，1998年，第245页。

林传》："准之四科，要以德行为首。"又《魏书·律历志上》："而伺察晷度，要在冬夏二至前后各五日，然后乃可取验。"又《魏书·释老志》："虽阶三乘，而要由修进万行，拯度亿流，弥历长远，乃可登佛境矣。"《齐民要术·和齑》："切脍人虽讫，亦不得洗手，洗手则脍湿。要待食罢然后洗也。""要"单独作助动词，其萌芽还可上推至汉代。汉代伶玄《赵飞燕外传》："学吾术者，要不淫与谩言。"汉代张仲景《伤寒论·辨可发汗病脉证并治》："凡云可发汗，无汤者，丸散亦可用。要以汗出为解，然不如汤随证良验。"《周礼·地官·司市》："以质剂结信而止讼。"汉代郑玄注："质剂，谓两书一札而别之也。若今下手书，言保物要还矣。"

土俗　本地人，当地人。

"土俗"一词，始见于六朝，其常义是"当地习俗""本地"等，但有时还可专指"土著居民、当地人。"《搜神记》卷十二："内中木则折，中人则害，土俗号为'鬼弹'。"又卷十九："西北隰中有大蛇，长七八丈，大十余围，土俗常惧。"《古小说钩沉·述异记》："土俗谓之山猱，云，知人姓名，则能中伤人。"又"黄州治下有黄父鬼，出则为祟……自不出已十余年，土俗畏怖"。又"宋孝建中，忽有一人，自称山灵……土俗呼为黄父鬼"。《魏书·吐谷浑传》："地既险远，又土俗懦弱，易控御。"

零　失，失散，失落。

此义当由"零"的具体义"掉落、坠落"抽象衍化而成。三国魏曹植《感节赋》："匪荣德之累身，恐年命之早零。"又《出妇赋》："悦新婚而忘妾，哀爱惠之中零。"以上"早零"即早早失去；"中零"即中途失去。《古小说钩沉·述异记》："女于怀中抽两匹绢与崔……崔以锦八尺答之，女取锦曰：'从此绝矣！'言毕，豁然而灭。至旦，告其家。女父曰：'女昨夜忽然病，夜亡。'崔曰：'君家绢帛无零失耶?'"又《古小说钩沉·幽明录》："终祚当为商贾，闭其户而谓鼠曰：'汝正欲使我富耳！今有远行，勤守吾房中，忽令有所零失也。'"以上"零失"乃同义连用，"丢失"的意思。三国魏曹丕《又与吴质书》："昔年疾疫，亲故多离其灾，徐、陈、应、刘，一时俱逝，痛可言邪？……何图数年之间，零落略尽，言之伤心。"《搜神记》卷六："始衰者，谓刘表妻死，诸将并零落也。"《古小说钩沉·幽明录》："遂呼前来女子，有三四十人，集会奏乐，共送刘、阮，指示还路。既出，亲旧零落，邑屋改异，无复相识。"以上"零落"亦同义连用，"失落，失散"之义。

吏　官府。

《世说新语·文学》："王东亭到桓公吏，既伏阁下，恒令人窃取其白事。东亭即下阁下更作，无复向一字。""到桓公吏"，犹言到桓公办事的府上。《后汉书·董卓传》："（卓）从中郎将张奂为军司马，共击汉阳叛羌，破之。拜郎中，赐缣九千匹。卓曰：'为者则己，有者则士。'乃悉分与吏兵，无所留。""吏兵"即官军，官府里的军队。《三国志·吴书·丁奉传》："孙休即位，与张布谋，欲诛孙琳。布曰：'丁奉虽不能吏书，而计略过人，能断大事。'""吏书"即官府里的文书。《南齐书·倖臣传·刘系宗》："系宗久在朝省，闲于职事，明帝曰：'学士不堪治国，唯大读书耳。一刘系宗足持如此辈五百人。'其重吏事如此。""吏事"谓官府里的事务，即政事。"吏"的此义显然是由"官吏"之义转移而得。有趣的是，它与"官"由"官府"义转移而指"官吏、官员"刚好交换了一下位置。

颇　副词，表动作行为次数多、涉及范围广。多，大多，常。

晋葛洪《神仙传·太阳子》："好酒恒醉，颇以此见责。"晋陶渊明《读山海经十三首》诗："穷巷隔深辙，颇回故人车。"《后汉书·袁绍传》："故大将军何进忠国疾乱，义心赫怒，以臣颇有一介之节，可责以鹰犬之功。"《搜神记》卷五："是岁夏，大疫，百姓窃相恐动，颇有窃祠之者。"《三国志·魏书·后妃传》："后天下兵乱，加以饥馑，百姓皆卖金银珠玉宝物，时后家大有储谷，颇以买之。"又《三国志·蜀书·谯周传》："时后主颇出游观，增广声乐。"《世说新语·方正》："刘简作桓宣武别驾，后为东曹参军，颇以刚直见疏。"又《世说新语·惑溺》："王丞相有幸妾姓雷，颇预政事，纳货。蔡公谓之'雷尚书'。"《古小说钩沉·冥祥记》："于是云日鲜彩，五色烛耀，乡比亲族，颇亦睹见。"《颜氏家训·书证》："江东颇有此物，人或种于阶庭。"《魏书·京兆王列传》："愉好文章，颇著诗赋。"《宋书·文惠太子列传》："是时州遣按验，颇得遗物，故有异同之论。"以上诸例的"颇"若以程度副词"甚、很"解，多有龃龉；释为"多、常"等，则怡然理顺。又"颇"的这种用法并非肇始六朝，汉代作品已有所见。《史记·河渠书》："其后漕稍多，而渠下之民颇得以溉田矣。"又《史记·韩信卢绾列传》："周昌疑之，疵瑕颇起，惧祸及身，邪人进说，遂陷无道。"《汉书·张骞传》："天子既闻大宛及大夏、安息之属皆大国，多奇物，土著，颇与中国同俗。而兵弱，贵汉财物。"

好　名词，感情，交情。

《后汉书·孔融传》："往闻二君有执法之平，以为小介，当收旧好。"《三国志·吴书·胡综传》："蜀闻权践阼，遣使重申前好。"又《三国志·魏书·臧洪传》："众人以为袁曹方睦，而洪为绍所表用，必不败好招祸，远来赴此。"《搜神记》卷七："逆之者伤好，非之者负讥，希世之士，耻不与焉。"《世说新语·识鉴》："韩康伯与谢玄亦无深好。玄北征后，巷议疑其不振。康伯曰：'此人好名，必能战。'玄闻之，甚忿。"又《世说新语·雅量》："王公曰：'我与元规虽俱王臣，本怀布衣之好。'"以上"旧好""前好"即旧交情、老感情；"败好""伤好"犹言伤感情；"深好"同深交，深厚的感情；"布衣之好"就是布衣之交，即平民百姓贫贱时的患难之情。六朝文献中，又常见"情好""意好"同义连用，共表"感情、友情"的意思。《华阳国志·后贤志》："五子情好，未必能终。"又《华阳国志·陈寿传》："初与寿齐望，又相昵友，后与寿情好携隙，还相诬攻。有识以是短之。"《三国志·魏书·杜袭传》："时夏侯尚昵于太子，情好至密。"《世说新语·政事》："不知治化何如，唯与张祖希情好日隆耳。"又《世说新语·赏誉》中刘孝标注引《晋安帝纪》："忱虽心不负恭，而无以自亮。于是情好大离，而怨隙成矣。"《宋书·刘敬宣传》："大人与恭亲无骨肉，分非君臣，虽共事少时，意好不协。今日讨之，于情何有？"《南齐书·何昌寓传》："永明元年，竟陵王子良表置文、学官，以昌宇为竟陵王文学，以清信相得，意好甚厚。"

既　副词，本来、原来。

《古小说钩沉·幽明录》："溪边有二女子，姿质妙绝，见二人持杯出，便笑曰：'刘阮二郎，捉向所失流杯来。'（刘）晨（阮）肇既不识之，缘二女便呼其姓，如似有旧，乃相见忻喜。""（刘）晨（阮）肇既不识之"，是说刘晨和阮肇本来不认识两个女子。《世说新语·方正》："杜预之荆州，顿七里桥，朝士悉祖。预少贱，好豪侠，不为物所许。杨济既名氏雄俊，不堪，不坐而去。"此言杨济本是名氏雄俊，故不屑与出身微贱的杜预为伍。又《世说新语·雅量》："（羊孚）尝诣谢许，未食。俄而王齐、王睹来，既先不相识，王向席有不说（悦）色，欲使羊去。羊了不晌，唯脚委几上，咏瞩自若。""既先不相识"是说王齐、王睹与羊孚本来不相识。《金楼子·杂记》："夏月入朝，衣裳不整，乃扶伏床下，以熨斗熨之。衣既甚轻，背便焦灼。""衣既甚轻"即衣裳本来十分轻薄。又"昔玉池国有民，嬝面大丑，妇国色鼻齇，婿乃求媚此妇，终不肯回。遂买西域无价名香熏之，还入其室。妇既齇矣，岂分香臭哉！"此言妇人之鼻本来就齇，因此不可能分辨香臭。《宋书·张茂度传》："（张）永既有才能，所在每尽心力，太祖谓堪为将。""既有才能"即本有才能。"上谓之曰：'卿既与释之同姓，欲使天下须无冤民。'""既与释之同姓"，指张永本与张释之同姓。《南齐书·萧颖胄传》："朝廷盛礼，莫过三元。此一器既是旧物，不足为侈。""既是旧物"犹言本来是旧物。"既"的"本来、原来"之义与其常用义"已经"紧密相关。"已经"表示事情业已出现或存在，对于现实来说，出现或存在又是原有的、既定的。但两者有着细微的差别，不宜混淆。

来　刚才。

"来"常置于"言、谈、论、议"等词之前，用于论辩、对话之中，表对方的言论发出不久，可以"刚才"释之。《三国志·魏书·荀彧传》："彧有群从一人，才行实薄。或谓彧：'以君当事，不可不以某为议郎耶？'

或笑曰：'官者，所以表才也；若如来言，众人其谓我何耶？'其持心平正皆类此。"又《三国志·魏书·方技传》裴松之注引《辂别传》："邠曰：'以为术者易之近数，欲求其端耳。若如来论，何事于斯？'"又《三国志·吴书·陆逊传》："吕蒙称疾诣建业，逊往见之。谓曰：'关羽接境，如何远下，后不当可忧也？'蒙曰：'诚如来言，然我病笃。'"南朝范缜《神灭论》："问曰：'刃之与利，或如来说，形之于神，其义不然。何以言之？'……答曰：'异哉言乎！人若有如木之质以为形，又有异木之知以为神，则可如来论也。'"《宋书·文惠太子传》："俭曰：'郑玄云"礼主于敬"，便当是尊卑所同。'太子曰：'若如来通，则忠惠可以一名，孝慈不须别称。'""来通"犹言来说，即刚才的议论。又《宋书·豫章文献王传》："约答曰：'丞相风道弘旷，独秀生民……承当刊石纪功，传华千载，宜须盛述，实允来谈。'"《南齐书·宗室列传》："庆远曰：'君包荒之德，本施北政，未承来议，无所含瑕。'"

（原载《古籍整理研究学刊》1994 年第 4 期）

近代汉语语法问题探源

摘　要：由于近代汉语研究起步较晚，加之语料庞杂散乱、近代汉语内部变化纷纭，因此这一领域尚有不少空白悬疑之处。本文主要针对袁宾《近代汉语概论》一书涉及近代汉语中一些新产生语法现象的来源问题提出商榷意见，以期引起学术界的关注，从而进行深入的探讨研究。

关键词：近代汉语；语法；探源

袁宾先生的《近代汉语概论》（以下简称袁书）是目前国内仅见的几部研究近代汉语的概论性著作之一。该书问世以来，得到了学术界的推重与好评，一些高校也将其作为教材使用。由于近代汉语研究起步较晚，语料庞杂散乱，加上近代汉语内部纷纭复杂，所以这一领域里空白悬疑甚多。笔者初涉此间，拜读袁宾先生的大作后，启迪收益良多；同时，也觉得个别地方或欠妥帖，或有疏略。现将其中有关语法问题的一些想法整理成文，试作补遗。希冀能为近代汉语研究之华构增添一点零砖碎瓦，故不避班门弄斧之嫌，冒昧请教，还望袁宾先生及同行专家正之。

1. 打从

袁宾先生认为："'打'只是前缀，'打'本身原无'从'义。'打从'经常连用，'打'受'从'的影响，也具有了'从'义。"①

按，此说有几个疑惑之处。其一，介词"从"本为虚词，意义已经较虚，又在前面加上更虚的前缀，这种构词现象，与汉语的实际是否符合？其二，原来意义最虚的构词成分词缀（前缀）居然在与介词连用的影响下变成比原来要实一点的介词，岂不与汉语词语虚化的发展规律相悖？其三，"打"字由于受与"从"连用的影响而有了介词的用法，这一结论至少需要以下三个条件：一是"打从"连用必须早于"打"单独作介词的年

---

① 袁宾：《近代汉语概论》，上海：上海教育出版社，1992年，第94页。

代；二是彼时"打从"连用并非偶然的组合而是有一定的使用频率；三是"打"自身无法引申出"从"义而需外力的作用。兹对这几个问题试作论析。

袁书引用"打从"连用的材料最早为宋元时期的《京本通俗小说》卷十六："于本年起程，到次年春间，打从建州经过。"① 其余几条，均为《水浒传》等明代材料。然而，我们目前见到的"打"单用作介词的最早用例为《汉语大词典》（第六卷）引用的唐人李德裕《代石雄与刘稹书》："昨打暮宿寨收得文书云：陈许游奕使贺意密报云：官军二十五日齐进雄牒报，王尚书请勘虚实。"不过，"打"的这种用法在唐代毕竟罕见，作为意义较抽象的介词，仅靠个别例证，尚难令人置信。但是，根据下列材料，将"打"单独作介词产生的年代确定在宋元时期，应该是不成问题的。例如：

①《朱子语类》卷二十六："此心散漫放肆，打一耸动时，便在这里，能使得多少力。"

②辛弃疾《鹧鸪天·戏题村舍》词："新柳树，旧沙洲，去年溪打那边流。"

③《居简禅师语录》："要打衲僧门下过，避些炎热耐些寒。"

④《崔待诏生死冤家》："郭立前日下书回，打潭州过，却见两个人在那里住。"

⑤元代萧德祥《杀狗劝夫》四折："偶然这一晚烧香中间，看见一只犬打香卓根前过来。"

⑥《三战吕布》一折："小官前往青州催运粮草去，路打此德州平原县经过。"

⑦关汉卿《大德歌》："谁着你摇铃唱挽歌，因打亚仙门前过，恰便是司马泪痕多。"

这些材料都不比"打从"连用晚。可见，谓"打"作介词是由于受到"从"的影响，显然是缺乏说服力的。

我们认为，"打"作介词当由其动词义虚化而得。由动词虚化是不少介词产生的来源和途径，亦是汉语语法发展演变的规律之一。就"打"字

---

① 袁宾：《近代汉语概论》，上海：上海教育出版社，1992 年，第 192 页。

而言，"唐以后，特别是在近代汉语的白话著作中，'打'字的用法得到多方面的发展"①。这一阶段的"打"是一个用法非常灵活、意义甚为宽泛、组合能力很强的泛义动词。北宋欧阳修《归田录》卷二云：

> 今世俗言语之讹而举世君子小人皆同其缪者，惟"打"字耳。其义本谓考击，故人相殴，以物相击皆谓之打，而工造金银器亦谓之打可矣，盖有槌挝作击之义也。至于造舟车者曰打船、打车，网鱼曰打鱼，汲水曰打水，役夫馈饭曰打饭，兵士给衣粮曰打衣粮，从者执伞曰打伞，以糊粘纸曰打粘，以丈尺量地曰打量，举手试眼之昏明曰打试。至于名儒硕学，语皆如此，触事皆谓之打，而遍检字书，了无此字。

从这段材料可知，"打"既表较具体的动作，又有较抽象的动词义。动词"打"与方位、处所、时间等名词组成动宾结构后，其义又进一步虚化。例如：

⑧宋代陶穀《清异录·肢体》："天下多口不饶人，薄德无顾藉，措大打头，优伶次之。"

⑨元代汤垕《画论》："画有十三科，山水打头，界画打底。"

"打"与表方位的"头""底"结合，有"在、居于、处于"之义；"打头"犹言在前头，"打底"犹言居最后。"打"的动词义甚为抽象。当这种结构后边再跟上别的动词，全句动作的重心移至后面的动词上时，"打"就虚化为介词了。再如：

⑩杨万里《阊门外登溪船》诗："步下新船试水初，打头揽载适逢予。"

⑪杨万里《晓起探梅》诗："江梅小树打头开，便有江梅趁脚来。"

⑫《东京梦华录·武村旧事》卷二"元夕"："五夜好春随步暖，一年明月打头圆。"

⑬《清平山堂话本·简帖和尚》："恰才在拶里面打底床铺上坐地的官人，教我把来与小娘子，又不教把与你，你却打我。"

⑭《密庵语录·示道禅人》："学者眼目不明，如何辨白？尽情深信，

---

① 胡明扬：《说"打"》，《语言论集》（第二辑），北京：中国人民大学出版社，1984 年。

一盲引众盲，相牵入火炕。所谓打初不遇作家，到底翻成骨董。"

例⑩"打头"后跟着动词"揽载"，"打"义甚虚，显然是介词。例⑪"打头"后有主体动词"开"，且相应位置上是"趁脚"，"打"为介词无疑。因为"趁"在唐宋时已有介词的用法，表动作行为凭借的时间、机会等。如韩愈《同李二十八员外从裴相公野宿西界》诗："不关破贼须归奏，自趁新年贺太平。"王安石《庚申正月游齐安》诗："未即此身随物化，年年长趁此时来。"这些"趁"均为介词。例⑫"打头"与"随步"对举，"随步"为介词结构；又从诗意看，"元夕"是正月十五，"打头圆"即在开头（第一个月）圆。例⑬"打底"后由于有"坐地"，故与例⑨之"打底"不同，是"在尽头、在最后"的意思。例⑭"打初"意同"打头"，"打初"与"到底"对举，其意分别为"在开初""到结尾"。

以上我们讨论的由动词虚化为介词的"打"字，均表动作行为发生的时间及处所，相当于"在"，这与前面需要论证的表动作起始经由的"从"义似乎不够相合。然则"打"怎么由"在"义转化为"从"义呢？我们发现，近代汉语乃至古代汉语中，一些常用介词的这两种用法是相通的。比如，"从"有时相当于"在"：

⑮《越绝书·外传记越地传》："勾践伐吴，霸关东，从琅琊起观台，台周七里，以望东海。"

⑯《通典》卷一四九："斥候者视地形广狭，从四角而立表。"

"在"亦可相当于"从"，表动作所自起：

⑰《敦煌变文集·前汉刘家太子传》："盟津河在昆仑山腹壁出，其山举高三千三百六十万里。"

⑱元代关汉卿《包待制智斩鲁斋郎》："孩儿也，你在哪里来？"

"自"常义为自从，有时也相当于"在"：

⑲《诗经·小雅·正月》："不自我先，不自我后。"

⑳《水经注·江水》："自三峡七百里中，两岸连山，略无阙处。"

袁宾先生在讨论近代汉语介词时亦曾提及，"向"和"去"既相当于"从"，又可相当于"在"。可见这并非偶然现象。介词"打"由表动作行为发生的时间处所转而表动作的起始经由，一方面在于两者之间有一定的内在联系；另一方面，或许正是受到以上所举介词互相通用的影响。总之，是"打"字先虚化成介词，然后才与"从"字构成同义连用，其间关系不能颠倒。

2. 老大

袁宾先生认为，"老大"本为"副词+形容词"，"后来'老大'引申出'十分，很'的意思"，这样，"老大"就"由原先的短语凝结为一个双音副词"。①

按，据袁宾先生的意思，似乎是副词"老"与"大"连用而影响了"大"的原义，导致其虚化而有了副词的用法。对此我们不敢苟同。"老"用作表程度高的副词（以下统称为"甚词"），产生的年代较晚，大约在宋元之际；相比而言，"大"作甚词可谓由来已久。"大"作为表修饰的甚词，先秦两汉即已出现，且较为普遍地使用，惜袁宾先生将这一重要事实给忽略了。如：

㉑《诗经·鲁颂·闷宫》："奄有龟蒙，遂荒大东。"郑笺："大东，极东。"

㉒《诗经·小雅·巷伯》："彼谮人者，亦已大甚。""大甚"，太厉害。

㉓《国语·晋语一》："言之大甘，其中必苦。""大甘"，非常甘美。

㉔《孔子家语·辩政》："齐有一足之鸟，飞集于宫朝，下止于殿前，舒翅而跳，齐侯大怪之。""大怪"，十分奇怪。

中古以降，"大"的这种用法更为普遍，一直沿用至今。既然"大"作甚词的出现年代远远早于"老"，其使用范围和频率又大大超过"老"。因此，不管是"大"单独用作表程度高的副词，还是与"老"连用凝结为双音副词，都不可能是受"老"影响的结果。不妨作这样的推测：是老资格的副词"大"与"老"组合连用，从而影响并巩固了新产生的甚词"老"的这一用法。

3. 是 A 是 B

袁书列举了"是贵是贱""是高是下""是人是物""是男是女"等，认为，"其意义类型是：无论 A，还是 B"。②

按，袁宾先生对"是 A 是 B"语义的理解我们十分赞同，惜未予追

---

① 袁宾：《近代汉语概论》，上海：上海教育出版社，1992 年，第 102～103 页。
② 袁宾：《近代汉语概论》，上海：上海教育出版社，1992 年，第 109 页。

溯：这种格式表意的理据是什么？试为推衍如下：

"是"字在上古主要用作指示代词。到了中古，"是"在转为普遍用作判断词的同时，又产生一种新的用法——任指代词，相当于"凡，所有的"，充当定语。如：

㉕陶渊明《饮酒》诗："觞来为之尽，是咨无不塞。""是咨"，凡是咨询。

㉖《颜氏家训·书证》："圆叶细茎，随水浅深，今是水悉有之。""是水"，凡是水里。

㉗《南齐书·虞玩之传》："填街溢巷，是处皆然。""是处"，到处，处处。

㉘韩愈《戏题牡丹》诗："长年是事皆抛尽，今日栏边暂眼明。""是事"，所有的事。

㉙姚合《赠张籍》诗："新语是人知。""是人"，所有的人。

由于"是"有这种任指用法，所以，它与两个意义相对相反的词组合，构成"是 A 是 B"式，表示事物的周遍性，没有例外，就十分合理了。比如："是贵是贱"即所有的贵者与贱者；"是人是物"即所有的人或物。这样解释，与袁宾先生所言"无论 A，还是 B"的语义内容是一致的。

4. 把茅　片衣口食　把菜粒米　个男只女

袁宾先生指出："名词前单独使用量词，而省去数词'一'，这种'量词+名词'结构说法简练，有表少的意味。"①

按，量词前省略数词"一"的用法，袁宾先生是作为近代汉语产生的新情况列举出来的。其实，这种用法出现甚早，如：

㉚《论语·子罕》："三军可夺帅也，匹夫不可夺志也。""匹夫"，一个人。

㉛《墨子·鲁问》："一妇人之织，分诸天下，不能人得尺布。""尺布"，一尺布。

㉜《孟子·告子上》："无尺寸之肤不爱焉，则无尺寸之肤不养也。""尺寸"，一尺一寸。

㉝《孟子·公孙丑上》："尺地莫非其有也，一民莫非其臣也。""尺

① 袁宾：《近代汉语概论》，上海：上海教育出版社，1992 年，第 171 页。

地"，一尺地。

㉞《庄子·逍遥游》："覆杯水于坳堂之上，则芥为之舟。""杯水"，一杯水。

㉟《战国策·秦策一》："不费斗粮，未烦一兵。""斗粮"，一斗粮。

㊱《史记·项羽本纪》："臣死且不避，卮酒安足辞？""卮酒"，一卮酒。

㊲《史记·苏秦列传》："无有分寸之功，而王亲拜之于庙而礼之于廷。""分寸"，一分一寸。

这些例中"一"字省略后，均有言其少的意味；有的还起着协调、对称的作用，如"匹夫"与"三年"，"尺地"与"一民"，"斗粮"与"一兵"等。以上所引，仅为先秦两汉部分材料，其后更多，不赘。

5. 于

袁宾先生说："'于'作动词后缀，多见于元代以前的佛教文献或与佛教有关的作品。"举例如"如何得识于吾所讲涅槃之义""缘太子有于慧眼""终难报于深恩"等。[①]

按，这里需要讨论两个问题：一是"于"能否用作动词后缀？二是这种用法是否来源于佛经文献？袁宾先生虽未提及"于"为动词后缀的语法标准，但从书中所举例证看，他所认定的标准大概是：如果"于"能用现代汉语相应的介词翻译，是介词；倘若难以翻译，则为词缀。然则如此处理，势必陷进王力先生所说的"用翻译法研究古代汉语"的泥淖。何以言之？"于（於）"在古汉语中是一个适用面宽、用法灵活的介词。王力先生在《汉语语法史》里曾将介词"于"的用法分为七种，但其后又解释说："其实介词'于'字只有一种功能，就是表示动作或性质和事物的关系，分为七种用法，只是为了便于解释罢了。"[②] 这句话高度概括了介词"于"的语法功能，甚为精辟。按此标准，只要"于"的基本功能——表动作或性质和事物的关系——不改变，就应属于介词；至于能否翻译成相应的介词，并非必要的因素，更不能轻易用"词缀"作为难以解释的遁词。可以肯定，袁宾先生提及的这种情况并非来自汉译佛经，而是源于上古汉语。

① 袁宾：《近代汉语概论》，上海：上海教育出版社，1992 年，第 161～162 页。
② 王力：《汉语语法史》，北京：商务印书馆，1989 年，第 141～142 页。

上古汉语里，及物动词与其涉及支配的对象之间加"于"的情况并不鲜见。这个"于"是不必翻译的。从语法上分析，"于"同动词涉及支配的对象一起充当了补语；而从语义上理解，则分明是支配与被支配的关系。例如：

㊳《诗经·鄘风·定之方中》："定之方中，作于楚宫。揆之以日，作于楚室。"这里分别言建造楚宫、建造楚室。

㊴《左传·定公十年》："盍以其先发难也，讨于赵氏？"此言讨伐赵氏。

㊵《左传·定公十三年》："及文子卒，卫侯恶于公孙戌，以其富也。"此言憎恶公孙戌。

㊶《国语·晋语七》："臣诛于扬干，不忘其死。"此言诛杀扬干。

㊷《庄子·秋水》："今尔出于崖涘，观于大海。"此言观望大海。

㊸《荀子·劝学》："君子生非异也，善假于物也。"此言借助外物。

㊹《史记·项羽本纪》："沛公居山东时，贪于财货，好美姬。"此言贪求财货。

对于这类具有支配关系的结构之间加介词"于"的现象，有学者曾予论及。例如，何乐士先生认为："在一定的语言环境中，为了表示对宾语的强调或其他原因，却用'于'和'於'（主要是'於'）把受事宾语引进来，变成了动补式。此式中的'于'和'於'主要起加强语气的作用。"① 日本学者杉田泰史则认为，"先秦汉语的语法里，如果及物动词和它的宾语之前有'于'字，这个句式表示动作的不完整"②。两位学者对其成因、特点的分析是否允当，这里不予讨论。值得注意的是他们共同认定了两点：一是及物动词与其支配对象之间的"于（於）"是介词而不是词缀；二是这种介词有其特殊的作用。这与我们的看法是一致的。下面对袁书中列举的所谓"于"作词缀的例子试作分析。这些例子可以分为两类：一类是"于"用于及物动词与支配对象之间，如"识于吾所讲涅槃之义""有于慧眼""报于深恩""割于股肉""射于我"；一类是"于"用于不及

---

① 何乐士：《〈左传〉的介词"于"和"於"》，《左传虚词研究》，北京：商务印书馆，1989年，第97页。

② ［日］杉田泰史：《介词"于"的未完成用法》，郭锡良：《古汉语语法论集》，北京：语文出版社，1998年，第125页。

物动词与补语之间。细加推敲，有的是可以翻译的。如"赞于'善哉'""称扬于'快耳'"之"于"相当于"以、用"，可解作"以'善哉'称颂""以'快耳'称扬"。"生死于人"即对于人来说，能使死者复生；"生"是使动用法。有的无法译出，如"行于七步"，"于"只是介出补语。

总之，这些"于"是介词而非词缀，是毋庸置疑的。

6. 主语＋表语＋是（是也，便是）

袁宾先生认为，近代汉语中，"我大夫，张协是"这类"'是'字不在主语和表语之间，而是置于表语之后"的判断句式，来源于汉译佛经。①

按，这类特殊判断句式的产生，可能受到汉译佛经的影响，但汉译佛经并非是其产生的真正原因和直接来源。经师翻译佛经，为通俗起见，固然要尽量接近当时口语；但是，作为文化人，他们不可能摆脱正统书面语的影响。这正是汉译佛经中文白夹杂较为普遍的原因。袁宾先生对此是清楚的。他在进一步溯源时认为，"汉译佛经中的'主语＋者＋表语＋是'句式和古代汉语里常用的判断句式'主语＋者，表语＋也'有相似之处"；同时指出，由于"盛行于先秦汉代的'主语＋者，表语＋也'判断句式在魏晋之后逐渐脱离口语，佛经的翻译者（有外国或外族人，也有汉族人）觉得增添系词'是'字才能显示出是判断句"，于是在表语后加上"是"，就形成了这种句式。② 这种说法似有一定道理，但是，从"是"在句中的位置及作用看，我们觉得上古汉语中另一形式才是汉译佛经这种判断句式的直接来源：

㊺《论语·微子》："滔滔者，天下皆是也。"

㊻《孟子·梁惠王下》："取之而燕民不悦，则勿取，古之人有行之者，文王是也。"

㊼《孟子·梁惠王下》："臣闻七十里为政于天下者，汤是也。"

㊽《孙子兵法·势篇》："三军之众，可使必受敌而无败者，奇正是也；兵之所加，如以破投卵者，虚实是也。"

㊾《荀子·非十二子》："六说者立息，十二子者迁化，则圣人之得执

---

① 袁宾：《近代汉语概论》，上海：上海教育出版社，1992年，第16～17、219～220页。

② 袁宾：《近代汉语概论》，上海：上海教育出版社，1992年，第219、220页。

者，舜、禹是也。"

　　㊿《韩非子·解老》："凡物不并盛，阴阳是也；理相夺予，威德是也。"

　　51《战国策·秦策三》："愿以陈臣之陋忠，而未知王之心也，所以王三问而不对者是也。"

　　52《史记·三代世表》："《传》云天下之君王为万夫之黔首请赎民之命者帝，有福万世，黄帝是也。"

　　53《史记·外戚世家》："得幸武帝，生子一人，昭帝是也。"

　　54《史记·平津侯主父列传》："何谓瓦解？吴、楚、齐、赵之兵是也。"

　　55《论衡·骨相篇》："单父吕公善相，见高祖状貌，奇之，因以其女妻高祖，吕后是也。"

　　56《说文解字·叙》："指事者，视而可识，察而见意，上下是也。……象形者，画成其物，随体诘诎，日月是也。……形声者，以事为名，取譬相成，江河是也。"

　　57《公羊传·定公元年》："三月，晋人执宋仲几于京师。仲几之罪何？不蘘城也。"何休注"蘘城"曰："若今以草衣城是也。"

　　这些都是判断句。句中的"是"为指示代词，复指上文内容，充当谓语。由于句末有语气词"也"帮助判断，若去掉"是"，虽结构形式有所变化，但大多数的判断仍可成立。这些"是"字除了复指上文外，还带有一些谓词性：有的含强调主语与上文一致性的作用；有的带有解释的意味，其指代作用显然较弱。

　　汉魏时期，先秦汉语"富与贵，是人之所欲也"[①] 这类句式中用作主语、复指上文内容的指示代词"是"逐渐完成了向判断词的转变。这一语法史上的重大变化，势必直接影响到用作谓语的指示代词"是"字：由于类推的作用，"是"的指代作用逐渐消失，其确认、强调、解释的谓词性功能进一步突显，这样，原来用作谓语的指示代词"是"就演变为判断词，构成了新的判断句式。例如：

　　58《论衡·感虚篇》："所谓神者，何神也？百神皆是。"

---

①　杨伯峻：《论语译注》，北京：中华书局，1980 年。

(59)《论衡·逢遇篇》："或无伎，妄以奸巧合上志，亦有以遇者，窃簪之臣、鸡鸣之客是。"

(60)《玉篇·邑部》："邗，古寒、户安二切。《左氏传》云：'吴城邗。今广陵韩江是。'"

(61)《玉篇·人部》："侬，奴冬切。吴人称我是也。"

(62)《三国志·魏书·武帝纪》注引《献帝春秋》："问曰：'曹操何在？'太祖曰：'乘黄马走者是也。'"

(63)《搜神记》卷五："转号钟山为蒋山，今建康东北蒋山是也。"

(64)《世说新语·任诞》："何处觅庾吴郡，此中便是！"

(65)《后汉书·左慈传》："市人皆变形与慈同，莫知谁是。"

这类判断句，与袁书所引汉译佛经中的例句，无论在结构上还是表意上都十分类似。因此，弄清其发展演变的轨迹，也就找到了近代汉语乃至汉译佛经中"主语＋表语＋是"这类判断句式的真正来源。

参考文献

［1］蒋冀骋、吴福祥：《近代汉语纲要》，长沙：湖南教育出版社，1997年。

［2］中国社会科学院语言研究所古代汉语研究室编：《古代汉语虚词词典》，北京：商务印书馆，1999年。

［3］向熹：《简明汉语史 下》，北京：高等教育出版社，1993年。

［4］［日］志村良治著，江蓝生、白维国译：《中国中世语法史研究》，北京：中华书局，1995年。

［5］［日］太田辰夫著，蒋绍愚、徐昌华译：《中国语历史文法》，北京：北京大学出版社，1987年。

（原载《湛江师范学院学报》2000年第4期）

第二编　疑难词语考辨

"赤子" 商榷

何九盈先生在《中国语文》1987 年第 2 期《词义商榷》一文中，提出了"赤子"之"赤"是"尺"的假借的新说，认为"'赤子'即一尺之子"。对此，笔者有不同看法。

"赤子"一词，先秦就已经出现了。例如：

若保赤子，惟民其康义。（《尚书·康诰》）

含德之厚，比于赤子。（《老子》五十五章）

大人者，不失其赤子之心也。（《孟子·离娄下》）

若驭朴马，若养赤子。（《荀子·臣道》）

长养之，如保赤子。（《荀子·议兵》）

民不知怨，不知说，愉愉其如赤子。（《吕氏春秋·长利》）

爱赤子不慢其保，绝险者不慢其御。（《慎子·君人》）

这些"赤子"皆指婴儿。可是，何先生援引的"赤"通"尺"的证据，最早的只是《辞源》里的汉代《西岳石阙碑》，其余皆为魏晋以后的。凭汉以后的材料怎能证明先秦时代"赤"必然通"尺"呢？上古之尺，与今颇异。"尺"的古字像张开拇指与中指度量之形，一尺即一拃，相当于今 20 厘米，这是周制。战国秦汉间，一尺大致为 23 厘米。初生婴儿，一般长 50 厘米，按先秦古尺计，就有两尺多了。两尺多的婴儿能称为"尺子"吗？况且，我们还找不到先秦"尺子"可指"婴儿"的依据。

颜师古、孔颖达之说不可取，这一点我们的看法与何先生是一致的。"赤"字从大火，指火焰那种正红色。初生婴儿，一般不会是这种颜色。有一材料可以为证：

初，宋芮司徒生女子，赤而毛，弃诸堤下。（《左传·襄公二十六年》）

因为女婴"赤而毛"，不合于常，所以才有将亲生骨肉狠心扔弃之举。

按，"赤"既本指火的颜色，其特征是红而明亮。段玉裁说："赤色至明，引申之，凡洞然昭著皆曰赤。"（《说文解字注》"赤"字注）"洞然昭著"就是清楚、明白、一目了然。再引申之，空尽无物也谓之"赤"。初生儿一丝不挂、精赤条条，身上当然是空尽无物。因此，"赤子"即"全身赤裸之子"，这正道出了初生儿的特征。"赤"的这一用法，在先秦并非仅见。例如：

晋国大旱，赤地三年。(《韩非子·十过》)

羊泠毛而毳，膻，犬赤股而躁，臊。(《周礼·天官·内饔》)

羊泠毛而毳，膻，狗赤股而躁，臊。(《礼记·内则》)

"赤地"即光秃秃的不毛之地；"赤股"，《礼记》例下郑玄注："股里无毛也。"大腿无毛，就剩光光的皮肉了。后代称诛灭全族一人不留为"赤族"，穷得一无所有为"赤贫"，不穿衣服为"赤体""赤身"，不穿鞋袜为"赤脚"，手臂不着衣袖为"赤膊"等，这些"赤"义，皆与"赤子"之"赤"相类或相关。

（原载《中国语文》1988 年第 3 期，此次收入补充数例）

也谈"乐岁终身饱"

《孟子·梁惠王上》"乐岁终身饱"句，历来未得确诂。张归璧先生曾撰文，认为"身"是"年"的通假字，"终身"即"终年"（《中国语文》1982年第5期）。但仍有不少值得商榷之处。

首先，《孟子》里"终身"出现了11次，为何仅此一处有"终年"义？其次，《孟子》表"全年"义用"终岁"而不用"终年"。笔者核查了先秦十来部作品，一般不言"终年"。再次，张文所举"身"通"年"的例证靠不住。《尚书·无逸》："文王受命惟中身，厥享国五十年。"郑玄注："文王九十七而终，中身，即位时年四十七，言中身举全数。"郑玄只在大意上说明"中身"是年四十七，并未视"身"为"年"的通假字。《经籍籑诂》的"中身，谓中年"句，也误解了郑玄的原意。即使郑玄视"身"通"年"，孤证也不足为凭。各家字典辞书所引的先秦材料都仅此一例。张归璧先生认为不言"终年"言"终身"是修辞上的需要，下一分句有"凶年"，为避"年"字重复出现，就借个与"年"义不相关的"身"来替代。然而古音通假里没有这种情况。

"终身"作为一个表示时限的词语，有时表示的时间不那么具体、精确。例如：

子路终身诵之。子曰："是道也，何足以臧？"（《论语·子罕》）

季孙好士，终身庄，居处衣服常如朝廷。（《韩非子·外储说左下》）

前一例"终身诵之"是说子路经常吟诵着《诗经》"不忮不求，何用不臧"的诗句，因此遭到孔子的责备。后一例是说季孙长期庄重严肃，"常如"之"常"正是"终身"的注脚。从以上几例可知，"终身"一词，有时是强调动作行为的经常性、持续性，理解时当视上下文意灵活处理。

再看"乐岁终身饱"。综观文意，孟子这里旨在表明明君的王政如何施惠于人民。用"终身"一词，强调了吃饱饭的经常性。"在好的年成里，老百姓经常肚子饱饱的。"这才是孟子所要表达的意思。

（原载《中国语文》1988 年第 6 期）

释 "历阶"

　　《史记·平原君虞卿列传》："毛遂按剑历阶而上。"高中语文课本《毛遂自荐》篇注："历阶：顺着台阶一级一级走上去。"王伯祥先生《史记选》注："登阶不停足而行，形容他的急遽。"郑权中《史记选讲》注："超越阶石而上，不是一级一级上去。"新版《辞源》释"历阶"为"登阶"。《汉语大词典》释作"越阶而上"。以上说法不一，然皆欠准确、清楚。

　　古代宫殿有堂有庭，台阶上面四方而高的地方叫"堂"，是贵族议事、行礼、交际的场所。台阶下面则为"庭"，即院中。由庭升堂的路径为台阶。根据主人身份的不同，台阶级数又有高低的差异。《礼记·礼器》："天子之堂九尺，诸侯七尺，大夫五尺，士三尺。"一尺为一级台阶的高度。《文选·张衡〈西京赋〉》："右平左墄，青琐丹墀。"李善注引薛综曰："墄，限也，谓阶齿也。天子殿高九尺，阶九齿，各有九级。"楚王身为诸侯，其台阶当为七尺。毛遂等人是站在庭中的，他要升堂，舍阶无路。作者特言"历阶"，显然是有原因的。

　　古人在宫殿上十分注重礼仪。《仪礼·聘礼》："入门主敬，升堂主慎。"可知，"升堂"必须小心谨慎。《论语·乡党》载，孔子"摄齐升堂，鞠躬如也，屏气似不息者"，可谓小心备至了。《晏子春秋·内篇杂上》："夫礼曰：'登阶不历，堂上不趋，授玉不跪。'"可见规定是严的。客人拜见主人，一般情况下，登阶时不能随便造次，需要"聚足"。何谓"聚足"？《礼记·曲礼上》："主人与客让登，主人先登，客从之。拾级聚足，连步以上。"郑玄注："聚足谓前足蹑一等，后足从之并。……连步谓足相随不相过也。"孔颖达疏："聚足，谓每阶先举一足，而后足并之，不得后过前也。"颜师古《匡谬正俗》卷三："此言升阶历级，每一级则并足，然后更登也。"由此可知，"聚足"就是登上一级，两脚相并停留一下，这样一级一级顺着上。

　　"历阶"则不同了。《史记·孔子世家》:"孔子趋而进,历阶而登。"司马贞索隐引王肃云:"历阶,登阶不聚足。""历"可通"栗"。朱骏声《说文通训定声》:"栗,假借为'历'。"王引之《经义述闻》卷十之"栗阶"条曰:"栗阶即历阶也,古栗、历声近而通。"《仪礼·燕礼》:"凡栗阶,不过二等。"郑玄注:"历阶谓从下至上皆越等,不连步。"《礼记·檀弓下》:"杜蒉入寝,历阶而升。"孙希旦集解:"历阶,即栗阶,谓升阶不聚足也。"由此可知,"历阶"就是举一足上一阶,一直不停地走上去。

　　为什么要"历阶"呢?原因大致有二:一是在紧急特殊情况下,无暇顾及常礼,不得"聚足"而上。《吕氏春秋·安死》载,鲁国季孙死了,孔子前去吊丧。见主人用国君所配之玉瑂殓季孙,于是"孔子历级而上,曰:'以宝玉收,譬之犹暴骸中原也。'径庭历级,非礼也。虽然,以救过也。""历级"就是"历阶"。这就告诉我们,"历级"而上本为失礼行为,但孔子由于急着阻止别人的非礼做法,也就顾不上了。高诱注:"言不欲违礼,亦不欲人之失礼,故历级也。"《谷梁传·定公十年》:"颊谷之会,孔子相焉。两君就坛,两相相揖。齐人鼓噪而起,欲以执鲁君。孔子历阶而上。"孔子之"历阶",是在十分危急时的果断行为,终于及时制止了齐国的阴谋。上举孔子"历阶而登"、杜蒉"历阶而升"都属这种情况。二是国君有命,站在堂下的臣属不敢怠慢,必须"历阶"上堂。《仪礼·聘礼》:"公降一等辞,栗阶升,听命。"郑玄注:"栗阶,趋君命尚疾,不连步。"《仪礼·燕礼》:"凡公所辞,皆栗阶。"郑玄注:"栗,蹙也。谓急趋君命也。"在这种场合下,"历阶"方显恭敬礼貌,合于礼仪。

　　毛遂的"历阶",显然属于第一种情况。这正表现了他急欲陈辩的迫切心情和大行不顾细谨、大礼不辞小让的胆识与气魄。

(原载《北京师范大学学报》1989 年第 3 期)

"加"字释义商兑

读侯慧章《〈曹刿论战〉中的"加"字》一文（《语文学习》1989 年第 4 期），颇受启发。侯先生认为释"加"为"增加"不妥，笔者很赞成。但所立"加者，变也，实指减少"之新说，则不敢苟同。

上古汉语中，"加"有"变"义并不鲜见，除侯先生所引之例外，还可举出不少。《荀子·劝学》："登高而招，臂非加长也，而见者远；顺风而呼，声非加疾也，而闻者彰。"《庄子·秋水》："禹之时十年九潦，而水弗为加益；汤之时八年七旱，而崖不为加损。"《礼记·儒行》："孔子至舍，哀公馆之。闻斯言也，言加信，行加义。"《史记·酷吏列传》："及禹为少府，比九卿，禹酷急。至晚节，事益多，吏务为严峻，而禹治加缓。"以上例中，"加长"就是变长；"加疾"就是变得疾劲有力；"加益"就是变得多起来；"加损"就是变得损缺了；"加信"是指哀公变得守信用；"加义"就是变得讲仁义；"加缓"就是变得和缓起来。但是，从这些材料中我们发现：当"加"具有"变"义时，其后总是紧跟具体的内容或结果，对变化加以说明，而不是单字独出。显然，这类语例与"弗敢加"并不相同，它们不能作为"弗敢加"之"加"训为"变"的确证。如是，侯文之新说就难以成立了。

从上下文意仔细推敲，把"加"视为指祭祀品的数量变化，也不够恰当。"牺牲玉帛，弗敢加也，必以信"，与上文"衣食所安，弗敢专也，必以分人"，从句式和句意上，都比较对称，都分别从否定"弗敢"和肯定"必"两个方面而言的。既然"专"与"分人"义相反，那么，"加"亦当为"信"之反了。何谓"信"？《说文》："信，诚也。从人，从言。"本义指人的言语诚实、不欺。《左传·桓公六年》中季梁对"信"的特定含义说得更为清楚："所谓道，忠于民而信于神也。上思利民，忠也；祝史正辞，信也。""祝史正辞"，就是主持祭祀的官员向鬼神汇报时，真实无欺。"必以信"的"信"正是这个意思，则"加"必指祝史言辞无疑。杜预注"弗敢加"曰："祝辞不敢以小为大，以恶为美。""以小为大，以恶为美"就是夸诬失实，谎报。这才是"加"之确诂。为什么庄公特别强调这个问题，把它作为打胜仗的重要条件呢？因为，当时人们认为，祝史能沟通人与鬼神，是鬼神的翻译，故其祭祀之言辞就非同一般了。侯先生所引《左传·昭公二十年》的那段话很能说明问题："梁丘据与裔款言于公曰：'吾事鬼神丰，于先君有加矣。今君疾病，为诸侯忧，是祝、史之罪也。'"在梁、裔二人看来，既然祭祀鬼神物品丰盛，但鬼神没保佑齐侯早日病愈，那必定是祝史未能"正辞"，取信于神，所以归罪于他们。这当然是冤枉了祝史，但从中足见"祝史正辞"的关键作用。齐侯又为此请教晏子。晏子认为，如果国君把国家治理得很好，并且"其祝史荐信"，如实向鬼神汇报情况，就能做到"鬼神用飨，国受其福"。反之，国家搞得一团糟，祝史在报告神灵时，又"盖失数美"，欺骗鬼神，那么，鬼神就会降下灾祸来。

　　训"加"为虚夸、谎报，于训诂也言之有据。《说文》："加，语相增加也。"言语内容增加，就是夸大、虚夸。《礼记·儒行》："不临深而为高，不加少而为多。""加少"就是虚夸少。《论衡·书虚篇》："盖言语之次，空生虚妄之美；功名之下，常有非实之加。"这里的"加"也是虚夸之义。《说文》："诬，加也。"段玉裁注："加与诬皆兼毁誉言之，毁誉不以实皆曰诬也。""毁誉不以实"就是欺骗。故《广雅·释诂》曰："诬，欺也。"因"加""诬"同义，故常常连用。《公羊传·庄公元年》："夫人谮公于齐侯。"何休注："加诬曰谮。"《汉书·王尊传》："浸润加诬，以复私怨。""加诬"也是欺骗、说谎的意思。

（原载《文史知识》1989 年第 11 期）

"园圃"非偏义复词说

　　《墨子·非攻上》："今有一人，入人园圃，窃其桃李。众闻则非之。"今通行注本及古代汉语的教材著述大多将"园圃"视为偏义复词，谓义偏在"园"，"圃"字无义。其理由是："入"而"窃"者是"桃李"，而古代种树的地方叫"园"，种菜的地方叫"圃"。我们认为，这种看法还有重新考察讨论的必要。

　　诚然，古代汉语里，"园"和"圃"在使用上有一定的区别、分工。《说文·口部》："园，所以树果也"；"圃，种菜曰圃"。这种分工在先秦文献中有所反映：

　　①《诗经·郑风·将仲子》："将仲子兮，无逾我园，无折我树檀。"毛传："园，所以树木也。"

　　②《诗经·齐风·东方未明》："折柳樊圃，狂夫瞿瞿。"毛传："圃，菜园也。"

　　③《左传·昭公十二年》："乡人或歌之曰：'我有圃，生之杞乎？'"孔颖达疏："圃者，所以殖菜蔬也。"

　　但是，我们应该看到"园"和"圃"又具有相同之点，即都指种植植物之处。由于树木与蔬菜的关系比较密切，其种植的场所不可能疆界分明、壁垒森严。有材料为证：

　　④《左传·庄公十九年》："及惠王即位，取蒍蒍国之圃以为囿。"杜预注："圃，园也。"

　　⑤《左传·哀公十五年》："良夫与大子人，舍于孔氏之外圃。"杜预注："圃，园。"

　　⑥《礼记·曾子问》："下殇，土周，葬于园。"孔颖达疏："园，圃也。"

　　⑦《楚辞·九章·涉江》："吾与重华游兮瑶之圃。"王逸注："圃，园也。"

这些材料中，古代注释家或以"园"释"圃"，或以"圃"释"园"，两词可互训，无疑是同义词。清人桂馥在《说文解字义证》"圃"字下作释曰："园圃种植，对文则异，散文则通。"很好地道出了"园""圃"作为同义词的意义特征。

由于"园""圃"是同义词，都可以指称种植植物的地方，所以当它们连用以后，用来泛指就是顺理成章的事了。例如：

⑧《周礼·天官·大宰》："以九职任万民。一曰三农，生九谷；二曰园圃，毓草木。"

"园圃"中，所"毓"者为"草木"，"草木"即植物之通称，"园圃"无疑泛指种植植物之处。

同理，《墨子·非攻上》中"入人园圃"之"园圃"，也属于同义连用，泛指种植植物之处。

为了证明我们的观点，不妨再举一个类似的例子进行比较：

⑨《孟子·滕文公上》："后稷教民稼穑，树艺五谷。"

上例中，"树""艺"是一对同义词。析言之，它们之间有意义上的差别："树"多侧重指植树；"艺"多侧重指栽种农作物。而在这里，"树艺"的对象只是"五谷"。既然如此，能否认为"树艺"是偏义复词，义偏在"艺"上呢？答案当然是否定的。因为"树艺"是同义连用，泛指种植。这种泛指义浑然一体，不可分割，也不会因种植对象的范围大小而受到影响或发生变化。既然"树艺五谷"的"树艺"确然为同义连用，那么，具有同样语义特征的"园圃"又怎么能视为偏义复词呢？

我们认为，对"园圃"这类词语如何正确理解的问题进行讨论是有一定普遍意义的，因为它涉及划分偏义复词和同义连用的界限标准问题。

（原载《古汉语研究》2001 年第 1 期）

古书疑难辨析一则

寤　生

《左传·隐公元年》："庄公寤生，惊姜氏，故名曰寤生，遂恶之。"今各家注本多取清人黄生之说："寤与牾通，牾，逆也。凡生子首出为顺，足出为逆。"① 笔者对此论亦曾甚为推崇，然近日细绎《左传·隐公元年》此篇，却产生了几点疑虑和想法。疑义相与析之，旨在求其正诂，在此略陈浅见，就教于方家。

其一，"牾（啎）"字出现的年代问题。就笔者所知，"牾"字最早见于汉代文献，盖为"啎"的后起异体字。"啎"字则始见于战国末期宋玉《高唐赋》："畈互横啎，背穴偓跎。"李善注："许慎《淮南子》注曰：'啎，逆也。'路有横石，逆当其前。""啎"字在先秦文献中仅此一见，且其义为"迎着，当着"，并非"倒逆"。"啎"字还有一体或作"𠂤"，见于战国末期《吕氏春秋·明理》："夫乱世之民，长短颉𠂤。"高诱注："颉犹大；𠂤，逆也。"陈奇猷校释引沈祖绵曰："𠂤，《说文》作'啎'，云：'逆也。'""啎"字到汉代才使用渐多。我们知道，通假乃同一历史平面上出现的文字借用现象，是放着现成的本字不用，借同音近字来替代。据今人研究，《左传》成书年代不会晚于战国初期。② 如是，《左传》成书时期，"牾（啎）"等字尚未出现，那么"寤"缺乏构成通假的前提条件，是不可能成为它们的通假字的。

不仅如此，通假并非孤立、偶然的现象，往往带有一定的社会习惯性。因此，即令上述几字可勉强作为"寤"的本字，也不敢贸然置信。因为言"寤"通"牾（啎）"者，除"寤生"一例外，举不出两字通假的其

---

① （清）黄生撰，（清）黄承吉合按，包殿淑点校：《字诂义府合按》，北京：中华书局，1984 年，第 112 页。

② 杨伯峻：《春秋左传注》，北京：中华书局，1981 年，第 43 页。

他证据，我们亦尚未发现此类用例。郭锡良、李玲璞先生主编的《古代汉语》指出："'寤'假借为'啎'，是偶然现象，没有代表性。这种情况严格说是书写者的笔误，即写了别字。"① 谓"寤"通"啎"是偶然现象，与我们的看法一致；但言写了别字，则不敢苟同。别字是相对正字而言的，如前所述，"牾（啎）"字彼时尚未出现。无正字，何以有别字存在呢？

其二，庄公"寤生"的直接后果是"惊姜氏"。"惊"当作何解？《说文》："惊，马骇也。"本指马受惊吓而狂奔。引申之，为惊恐、惊异、震动等义，均指精神心理方面的感受。然而逆生难产，对于产妇来说，莫过于肉体上持续较长时间的巨大折磨痛苦，而不是"惊"之类短暂的心灵震撼。不管是"惊"的本义，还是引申之义，用以表难产妇女的突出反应，都不恰当。从"惊"与难产的因果联系不难看出，"寤"通"啎"是与文意相违的。

其三，庄公毕竟是姜氏的亲骨肉，即使逆生难产导致其母痛苦不堪，作为婴孩，他何罪之有？何况，对于妇女来说，生育产生的痛苦，本是正常之事。姜氏身为母亲，竟因此归咎于他，憎恶他，甚至必欲废之除之，未免太悖于人伦亲情！黄生谓难产者"皆不利于父母，或其子不祥，故世俗恶之"②，此说既于情理不合，又无证据可依，恐怕是想当然之言，难以立足。

《史记·郑世家》有"（武姜）生太子寤生，生之难，及生，夫人弗爱"的记载。持此论者常以"生之难"作为"寤"通"啎"的力证。其实，这个"难"并非一定指艰难、困难，还可作别解。请看下面的材料：

《释名·释言语》："难，惮也，人所忌惮也。"

《广雅·释诂》："惮，难也。"

《说文》："惮，忌难也。"

《诗经·小雅·绵蛮》："岂敢惮行，畏不能趋。"郑玄笺："惮，难也。"

---

① 郭锡良、李玲璞：《古代汉语》，北京：语文出版社，2000 年，第 163 页。
② （清）黄生撰，（清）黄承吉合按，包殿淑点校：《字诂义府合按》，北京：中华书局，1984 年，第 112 页。

《国语·晋语一》："臣之不信，国之福也，何敢惮罚？"韦昭注："惮，难也。"

《国语·晋语三》："吾难里克，奈何？"徐元诰集解："难，犹惮也。"

根据上引训诂材料可知，"难"与"惮"互为训释，均有畏惧、害怕之义。《史记》中"生之难"的"难"正用此义，盖言姜氏生庄公时心里惊悸害怕。这正是《左传·隐公元年》"惊姜氏"的合理注脚。诚然，《史记》中"生之难"之"难"释为"艰难、困难"可通，但是，它并不能从文字使用角度证明《左传·隐公元年》中"寤"通"牾"的确定性，更不能解释"寤"通"牾"在文意上的种种矛盾。总之，在《左传·隐公元年》本文尚不能自圆其说的情况下，异文旁证，亦缺乏说服力。

比较早出的晋人杜预之注有一定的影响。杜预注曰："寐寤而庄公已生，故惊而恶之。"唐人孔颖达疏进一步解释："谓武姜寐时生庄公，至寤始觉其生，故杜云寐寤而庄公已生。"清人洪亮吉《春秋左传诂》及桂馥《札朴》取杜预之说。按：生育本是痛苦的事，而姜氏生庄公竟如此轻松容易，显然异乎寻常。从这个角度看，庄公"寤生"导致姜氏始"惊"而后"恶之"倒存在合理的因果联系。洪亮吉、桂馥还举崔鸿《南燕录·慕容德传》记载，即公孙夫人昼寝，醒来后才知道自己生了慕容德，以证这种怪异现象的存在。但是杜注仍有两个疑点：一是考之史实，庄公毫无疑问是长子、头胎，姜氏竟然在睡梦中生下他，醒来始觉其生，违背了起码的生育常识。其二，"寤"究竟指谁而言？若指姜氏，文中理应作"姜氏寤生"而不是"庄公寤生"。杨伯峻先生明确指出："寤字当属庄公言"，①所言甚是。

相对而言，我们觉得东汉应劭《风俗通》之说比较合理，可惜人们往往将其视为不明通假、望文生义的反面材料予以挞伐。为弄清其意旨，兹全录这段文字，试分析评说之：

> 不举寤生子。俗说，儿堕地能开目视者，谓之寤生。举寤生子妨父母。谨按《春秋左氏传》：郑武公取于申，曰武姜，生庄公及共叔段。庄公寤生，惊姜氏，因名寤生。武公老终天年，姜氏亦然，安有妨其父母乎？

---

① 杨伯峻：《春秋左传注》，北京：中华书局，1981 年，第 10 页。

　　这段话给我们提供了几点信息：一是"寤生"之说在汉代还流传于民间，并非仅见于《左传·隐公元年》记载。二是"寤生"指婴儿生下来就能睁眼，如同睡醒睁眼一般。若是，寤生者，如睡醒一样出生也。根据婴儿出生时某种特征命名，古书中不乏记载。如晋成公名"黑臀"，楚公子名"黑肱"。相传孔子出生时凹顶，故取名为"丘"；唐叔虞出生时手绞似虞字，故以"虞"字为名等等。三是"寤生"属少见反常现象，所以世俗认为寤生子有"妨父母"之嫌。这本是缺乏根据的荒诞之说，应劭指出，旨在指斥否定之。这正好透露"寤生"这种怪异现象的存在及当时人们对"寤生"得名之由的解释。婴儿生下来一般是双眼紧闭的，睁眼者并不多见，现今亦然。如果说，婴儿因逆生导致其母惊而恶之的说法不合情理的话，那么作为迷信观念浓厚的古代妇女，对婴儿生下来就睁开眼的反常现象有这样的反应便不足为奇。因为在她们看来，"寤生"是不吉利的征兆！应劭对"寤生"的解释求之于野，且所释与"寤"字的先秦常义"睡醒"相合，于上下文意亦无窒碍，是不宜轻易地望文生义而否定的。

（原载《古汉语研究》2002 年第 2 期）

"大谬不然"初义考

"大谬不然"是人们熟知习用的成语，几部有代表性的辞书对其解释如下：

①《辞海》（修订本）："谓事实完全不是如此。"

②《辞源》（修订本）："大错特错，与实际完全不合。"

③《汉语大词典》："谓大错特错，完全不是这样。"

④《中华成语大词典》（向光忠等编）："谬：荒谬，错误。然：如此，这样。指大错特错，与实际完全不符。"

⑤《中国成语大辞典》（王涛等编）："谬：错误，荒谬。谓大错特错，与实际完全不符合。"

⑥《汉语成语考释词典》（刘洁修著）："极其悖谬，实际完全不是这样。"

以上各家的解释，可谓大同小异。对于"谬"字，大都释为"错误""荒谬""悖谬"等。从现今习惯用法看，这样解释并无不妥。然考察其初始之义，则不能一概而论，尚有调整补充的必要。

"大谬不然"始见于司马迁的《报任安书》，各家在上列释义之下，均将其引作最早的书证。而细绎《报任安书》中之言，似与今人的理解有一定的出入。为了讨论的方便，不妨将《报任安书》中的这段文字略加延长，引用如下：

仆少负不羁之才，长无乡曲之誉。主上幸以先人之故，使得奏薄技，出入周卫之中。仆以为戴盆何以望天，故绝宾客之知，忘室家之业，日夜思竭其不肖之才力，务一心营职，以求亲媚于主上。而事乃有大谬不然者！

在这段文字里，司马迁首先以自抑之辞向老朋友任安表明：自己并无过人的才德，唯因祖上几代为太史令，方得承继祖先绪业，幸获在皇上身边效力的机会。因此，总是诚惶诚恐，不敢懈怠。其所言"日夜思竭其不肖之才力，务一心营职，以求亲媚于主上"云云，正是司马迁内心的真实写照。下面接着"而事乃有大谬不然者"则语意一转，由前面的主观之"思"转到客观之"事"——后来发生的残酷事件之上。"事"即下文提及的因李陵之祸而身陷囹圄惨遭宫刑之事。由此可知，"大谬不然"句，旨在说明自己原先的良好愿望与后来出现的不幸事件之间存在着巨大反差，并没有对客观事态是否荒谬错误作出评价的意思。再从《报任安书》全篇来看，作者虽然悲愤至极，然作为人臣，仍恪守"为尊者讳"，在谈及自己蒙受冤屈横遭不幸的原委时，总是委婉曲折、注意分寸，并未使用指斥汉武帝过失错谬的言辞。因此，若将"大谬"释为"大错特错""极其悖谬"等，则意味着他认定这场由汉武帝导演之"事"是荒谬、错误的，岂能避直言犯君之嫌？何况，他正是因言语不慎而惹祸遭罪的。总之，从司马迁的身份处境及全篇的内容基调等方面看，这样解释"谬"都是不太合适的。

又，前文所列的六部辞书中有三部的释文中有"与实际完全不符（合）"之言，盖为对"不然"所作的解释。然从全句分析，"大谬"与"不然"无疑共用"事"作主语而中间并未转换；若作是解则成了客观事态大错特错，与实际完全不合，岂不语义重复且含混不清？可见，忽略了"事"作"大谬不然"的主语这一要素，无论将主语理解为皇上还是作者，都会导致对其解释走入误区。

《报任安书》中的"大谬不然"究竟当作何解？也就是说"大谬不然"的初始义是什么？由上分析可知，对其解释的症结在"谬"字上。诚然，"错误、谬误"是"谬"的古今常用之义；但其在古代的另一用法却被人们忽略了。《说文》："谬，狂者之妄言也。"此盖为"谬"的本义。精神失常者口出之言或荒诞离奇，或错谬混乱，其共同之点是违反常理、背离常情。"谬"由此既可引申出"错误、错谬"之义，也不难引申出"违背、背离"之义来。唐人张守节《史记正义·谥法解》曰："名与实爽曰'缪'。"所言甚是。爽，即相违、不合。"谬"在古书中有时又作"缪"，"缪"盖为"谬"的通假字。上古文献中，"谬"（缪）的这一用法并不鲜见。例如：

⑦《墨子·非儒下》："以所闻孔某之行,则本与此相反谬也。""反谬",同义连文,违背之义。

⑧《庄子·缮性》："古之所谓隐士者,非伏其身而弗见也,非闭其言而不出也,非藏其知(智)而不发也,时命大谬也。"这是说,隐居之士并非成心与世不合,而是由于"时命"即世道远远背离了天道作出的选择。

⑨《韩非子·五蠹》："毁誉、赏罚之所加者,相与悖缪也,故法禁坏而民愈乱。""悖缪(谬)"有两义:背理荒谬;矛盾,违戾。从文意看,这里用的当为后一义。

⑩《鹖冠子·天则》："使而不往,禁而不止,上下乖谬者,其道不相得也。"

⑪《汉书·韦玄成传》："违离祖统,乖缪本义。"

以上"乖谬""乖缪"均为同义连文,"抵触违离"之义。例⑪的"乖缪"与"违离"对文,其义尤明。

⑫《礼记·中庸》："考诸三王而不谬,建诸天地而不悖。"郑玄注:"谬,乱也。"考诸文意,郑玄以"乱"释"谬",是取"乱"的"悖乱、相违"义。此处的"谬"与"悖"对文而义同。

⑬《礼记·仲尼燕居》："不能诗,与礼缪。"孔颖达疏:"不能诗与礼缪者,以诗能通达情意,得则行礼审正。若不能习诗,则情意隔绝,于礼错缪。言行礼必须诗。"孔疏对《礼记·仲尼燕居》此言的意旨阐释甚明;所言"错缪",乃取其"背离,相违"之义。因为诗能"通达情意""行礼审正",所以,不习诗,就难免会作出违背礼的事来。

⑭《淮南子·要略》："先君之令未收,后君之令又下,新故相反,前后相缪,百官背乱,莫知所用。"此"相缪"与"相反"对举,"缪"显然是"背离不一致"的意思。

⑮《大戴礼记·文王官人》："言行亟变,从容谬易,好恶无常,行身不类,日无诚者也。""易",改变。此言随意违背诺言改变主意。

⑯《淮南子·本经》："积壤而丘处,粪田而种谷,掘地而井饮,疏川而为利,筑城而为固,拘兽以为畜,则阴阳缪戾,四时失叙。"

⑰汉人严遵《老子指归·得一》："是故,使天有为,动不顺一,为高得卑,为清得裂,阴阳谬戾,纲弛纪绝。"

⑱《论衡·顺鼓篇》："以政令失道，阴阳缪盭者，人君也。"

以上"缪戾""谬戾""缪盭"（字异而义同，均为同义连文，是"不协调、颠倒相违"之义。

⑲《汉书·于定国传》："郎有从东方来者，言民父子相弃。丞相、御史案事之吏匪不言邪？将从东方来者加增之也？何以错缪至是？欲知其实。"颜师古注："错，互也。缪，违也。谓吏及东方人言不相同也。"据颜注，"错缪"乃同义连文，故以"不相同"释之。

⑳《汉书·元帝纪》："间者阴阳错谬，风雨不时。""阴阳错谬"即阴阳颠倒错位。这里"错"指错位；"谬"指颠倒相违。

上述众多例证足可证明"谬"（缪）在上古有"违背、背离、相反"义。我们认为，《报任安书》中"大谬不然"之"谬"，用的就是此义。《报任安书》篇末有"今少卿乃教以推贤进士，无乃与仆私心剌谬乎？""剌谬"同义连文，指背离相违，正可作为此义索解的有力本证。再为析之："大谬"与"不然"分别从肯定和否定两方面对"事"——客观事态作了陈述："大谬"——大大背离（原意），亦即大大出乎意料；"不然"——不是自己想象那样。这就是"大谬不然"的初始之义。从这一意义看，"大谬不然"与"事与愿违"倒可以视为同义词语。"大谬不然"这种用法，后代还见使用。例如，宋代朱熹《答韩尚书书》："自是以往，其将得以优游卒岁，就其所业而无蹙迫之虑矣。而事乃有大谬不然者，熹亦安得默默然而亡言哉！"朱熹引用了《报任安书》中的这句话，其语意亦与之相类，看来他是深明司马迁此言之意旨。

以上我们探讨了"大谬不然"的初始义。在此申言，我们并没有否认几部辞书对其解释的合理之处，而是旨在据以辨明几部辞书所作的解释属于"大谬不然"的后起引申义。因此，应该为这条成语列出两个义项，补上初始义"大大出乎意料，不是想象那样"；然后将具有不同意义的两类书证材料分别列于其下，不能混而为一。同时，大型语文工具书也应考虑为"谬"补上"背离、违背"的义项。

（原载《古汉语研究》2003 年第 4 期）

"扺（抵）掌而谈"别解

摘　要：本文认为，"扺（抵）"有"持，握"义。成语"扺（抵）掌而谈"不是拍着巴掌交谈，也不是打着手势谈话，而是拉（握）着手交谈。

关键词：扺；扺掌；侧击；击；据

"扺（抵）掌而谈"是人们熟知的成语，最早出现在《战国策·秦策一》中："（苏秦）于是乃摩燕乌集阙，见说赵王于华屋之下，抵掌而谈，赵王大说（悦）。"高诱注："扺，据也。"鲍彪注："扺，侧击也。"可见，对"扺（抵）"字的解释，很早就存在分歧。目前通行的《战国策》注本以及古文选本的注解一般倾向于鲍注，只是并非照搬。一些辞典在"扺（抵）掌而谈"中大多引用了这条书证，所作的释义也大同小异。例如：

《汉语大词典》："扺掌，击掌。指人在谈话中的高兴神情。亦因指快谈。"

《中国成语大辞典》："扺掌：鼓掌，击掌。形容无拘无束地畅谈，气氛欢洽。"

按，鲍注盖来自《说文解字》。《说文解字》曰："扺，侧击也。"段玉裁注："按，'扺'字今多讹作'抵'，其音、义皆殊。"考之有关文献，"扺"与"抵"虽"音、义皆殊"，但的确往往混用不分，段注此说是可信的。因此，以下的讨论对"扺"与"抵"不作区分，视为一体。

此例的"扺掌"若采用鲍注即《说文解字》的解释，可疑之处有二。在此辩难分析如下。

其一，所谓"侧击"是什么动作？《说文解字》曰："侧，旁也。"据此，"侧击"当指从旁边击打、敲击。显然，这与鼓掌、击掌的动作是有区别的。以上两部辞典并未直接取用"侧击"之说，而将"扺掌"释为"鼓掌，击掌"，大概正是出于这样的考虑。通行的注本也是这样处理。然而，将"抵"的"侧击"义变成"鼓、击"总令人感到有些突兀，如是为解的依据是什么呢？

由此想到《说文解字》释"抵"为"侧击"是否合理的问题。考察秦汉以前的文献，除"抵（抵）掌（手）"姑且不计外，我们尚未发现其他语料可为佐证。只是在稍晚于《战国策》的材料中，找到了一些"抵（抵）"字的用例。如：

《汉书·杜周传》："（杜）业因势而抵陒，称朱博、毁师丹，爱憎之议可不畏哉！"颜师古注："抵，击也。陒，毁也。"

《汉书·朱博传》："（朱）博奋髯抵几曰：'观齐儿欲以此为俗邪！'"李贤注："抵，击也。音纸。"

《后汉书·刘玄列传》："（韩夫人）起，抵破书案。"李贤注："抵，击也。"

《后汉书·寇荣列传》："而臣兄弟独以无辜为专权之臣所见批抵，青蝇之人所共搆会。"

《后汉书·桓谭列传》："性嗜倡乐，简易不修威仪，而喜非毁俗儒，由是多见排抵。"李贤注："抵，击也，音纸。"

以上例中的"抵（抵）"，看来都与"击"有关。值得注意的是，这些"抵（抵）"字没有出现在与"掌""手"的组合中；而且，其所表之义，或指动作猛烈地敲击、击打，或义为较抽象的指斥、攻击，均与所谓的"侧击"之义有所不同。据此，不能不使我们对《说文解字》及鲍彪对"抵（抵）"字解释的可靠性产生动摇。

又，古代典籍中，若为拍手、鼓掌，一般用"抚""拊"等力度较轻的动词，构成"抚手""抚掌""拊手""拊掌"等。例如：

《战国策·赵策三》："郑同因抚手仰天而笑之。"

《说苑·权谋》："王大喜，拊手而笑。"

《史记·孟尝君列传》："孟尝君乃拊手而谢之。"

《焦仲卿妻》："入门上家堂，进退无颜仪。阿母大拊掌：'不图子自归！'"

《后汉书·方术传下》："（曹）操大拊掌笑，会者皆惊。"

《三国志·魏书·武帝操传注》："公闻许攸至，跣出迎之，抚掌笑曰：'子卿远来，吾事济矣。'"

由上可知，这些词语都出现在惊叹、高兴、愤怒等场合。既然在这类场合里，表达鼓掌、拍手已有词语主司其职，那么再用"抵（抵）掌"来表达此义有无必要？因此，我们有理由推测，"抵（抵）掌"与这些词语当各有分工，不宜将它们等同视之。

其二，将《战国策·秦策一》里的"抵掌"释为鼓掌、击掌，表面看来似乎并无大碍：赵王因为与苏秦谈得比较高兴、融洽，以至于拍起巴掌来。不少注本就是这样解说的。然细加体味，则不一定恰当。"赵王大说（悦）"是果而不是因，也就是说，有了苏秦与赵王"抵掌而谈"这个前因，才产生了"赵王大悦"的结果。"抵掌"本是用来修饰谈说方式的，怎么成了谈说的结果呢？如果说，"抵掌"在此例中按鲍彪注及时人的理解还勉强说得过去的话，那么，将其置于其他场合考察，就很难讲得通了。请看下面两例使用"抵掌"的材料：

《战国策·赵策一》："明日来，抵掌而谈。李兑送苏秦明月之珠，和氏之璧。"策士苏秦到赵国游说赵相李兑，李兑同苏秦事先约定，只能"以鬼之言见我"，而不能"以人之事"作劝喻。然而苏秦违背约定，与李兑大谈"天下之事"，引起李兑不快，以致第二天听其舍人之言，"坚塞两耳，无听其谈"。至于再到例中的"明日"——即第三天的"抵掌而谈"，双方都心照不宣，不可能投机合契，只不过是表面上虚与委蛇罢了。所以，将"抵掌"释作"击掌、鼓掌"，似悖于情理。

《史记·滑稽列传》："（优孟）即为孙叔敖衣冠，抵掌谈语。岁余，像孙叔敖，楚王及左右不能别也。"按，优孟是以长辈的身份同穷困潦倒的孙叔敖之子交往的。优孟把孙叔敖遗留的衣冠送给他，并指导、教诲他。如此，他们之间怎么会拍着巴掌交谈呢？裴骃集解引张载曰："谈说之容则也。""容则"，礼容之法则。此说值得注意。它提示我们，"抵掌谈语"并非随便，乃至忘形的行为，恰恰相反，它是一种礼貌的举止，有教养的体现。

以上两例，一为本证，一为《史记·滑稽列传》，是我们目前仅见的两条同时代的材料；且例中的"抵掌"分别与"谈""谈语"组合，然均不宜以"击掌"释之。这样，若将赵王与苏秦交谈的"抵掌"释为拍手、击掌，不是成了缺乏支撑的单语孤例吗？再看几条年代稍晚的相关材料：

《后汉书·隗嚣列传》："而王之将吏，群居穴处之徒，人人抵掌，欲为不善之计。"抵掌"并非摩拳擦掌，也不是拍着巴掌，因为"人人抵掌"是形容人们暗中密谋策划之状。

《后汉书·皇甫嵩列传》："及（董）卓还长安，公卿百官迎谒道次。卓风令御史中丞已下皆拜以屈嵩，既而抵手言曰：'义真，犕未乎？'嵩笑而谢之，卓乃解释。""抵手"义同"抵掌"。董卓与皇甫嵩都身居高位，又是在正式场合相见，当不会不拘礼节，自己鼓起掌来，或拍打对方手掌。"抵手"应该是表示友好亲密，但又符合礼节的行为举止。

《后汉书·臧宫列传》："臧宫、马武之徒，抚鸣剑而抵掌，志驰于伊吾之北矣。""抵掌"描写志欲驰骋沙场的武将壮怀激烈之状，怎么会拍起巴掌来？从"抵"与"抚"对举看，其义也不应是拍打。

刘洁修先生可能看到了鲍彪之注的缺憾，在《汉语成语考释词典》中对"抵掌而谈"的解释作了一点变通："打着手势谈话。多用于作说服鼓动工作。抵掌：击掌。"这样解释，仍不能令人满意：一则"打着手势"与"抵掌"不能从词语上对应为释；二则"打着手势"与"击掌"两种动作姿势相去较远，二者只能取其一，不宜捏合在同一释义中；三则谓"抵掌而谈""多用于作说服鼓动工作"恐是臆测，有以偏概全之失，前面所举例子可以为证。

那么，谈说时的"抵掌"究竟是什么样的动作呢？虽然靠直接的证据作出满意的解释目前尚有一定困难，但从有关材料中仍可找到一些线索，作为我们解释求证的参考依据。

《国语·越语上》："勾践曰：'苟得闻子大夫之言，何后之有？'执其手而与之谋。""执其手"，即拉着文仲的手，这是君臣之间情深意厚、亲密礼敬的表现。此例颇有启发性。细绎上下文意，"执其手"或许就是"抵（抵）掌"的同义语。参照此例，再结合上引裴骃集解引张载谓"抵掌谈语"为"谈说之容则"看，汉代学者高诱释"抵"为"据"的说法就不容忽视了。按高诱之注理解，"抵掌"与"据掌"义当相近。何为据掌？《礼记·玉藻》："君赐，稽首，据掌，致诸地。"郑玄注："据掌，以左手覆按右手也。"由此可知，"据掌"乃一只手放在另一只手上。这是古代人臣向君主行礼的一种方式。《广雅·释诂》："据，按也。"此为"据"的古代常义之一。古书中，手与手或与其他物体接触的动作，如抓住、按住、执持等，都可用"据"来表达。例如：

《庄子·渔父》："左手据膝，右手持颐以听，曲终而招子贡、子路，二人俱对。""据膝"，手放在膝盖上。

《吕氏春秋·上德》："被瞻入晋军，文公将烹之。被瞻据镬而呼。""据镬"，即按在镬上。

《史记·吕太后本纪》："吕后祓，还过轵道，见物如苍犬，据高后腋，忽弗复见。""据"，指抓住。

《汉书·隽不疑传》："登堂坐定，不疑据地曰：'窃伏海濒，闻暴公子威名旧矣，今乃承颜接辞。'""据地"，指跪拜时以手按地。

由此而论，高诱注"抵"为"据"并非凿空之言，而是在有所凭依的基础上作出的训释。弄清了高注的原意，再来看"抵掌、抵掌"，此中疑难庶几可迎刃而解。"抵掌"就是拉着手、握着手。把这个释义置于以上使用"抵（抵）掌（手）"的例中验之，基本上都能够契合通畅。

古书中，有"扼腕"一语，其中一义为握住手腕，即抓住手、拉着手，与"抵掌"语义相近，不妨援之以为本文训解的补充依据：

刘孝标《广绝交论》："见一善则盱衡扼腕，遇一才则扬眉抵掌。"这里，"抵掌"与"扼腕"对举而义同。

左思《蜀都赋》："剧谈戏论，扼腕抵掌。"这里，"扼腕"与"抵掌"为同义连文。

《后汉书·方术列传》："汉自武帝颇好方术，天下怀协道艺之士，莫不负策抵掌，顺风而届焉。"李贤注："《前书》武帝时少翁、栾大等并以方术见。少翁拜文成将军，栾大拜五利将军，贵震天下，而海上燕、齐之士，莫不搤腕而自言有禁方矣。"按，搤同扼。李贤注引用"搤腕"解说"负策抵掌"，为我们理解"抵掌"的意思提供了旁证。《史记·孝武本纪》有相似之言，亦可为又一佐证："大见数月，佩六印，贵振天下，而海上燕齐之间，莫不搤腕而自言有禁方，能神仙矣。"

《汉书·游侠列传叙》："扼掔而游谈者，以四豪为称首。"颜师古注："扼，捉持也。掔，古手'腕'字也。"这里的"扼掔而游谈"与"抵掌而谈"的结构及语义十分接近，都是"拉（握）着手交谈"的意思。

参考文献

[1] 罗竹风主编，汉语大词典编辑委员会、汉语大词典编纂处编纂：《汉语大词

典 6》，上海：汉语大词典出版社，1990 年。

［2］王涛等：《中国成语大辞典》，上海：上海辞书出版社，1987 年。

［3］刘洁修：《汉语成语考释词典》，北京：商务印书馆，1989 年。

［4］（汉）刘向集录：《战国策》，上海：上海古籍出版社，1985 年。

［5］诸祖耿：《战国策集注汇考》，南京：江苏古籍出版社，1985 年。

［6］张清常、王延栋：《战国策笺注》，天津：南开大学出版社，1993 年。

（原载《语言研究》2004 年第 4 期）

"草马"之"草"的语义来源

摘　要："草马"之"草"的语义来源是什么？唐人颜师古认为因牝马"牧于草"而得。近有学者则谓"取义于槽"，盖因雌性动物生殖器官形似槽而得名。此说依据不足，似难成立。马类雌性动物谓之"草"，主要源于古人对雌性动物的轻贱评价，是在一定的社会文化心理影响下形成的。

关键词：草；草马；语义来源

"草马"之"草"指雌性（家畜）。这一用法何时产生？清人郝懿行曰："魏晋间始有草马之名。"① 清人赵翼亦曰："唐以前本呼牝马为草马。"② 从现有文献看，郝说是可信的。此前，母畜之类一般用"牝""骢""牸"等。《尔雅·释畜》："牝曰骢。"晋人郭璞注："骢，草马名。""草"又作"騲"。《玉篇·马部》："骢，騲马"；"騲，牝马也"。然"草（騲）"此义的来源问题，似未见令人满意的解释。唐人颜师古《匡谬正俗·草马》释为："其牝马惟充蕃字，不暇服役，常牧于草，故称草马。"今之学者多取其说。③ 此说尚需斟酌。因为马乃食草动物，无论牝牡均离不开草料，将"牧于草"作为牝马称名的依据，于事理不合。曾良先生近撰文指出："'草'是'皁'的古字，而'皁'具有槽义，'草马'之'草'正是取义于槽。盖雌性生殖器官形似槽，故以'草（皁）'指牝。"④（以下简称"曾文"）笔者对这一看法细绎再三，终觉亦难圆通。

---

① （清）郝懿行：《尔雅义疏》（下卷），北京：中国书店，1982年。

② （清）赵翼：《陔余丛考》，北京：商务印书馆，1957年，第976页。

③ 广东、广西、湖南、河南辞源修订组，商务印书馆编辑部编：《辞源》（第四卷），北京：商务印书馆，1983年，第2647页。王艾录、司富珍：《汉语语词的理据》，北京：商务印书馆，2001年，第67页。

④ 曾良：《"草马"探源》，《中国语文》2001年第3期。

在此略陈管见，供曾良先生及同道参考是正。

　　首先讨论"草"字能否"取义于槽"的问题。从文字角度看，在草木义上，"草"乃"艸"的后起字。曾文谓"'草'是'皁'的古字"，正确，但必须有所限定："草"作为"皁"的古字，仅就"草斗"义而言可以成立；而在其他用法上，两字并无关涉。至于"皁"具有槽枥之义，盖假借（本无其字）而得。何以言之？因为"皁"的这种用法早在《庄子》《吕氏春秋》中就已出现，曾文曾经提及，不赘。《说文》收了"槽"字，其产生的时间不会晚于东汉；但魏晋文献中才见使用。如是，"皁"与"槽"在槽枥义上亦为古今字关系。从意义上看，"草"与"皁""槽"两字在槽枥义上并无直接联系。既然如此，"草"又如何"取义于槽"，且用以指称雌性（家畜）呢？曾文对"皁"之有"槽"义倒是作了一番推究，但对"草"何以有槽枥义，其间隐含的重要环节却未置一辞。我们冒昧推测，这一结论或许是根据词的"相因生义"演变模式类推出来的。① 具言之，即由于"草"与"皁"在"草斗"义上有同义关系，而"皁"又与"槽"在"槽枥"义上构成同义关系，"草"受"皁"的渗透影响，于是也衍生了槽枥之义。这一词义演变规律已为学界认同。问题在于，按照"相因生义"的原则，"草"受"皁"的影响而产生的新义应为"槽枥"，而不是曾文设想的形似槽枥的雌性生殖器官之义。换言之，即令"草"可以通过类比联想衍生出雌性生殖器官义，亦当以"槽枥"作为起点，离开了这个重要的中间环节，无法将它们牵合在一起。然而，我们目前尚未找到"草"字表槽枥之义的用例或依据。看来，用"相因生义"的原则是解释不通的。朱骏声《说文通训定声》："草，假借为槽。"那么，"草"与"皁""槽"有无构成通假的可能？从语音上看，并无大碍。但还需考虑两个因素：一是所假定的本字"皁"或"槽"自身应有表雌性生殖器官之义，这样，"草"通"皁""槽"之后，其意义才不致蹈空；二是"草"通"皁"或"槽"有一定的用例可资证明，这样才具说服力。我们对此作过考察，可惜结果令人失望。综上，从文字使用和词义演变两方面看，曾文谓"草"字"取义于槽"之说皆缺乏根据，因而对"草"何以表雌性

① 蒋绍愚：《论词的"相因生义"》，《蒋绍愚自选集》，郑州：河南教育出版社，1994年，第 1~18 页。

之义的解释难免有附会之嫌。

其次，"走草"一词能否证明"草"表雌性生殖器官之义？曾先生对"走草"的语义组成及结构关系未予考虑，便断言"从'走草'一词也可知'草'为雌性生殖器义"，失之草率。文中所引材料，似乎都难以支持其推定之说。《广韵·线韵》："獧，兽走草。"此乃韵书释文，以下无书证；曾文亦未提供《广韵·线韵》此前或同期例证，仅举晚至明清的两条"走草"材料。这不能不叫人生疑。此说大概来自《汉语大字典》。《汉语大字典》在第二卷第 1361 页的"獧"的"兽发情"义项中引用了《广韵·线韵》对"獧"字这一释义。其例为《易林·大有》"殊类异路，心不相慕。牝橼无瑕，鳏无室家"一条。按，《汉语大字典》的引例中作"橼"，字有殊异，不可引以为据。查《四库全书》及《百子全书》，《易林·大有》这段话则作"牝豝无瑕，鳏居室家"①。两相比照，当以后者为上。《汉语大字典》所引孤例尚存悬疑，不宜轻信之。

我们认为，《广韵·线韵》对"獧"字的释义应指野兽奔逃而不是动物发情。考之有关资料，"獧"字与"聯"及双音节的"联獧""聯獧"义有关联。《玉篇·犬部》："聯，聯獧，兔走。""獧，聯獧。"《广韵·仙韵》："聯，聯獧，兔走貌。"《集韵·仙韵》："聯，聯獧，兽走貌。"几部辞书均以"聯獧"解释"聯"和"獧"。《广韵·真韵》："聯，犬走草状。"《集韵·真韵》："聯，犬走艸谓之聯。"《集韵·线韵》："獧，走也。"由此可知，"聯""獧"与"聯獧"义有相同之处，都指动物或野兽奔逃。"聯獧"又作"联獧"，文献用例亦可为证：

《文选·张衡〈西京赋〉》："毚兔联獧，陵峦超壑。"薛综注："联獧，走也。"

《文选·左思〈吴都赋〉》："跮踱竹柏，联獧杞楠。"李善注："《埤苍》曰：联獧，逃也。"吕向注："联獧，奔走也。"

唐人韩偓《感事三十四韵》诗："鹿穷唯觝触，兔急且联獧。"

有时可单用"獧"字：

《后汉书·马融传》："兽不得獧，禽不得瞥。"李贤注："獧，走也。"

---

① （清）永瑢、纪昀等：《四库全书》（第 808 册），上海：上海古籍出版社，1986 年。《百子全书》，杭州：浙江人民出版社，1984 年。《易林》卷，长沙：岳麓书社，1993 年。

综上，《广韵》释"獟"为"兽走草"，以及《广韵》《集韵》释"聯"为"犬走草（艸）"等，都是指野兽（犬）奔走于草莽。与上述其他解释略不同者，在于增添了"走"的处所。"走草"后来指牲畜发情交配，正由此引申出来：牲畜发情交配，不就是常在草野丛林中"野合"么？曾文将"走草"后起的引申之义牵附在《广韵·线韵》对"獟"的释义上，是不够审慎的。

曾文举出《逸周书·月令》中的"游牝"，谓"'走草'二字正好与'游牝'二字的语义完全对应"，用以证明"走草"的"草"即为"牝"。且不说"草即是牝"这一断言对于证实"草取义于槽"缺乏说服力，单就"游牝"与"走草"的"语义完全对应"而言，就显得颇为大胆。表牲畜发情的"走草"大概明清时才出现，与《逸周书·月令》的年代相去甚远，不宜拿来比附；且仅凭这条孤证，也不能确定它们"语义完全对应"。《逸周书·月令》中的"游牝"究为何义？《吕氏春秋·仲夏》有《逸周书·月令》的这段文字，高诱注曰："是月牝马怀妊已定，故放之则别其群，不欲腾驹蹄伤其胎育，故縶之也。"《礼记·月令》亦有类似之言："游牝别群，则縶腾驹，班马政。"郑玄注："孕妊之，欲止也……为其牡气有余，相蹄啮也。"《淮南子·时则》作"游牝别其群，则縶腾驹，班马政"。高诱注："是月牝马怀胎已定，故别其群，不欲腾驹踢伤其胎育，故縶之。"以上材料均言仲夏季节放牧牝马时要注意的问题。"游牝"应指游放牝马，其时牝马"怀胎已定"，它与发情的"走草"在语义上怎么可能"完全对应"呢？

以上是我们对曾先生新说的质疑。我们认为，探求"草"有雌性（家畜）之义的来源，不必舍近求远；从其常义入手，结合当时的社会文化心理，辅之以其他有关材料，便不难找到较为合理的答案。颜师古《匡谬正俗·草马》的说法虽然未中肯綮，但他着眼于牝马的地位、用途推求其命名为"草"的由来，仍值得我们参考。"草马""草驴""草骡"等，都指马驴类雌性家畜，六朝习用。在重视农耕、崇尚武功的古代社会，威猛壮健的牡马因其"堪驾乘及军戎"，无疑是人们看重赞美的对象；颜师古言牝马"唯充蕃字"——只充任生育繁殖的角色，其说虽有点夸大，但两者的地位和作用相去较远则是不争的事实。《颜氏家训·书证》："良马，天子以驾玉辂，诸侯以充朝聘郊祀，必无骒也。"从另一侧面作了认定。有例可证：

《诗经·秦风·小戎》："四牡孔阜，六辔在手。"

《诗经·小雅·车攻》："四牡庞庞，驾言徂东。""驾彼四牡，四牡奕奕。"

《诗经·小雅·吉日》："田车既好，四牡孔阜。"孔颖达疏："为之祷祖，求马之强健也。"

汉人枚乘《七发》："驾飞軨之舆，乘牡骏之乘。"

由此可见，用高大英武的牡马驾车，乃古代达官贵族的常规、时尚。

有时，也用牝马驾车、作战，但那并非正常现象。如：

《韩非子·外储说左下》："孙叔敖相楚，栈车牝马，粝饼菜羹，枯鱼之膳。"孙叔敖乘坐轻车，用牝马驾车等，当属过于节俭的生活方式，而由此亦正见牝马之轻贱。

《韩非子·解老》："戎马乏则牸马出，军危殆则近臣役。"

《盐铁论·未通》："戎马不足，牸牝入阵，故驹犊生于战地。"

"牸"马指牝马，因牡马不足，才用牝马充数上阵。

又，古代祭祀常用公牛，可见雄性动物在重大活动中的作用。例如：

《论语·尧曰》："予小子履敢用玄牡，敢昭告于皇皇后帝：有罪不敢赦。""玄牡"，黑色公牛。

《诗经·周颂·良耜》："杀时犉牡，有捄其角。""犉牡"，指七尺公牛。

《诗经·鲁颂·閟宫》："秋而载尝，夏而楅衡，白牡骍刚。"孔颖达疏："白牡谓白特，骍牭谓赤特也。""特"亦指公牛。

《诗经·小雅·信南山》："祭以清酒，从以骍牡，享于祖考。""骍牡"，指赤色公牛。

母畜的地位、作用不如公畜，由上已可略见一斑。再从社会文化心理角度审视，封建社会里，男性长期处在社会的主宰、支配地位，女性则往往屈居卑贱、从属的地位。这种根深蒂固的男尊女卑观念，难免会影响人们对母畜的评价，进而反映在语言中。这样，用含轻贱色彩的"草"来指称母马、母驴乃至其他母畜，替代"牝""骒""牸"等，就不足为奇了。因为野草随处可见，不值一钱；它低矮弱小，遭人践踏，为人所轻。我们看到，不少用"草"组成的词语，往往带有卑微、低贱的意味。如"草芥""草菅""草茅"等常作微贱之称;"草野之民""草鄙之人""草莱之人"乃为百姓、贱民的代名;"草命"犹言贱命,多用于自我谦称;平民自谓"草民",亦含自嘲自轻之意味;"草贼""草寇"则为旧时统治者对造反作乱者的蔑称。元代古杭才人《宦门子弟错立身》:"拈花摘草,风流不让柳耆卿。"明代汪延讷《狮吼记·奇妒》:"我非无斩钉截铁刚方气,都只为惹草沾花放荡情,权支应。"《行院声嗽·人物》:"花娘,草儿。"明代陶宗仪《辍耕录·妇女曰娘》:"娼妇曰花娘,达旦又谓草娘。""达旦"即鞑靼人,指北方少数民族。这些材料或以"花""草"喻指妓女或不正派女人,或用"草儿""草娘"作妓女之称,尤见"草"字蕴含的轻贱色彩之浓烈;且这一认识已经渗透到北方少数民族语言中。下面的例子则反映了古人对草的又一看法:

《论语·颜渊》:"君子之德风,小人之德草。草上之风,必偃。"

《说苑·君道》:"夫上之化下,犹风之靡草。东风则草靡而西,西风则草靡而东。"

《淮南子·缪称》:"人能尊道行义,喜怒取予,欲如草之从风。"

前两例以风喻"君子之德"及"上"(君主),以草喻"小人之德"及"下"(百姓),一方面突出了君子、国君对小人、百姓的巨大威慑影响作用,另一方面也反映了小人、百姓的弱势、低贱地位。后例以"草之从风"喻人的"尊道行义",正是根据野草的从属依附特征来作比的。这进一步证明,古人选用"草"给牝马命名,是与他们对牝马弱势、从属地位的认识评价和文化心理分不开的。

我们注意到,古代妇女临产、分娩有时谓之"在草""就草""坐草"等。明人郎瑛《七修类稿·辩证上·谚语始》:"今谚谓临产曰坐草。"例如:

《淮南子·本经》:"刳谏者,剔孕妇。攘天下,虐百姓。"高诱注:"孕妇,妊身将就草之妇也。"

《高僧传·义解·于法开》:"尝乞食投主人家,值妇人在草危急,众治不验,举家遑扰。"

明人姚士粦《见只编》卷上:"比当坐草,命帷蔽产妇于堂,遍延宗党坐列门外。"

有时又作"在蓐""坐蓐"。"蓐"指草席、草荐。例如:

宋人梅尧臣《依韵和答永叔洗儿歌》："明朝我妇忽在蓐，乃生男子实秀眉。"

宋人张端义《贵耳集》卷下："鹤山先生夫人方坐蓐时，其先公昼寝，梦有人朝服而入其卧内。"

董志翘先生据《说郛》有关记载，认为："宋代契丹妇人卧于甘草苗上生产，当是古代遗制。"①古代妇女分娩，究竟卧于草席，还是"甘草苗"，对我们立论并无大妨，因为都与草分不开。我们认为，"坐草""坐蓐"等与"草马"之称名亦隐含着某种联系。生育乃妇女一生之大事，而分娩又需坐卧草上，因而"草"与女性似乎有着不解之缘。推人及畜，人们不难由女性分娩的坐卧之草（席）联想到雌性家畜及产育，况且牲畜产育同样也离不开草；再者，分娩时坐卧之草具又容易让人联想到污秽、卑贱之物；加上社会文化心理的影响，这样，人们用"草"来指称卑贱的母马，就在情理之中了。这或许可为"草马"之"草"的语义来源增添一点旁证。

最后，说说"草驹"之"草"的语义来源问题。曾文谓高诱言"马五尺以下为驹，放在草中，故曰草驹"之说"未谛"，我们表示赞同；然文章未予进一步解释。近人朱起凤释为："草者如草之萌芽，盖言其小也"；并谓高诱之说"非是"。②言"草驹"之"草"取其"如草之萌芽"得名，有些牵强，因为萌芽乃植物生长的共性而非草的特征；但"盖言其小"之说，则有一定道理。相对于高大挺拔的树木，草类在人们心目中，总是微细、矮小之物。前面所举"草芥"之类词语，其轻贱色彩之中也多少含有微小的意味；而草之从风，亦见其卑微、弱小的特点。由此而论，古人称幼驹为"草驹"，正是根据其幼小、弱小的特征来命名。其实，轻贱与弱小，两者之间本来有相通之处。要之，古人对牝马及幼驹的命名均冠之以"草"并非偶然，它反映了一种共通的认识评价和文化心理。

从词语角度看，动物类词语中有母幼共名现象。例如，"乳"既指"生子的、哺乳期的"，又可以指"初生的、幼小的"。《庄子·盗跖》：

---

① 董志翘：《〈高僧传〉词语通释（二）》，《汉语史研究集刊》（第三辑），成都：巴蜀书社，2000年，第199页。

② 朱起凤：《辞通》，上海：上海古籍出版社，1982年，第325页。

"案剑瞋目，声如乳虎。""乳虎"即育子的母老虎，《淮南子·说林》："乳狗之噬虎也，伏鸡之搏狸也，恩之所加，不量其力。""乳狗"即育子的母狗。《新书·胎教》："无养乳虎，将伤天下。"这里的"乳虎"指幼虎。南朝梁沈约《八咏诗·被褐守山东》："乳雉方可训，流蝗庶能弭。""乳雉"指幼小的野鸡。又，"豝"既指母猪，如《说文》："豝，牝豕也"；又可指小猪、小兽，如《说文》："豝，一岁能相把拏也。"

人的称名也有类似情况。在古代，"嫡"指正妻，正妻所生之子亦谓之"嫡"。《左传·文公十七年》："归生佐寡君之嫡夷，以请陈侯于楚，而朝诸君。""夷"指郑穆公的太子郑灵公。"娘"既为母亲之称，亦可指少女。《玉篇·女部》："娘，少女之号。"从文字构成看，妇女分娩既作从"女"之"娩"，又作从"子"的"免"。《说文》："免，生子免身也。从子，从免。"这再度说明，母幼共名，反映了人们认识上的某种趋同感。明乎此，再来看"草"既指母畜又指幼驹，就不足为怪了。

（原载《语文研究》2005 年第 4 期）

"门庭"释义考辨

《战国策·齐策一》"门庭若市"的"门庭",今通行的辞书及各种注本大多作"门前"或"门前和庭院"解。周掌胜先生指出,"这两种解释都难以让人信服","门庭"应是"朝廷"的意思①。笔者不能认同这一看法。下面就周文中的有关问题试陈浅见。

周先生首先从语境角度出发,提出"是何处的'门庭'"的疑问,我们认为这是个伪问题。因为:其一,这一事件发生的地点在齐国都城的朝廷范围;其二,事件涉及的人物是齐王与群臣;其三,事件内容是群臣向国君进谏。已有如此清楚的条件限定,这个"门庭"所指是不言自明的事。从这个意义上看,将"门庭"释为一般的门前庭院一带,还是专指宫廷门前或者庭院中,两者都是讲得通的,没有必要作出非此即彼的认定取舍。

周先生认为,"群臣进谏,门庭若市"的意思是:"众大臣纷纷上朝提意见,使得朝廷像集市一样热闹。"以"朝廷"去解释"门庭",存在着许多问题。第一,从叙事角度说,作者的视角是在宫门之外,君主坐朝议政之处的"朝廷"在外面是看不见的,叙事者所能见到的只是进谏者进出宫门时的热闹景象。"群臣进谏,门庭若市"正是作者从外面描写从宫门进出的人很多,使得宫门前面如集市一样。"门庭若市"与成语"门可罗雀"正相对应,均指在门外可见的情景。第二,从文化角度说,进谏者入朝必须遵循进谏的礼仪,人越多越需要依次而进。《战国策·齐策一》的这一章节,虽以夸张的笔墨渲染齐威王的"民主政治",但其时毕竟是讲究等级尊卑的社会,必要的礼仪规矩是不会废止的。齐王对臣下的宽松、民主,恐怕主要体现在广开言路、虚心纳谏上,而不是废除君臣之间的礼节。可以设想,上朝进谏者再多,他们向齐王面陈意见时总得遵守一定的礼仪规程,若全都蜂拥而入朝中,既不成体统,齐王也无法听取谏言。因

---

① 周掌胜:《说"门庭若市"的"门庭"》,《中国语文》2007 年第 1 期。

此，"门庭若市"不应看作对朝中进谏场面的描写，而是形容在外面等待、准备进谏的人很多，因而像集市一样热闹拥挤。第三，基于以上两个因素，作者的叙事目的已十分清楚：这两句话旨在强调群臣心无顾忌、争相进谏这个事件的不同寻常，以突出齐王虚心纳谏的举措产生了轰动效应。总之，周文忽略了对作者写作视角、用意和进谏礼仪的具体体察，把准备进谏者与面陈谏言者这两类人混为一谈，也就不可能考虑到他们所处位置应当有别的问题了。

我们知道，古代的"朝廷"至少有具体和抽象两个意义：具体的朝廷指"朝之廷"，即君王接受朝见和处理政务的地方；① 抽象的朝廷则指中央政府、国家政权，即整个王宫、宫城的代称。此处的"门庭"若指朝廷，则必然是具体的宫廷。那么，那些正在进谏和等待进谏的群臣究竟各自居于"朝廷"的什么位置？周先生在文中称"门庭"当为"宫门里的庭院"，"是大臣参拜君王的处所，故可将其概括为朝廷"。又言，诸侯的宫殿在库门与雉门之间，"有一大块宽阔空地"，"它是群臣朝见君主的地方，即我们所说的朝廷"。以上说法是经不起推敲的：其一，将"门庭"简单地"概括为朝廷"失之轻率，因为两者之间存在范围大小之别；其二，古代宫廷的建筑格局及朝廷上的礼制在不同时期未必是一样的。

如周文所说，西周诸侯的宫廷是"三门三朝"制，三朝即外朝、中朝（治朝）、内朝（燕朝）。据文献记载，西周时，诸侯议政朝见之处是在中朝，即治朝。《周礼·天官·大宰》："大宰，王眡（视）治朝，则赞听治。"郑玄注："治朝在路门外，群臣治事之朝。王视之，则助王平断。"其时诸侯议政究竟在中朝的露天庭院中，还是在有遮盖的宫室里，因古籍语焉不详，后世说法歧异，此不赘述。到了战国，情况则发生了变化，国君的议事朝会地点开始由中朝移至内朝（燕朝）。"而至战国，各诸侯国已普遍路寝听政，君权更趋集中，三朝制已告消亡，内朝、路寝即君王决定一切。"② 这个时候，原属内朝、路寝中作为君王家居燕息的宫室厅堂，已经"公私不分"，同时用作了诸侯听政议政之处。不少材料可以证实这一变化。我们知道，古代的"堂"是建在一定高度的台基上的。《礼记·礼

---

① 罗竹风主编：《汉语大词典》（第六卷），上海：汉语大词典出版社，1990 年，第 1315 页。
② 黄金贵：《古代文化词义集类辨考》，上海：上海教育出版社，1995 年，第 977 页。

器》："天子之堂九尺，诸侯七尺，大夫五尺，士三尺。"因此，时有"堂上""堂下"之分，有"升堂""历阶"之说。在战国及稍后的文献中，不乏君王在堂上"办公"议事及"公私兼顾"的记载。例如：

①《孟子·梁惠王上》："王坐于堂上，有牵牛而过堂下者。"

②《吕氏春秋·过理》："宋王大说，饮酒。室中有呼万岁者，堂上尽应，堂上已应，堂下尽应，门外庭中闻之，莫敢不应。"此例还告诉我们，在国君的宫廷里，有室中、堂上、堂下、门外、庭中之别，层次分明。

③《吕氏春秋·先己》："有语寡人曰：'为国家者，为之堂上而已矣。'寡人以为迂言也。"高诱注："夫人皆治堂以行礼，治国亦当以礼，故曰为之堂上而已矣。"

④《管子·法法》："堂上远于百里，堂下远于千里，门廷远于万里。今步者一日，百里之情通矣，堂上有事，十日而君不闻，此所谓远于百里也；步者十日，千里之情通矣，堂下有事，一月而君不闻，此所谓远于千里也；步者百日，万里之情通矣，门廷有事，期年而君不闻，此所谓远于万里也。"此言是说，居于殿堂之上的国君不易及时知道朝廷之外的真实情况。例中的"门廷"与"堂上""堂下"相对，各自的范围显然有别，由此亦见"门廷"的外延较小，不能简单地与朝廷、宫廷等同。

⑤《史记·平原君虞卿列传》："平原君与楚合从，言其利害。日出而言之，日中不决。十九人谓毛遂曰：'先生上！'毛遂按剑历阶而上。"为何言"上"？因为平原君与楚王在堂上议事，随从只能在堂下，毛遂要向楚王直陈己见，就得"历阶而上"。

有时"堂"也可称为"殿"：

⑥《庄子·说剑》："庄子入殿门不趋，见王不拜。"

⑦《战国策·燕策三》："秦法，群臣侍殿上者，不得持尺兵。诸郎中执兵，皆陈殿下，非有诏不得上。"

这些材料说明，从战国起，国君议政及群臣参拜等活动既未在"宫门里的庭院"即露天空地上，也不是在具有泛称意义的"朝廷"之中，而是在宫廷内的"堂""殿"之上。

周先生在文中提到，《汉语大词典》中，"门庭"词条下有"宫廷"的义项，可证明"门庭"有"朝廷"义。然查之，该义项下仅有《墨子》和《三国志》两条书证，而《三国志》又远远晚出于《战国策》，不宜引以为据。至于作者补充的《旧唐书》中的"门庭"，年代还要晚，则更难以为凭了。《汉语大词典》所引《墨子·尚贤上》之例为："逮至远鄙郊外之臣、门庭庶子、国中之众、四鄙之萌人闻之，皆竞为义。"例中的"门庭"即宫廷、宫中。不过，这个"门庭"应指庶子们的日常生活起居之处，而不是君王议政的场所，因为作为国君的众多"庶子"，未必都有资格上朝议政。

为了弄清上古"门庭（廷）"的使用情况，笔者检查了上古的主要文献，除了前面提及的《管子·法法》《墨子·尚贤上》的 2 例 3 见，另外还有 12 例 14 见，全部列举如下：

⑧《周易·明夷卦》："入于左腹，获明夷之心，于出门庭。"

⑨《周易·节卦》："象曰：不出门庭，凶。失时极也。"

⑩《周礼·天官·阍人》："掌埽门庭。"郑玄注："门庭门相当之地。"孙诒让正义："门外溜以外相当之地也。"

⑪《韩非子·内储说下六微》："令尹甚傲而好兵，子必谨敬，先亟陈兵堂下及门庭。"

⑫《荀子·非相》："妄人者，门庭之间，犹可诬欺也，而况于千世之上乎？"

⑬《尹文子·大道上》："天下之士，莫肯处其门庭，臣其妻子，必游宦诸侯之朝者，利引之也。"

⑭《庄子·达生》："田开之曰：'开之操拔篲以侍门庭，亦何闻于夫子？'"

⑮《新序·杂事四》："君平旦而听朝，日昃而退，诸侯之子孙必有在君之门廷者，君以此思劳，则劳将安不至矣！"

⑯《韩诗外传》卷三第二十八章："彼诈人者，门庭之间犹挟欺，而况乎千岁之上乎？然则圣人何以不可欺也？"

⑰《史记·李斯列传》："三川守李由告归咸阳，李斯置酒于家，百官长皆前为寿，门廷车骑以千数。"

⑱《论衡·儒增篇》："（董）仲舒虽精，亦时解休，解休之间，犹宜游于门庭之侧，则能至门庭，何嫌不窥园菜？闻用精者察物不见，存道以亡（忘）身，不闻不至门庭，坐思三年，不及窥园也。"

⑲《论衡·须颂篇》："从门应庭，听堂室之言，什而失九；如升堂窥室，百不失一。《论衡》之人，在古荒流之地，其远非徒门庭也。"此"门庭"与"堂室"相对而言。

　　以上例中，绝大多数"门庭（廷）"都是泛指一般的门前庭院，只有个别特指国君的宫廷、宫中，如例⑮，但这个"门廷"也同前面《墨子·尚贤上》中的"门庭"一样，并非指君王听政、议政的殿堂。从语言使用角度看，周文释"门庭"为"朝廷"，为"宫门里的庭院"，还得不到有力的支持。

　　如前所论，面陈谏言者和等待进谏者不能挤在同一个地方，战国以后，诸侯议事朝会要在殿堂之上，那么，《战国策·齐策一》中等待进谏者所处的"门庭"就应当是殿堂之下的门前庭院一带了。这样解释，既合乎当时的礼仪制度，也有较充分的语言事实可以证明。

　　造成"门庭"理解上分歧的原因，盖与"庭"（廷）具多义，且人们使用时未予严格区分有关。"庭"在上古文献中有三个密切相关的常用义：一是厅堂，正室。《说文·广部》："庭，宫中也。"段玉裁注："宫者，室也，室之中曰庭。"朱骏声《说文通训定声》："庭，今俗谓之厅……按，堂、寝、正室皆曰庭。"二是庭院，堂前之地。《玉篇·广部》："庭，堂堦（阶）前也。"《诗经·齐风·著》："俟我于庭乎而。"朱熹集传："庭，在大门之内、寝门之外。"三是朝廷。《易经·夬卦》："扬于王庭。"孔颖达疏："王庭，是百官所在之处。"根据以上分析可知，"门庭"的"庭"取第一义和第三义均欠妥当，只有第二义比较合宜。可以这样说，"门庭"或许就是前引《吕氏春秋·过理》中"门外庭中"的省称。"门"指正门、大门，"门庭"是一个并列关系的词，泛指门前和庭院一带的大致区域，不必过分拘泥。中华书局出版的《汉语成语大词典》等几部辞书对"门庭若市"的解释比较可取。

参考文献

［1］钱玄：《三礼名物通释》，南京：江苏古籍出版社，1987 年。

［2］钱玄：《三礼通论》，南京：南京师范大学出版社，1996 年。

［3］黄金贵：《古代文化词义集类辨考》，上海：上海教育出版社，1995 年。

［4］王凤阳：《古辞辨》，长春：吉林文史出版社，1993 年。

［5］宗福邦、陈世饶、萧海波：《故训汇纂》，北京：商务印书馆，2003 年。

　　（原载《学术研究》2011 年第 5 期，发表时用例有所删节，此次作了修改补充）

古书词义训释辨正

1. 舍瑟而作

《论语·先进》："鼓瑟希，铿尔，舍瑟而作。"何晏集解引孔安国传："置瑟起对。"孔安国以"起对"释"作"，惜未加申论，故今人对此理解不一，主要持两说：一是王力先生主编的《古代汉语》注："起，这里指站起来。"二是刘盼遂、郭预衡先生主编的《中国历代散文选》注："起，这里指挺身跪起来。"新近出版的一些注本及文章多主后说，其理由是古人席地而坐，臀部压在脚跟上，挺身起跪，则表尊敬。后说看似合理一些，然笔者通过对上古文献进行较为全面的考察，发现古代弟子侍坐于先生，发言问答时需要站起来，并不是挺身起跪。前说是正确的，在此援据证之，以澄清这一疑案。

《管子·弟子职》言弟子之礼曰："出入恭敬，如见宾客，危坐乡（向）师，颜色毋作。""危坐"即端正地坐着，与"跪"同。《释名·释姿容》："跪，危也。"清人毕沅疏证："古人危坐乃跪也，故管宁坐榻当膝处皆穿。""危坐"较之一般的"坐"要恭敬一些。《晏子春秋·内篇谏下》："昧墨与人比居，庾肆而教人危坐。"清人吴则虞集释引于鬯云："己肆居而教人危坐，则人弗从之也。"《史记·日者列传》载宋忠、贾谊折服于司马季主卜筮之妙，于是"猎缨正襟危坐"。《后汉书·茅蓉传》："众皆夷踞相对，容独危坐愈恭。"《文选·东方朔〈非有先生论〉》："吴王憪（惧）然易容，捐荐去几，危坐而听。"吕延济注："危坐，敬之也。"从上可知，"危坐"是表严肃恭敬的行为。既然弟子侍坐于先生时要"危坐"，则其答问之时就不可能再挺身起跪了。

《礼记·仲尼燕居》载子贡等人侍坐于孔子，其间，子贡三次"越席而对"。"越席"，即离开座席。《庄子·至乐》："颜渊东之齐，孔子有忧色。子贡下席而问曰：'……夫子有忧色，何耶？'"《韩诗外传》卷八："孔子燕居，子贡摄齐而前曰：'弟子事夫子有年矣。'""摄齐"即提起衣裳的下摆。《列子·仲尼篇》："子夏避席而问曰：'然则四子者何为事夫子?'"何谓"避席"?《战国策·秦策五》："阳泉君避席，请闻其说。"高诱注："离席前请。"综上，弟子问答发言时要"越席""下席""摄齐而前""避席"等，这无疑都得站立起来。

《礼记·孔子闲居》记载更明："子夏蹶然而起，负墙而立，曰：'弟子敢不承乎?'"因为弟子发言要起立，所以孔子常于其语毕时令坐下。《论语·阳货》："子曰：'由也! 女闻六言六蔽矣乎?'对曰：'未也。''居! 吾语女。'""居"即坐下。《孝经·开宗明义章》载曾子发问后，孔子说："复坐，吾语汝。"《说苑·杂言》："孔子曰：'（仲）由来，汝不知，坐，吾语汝。'"

诚然，古人在座席上表示礼敬，是可以由坐而挺身起跪的。但是，根据文献记载，这种情况往往明言"跪""长跪""膝席""危坐""避席"等。同时，弟子答问发言时也未见采用这种姿势，而往往是出现在别的场合。例如《战国策·秦策三》："秦王跪而请曰：'先生何以幸教寡人?'"又《战国策·魏策四》："秦王色挠，长跪而谢之。"古乐府《陇西行》："伸腰再拜跪，问客平安否?"《史记·魏其武安侯列传》："武安膝席曰：'不能满觞。'"

从上古汉语中的使用情况看，"作"表示"立"义是很普遍的。《说文》："作，起也。""起，能立也。"《广雅·释诂》："起，立也。"《论语·子罕》载孔子见穿丧服、礼服，戴礼帽者及盲人，"虽少，必作；过之，必趋"。《礼记·少仪》："客作而辞。"又《礼记·檀弓下》："死者如可作也，吾谁与归?"这些"作"均为"立"义。《周礼·夏官·大司马》："仲春……教以坐作、进退、疾徐、疏数之节。"此言军事操练，"坐"与"作"相对，"作"的"立"义甚明。

2. 乐岁终身饱

《孟子·梁惠王上》有"乐岁终身饱"句，其中的"身"字，张归璧先生《"乐岁终身饱"的"身"》一文认为是"年"的通假字（《中国语文》1982 年第 5 期）。为此，笔者撰《也谈"乐岁终身饱"》一文，指出张文言通假有证据不足之病，提出了"终身"当释作"经常、常常"的浅见（《中国语文》1988 年第 6 期）。尔后，张先生又撰《再谈"乐岁终身饱"的"身"》，进一步阐发其"身"通"年"的观点（《中国语文》

1991 年第 2 期）。细绎此文，觉得还有讨论的必要，谨再申论之。

语音相通，只是通假的必要条件。没有确凿的证据，通假难以成立。为此，张文又找到几条"身"通"年"的材料以证其说。遗憾的是，这些材料多为汉魏以后的，先秦仅屈原《涉江》"固将重昏而终身"一例，且对其理解未必允当。王逸注："心将重乱，以终年命。"王逸只是从大意上解释"终身"为"终年命"，并未称"身"是"年"的通假字。"年命"在汉代指寿命。《汉书·刑法志》："《书》曰：'立功立事，可以永年。'言为政而宜于民者，功成事立，则受天禄而永年命。"汉人陈琳《游览》诗之二："骋哉日月逝，年命将西倾。"因此，王逸所言"终年命"，就是"终其寿命""终了一身"的意思。张先生所要证明的"身"通"年"，是指时间名词"全年、一年"的"年"义，并非"年命、天年"的"年"义。从这个意义上说，即令王逸认为"身"通"年"，也不能成为支持张先生立说的依据。

针对拙文"终身"指"经常、常常"的看法，张文承认："'终年'与'经常性、持续性'并不矛盾。"诚然，从对文意的理解而言，两说有共通之处。但两者得出结论的方法途径并不一致。"经常性、持续性"可以直接从"终身"的常义引申出来，它们在意义上紧密相关，又有可靠的材料佐证，放在句中前后贯通，文通字顺。而"身"通"年"却始终找不出有力的证据。既然如此，又何必舍近求远、舍直求曲呢？

张文坚持"终身"即"终年"的另一重要根据是："'乐岁'而'终身饱'即'终年厌飱'，或许是先秦时人们的普通理解和习惯用法。"张先生言"或许"，仅是一种推测。笔者读书不多，就翻检所及看，作为表时间的名词"终年"，先秦确实少见，张文也只举了三例。细察之，《国语·晋语一》"非礼不终年"的"终年"并不与此同类。韦昭注："非有礼法，不能终十年，齐懿公商人是也。"可见，韦昭是把"终年"视为述宾结构，而不是把其当作凝固较紧的词来理解的。从此例的"终年"前有副词"不"修饰以及与之对举的"卒时""免难""尽齿""及世"看，韦注无疑是正确的。而张先生又在文章的注文称这个"终年"当即"全年"之义，似有曲文从己之失。这条材料不能成立，先秦表"全年"义的"终年"就只剩《墨子·节用上》"久者终年，速者数月"及《庄子·则阳》"予终年厌飱"两例了，这怎么算得上"普通理解和习惯用法"呢？

为了增强笔者提出的"终身"即"经常、常常"义的可信程度，兹补充几条先秦材料：

《庄子·田子方》："吾终身与汝交一臂而失之，可不哀与?"

《孟子·离娄下》："是故君子有终身之忧，无一朝之患也。"

《韩非子·初见秦》："前者穰侯之治秦也，用一国之兵而欲以成两国之功。是故兵终身暴露于外，士民疲病于内，霸王之名不成。"

这些"终身"，其"经常、常常"义甚明。其中，《孟子·离娄下》一例，杨伯峻先生《孟子译注》译作"所以君子有长期的忧患，却没有突发的痛苦"，与笔者的理解是一致的。

3. 行拂乱其所为

《孟子·告子下》："故天将降大任于是人也，必先苦其心志，劳其筋骨，饿其体肤，空乏其身，行拂乱其所为，所以动心忍性，曾益其所不能。"对"行拂乱其所为"句的解释颇多，但均未为达诂。笔者认为，症结在"行"字上。汉代赵岐注："'所行不顺'，拂戾而乱之。"中学《语文》教材注："'所行不顺'，使他所做的事颠倒错乱。"杨伯峻先生《孟子译注》译作"他的每一行为总是不能如意"。这些解释都视"行"为动词，指"是人"所为。然作是解，"行拂乱其所为"就与前面四个短语结构不协调，显得文气不贯。笔者认为，"行拂乱其所为"的主语没有变换，仍是前面的"天"。"行"则与前面的时间副词"先"相照应，亦为副词，是"且、将"的意思。此言上天"先"如何对待"是人"，然后，又将"拂乱其所为"。这样，从五个方面给"是人"以严峻的考验，语意紧凑，结构协调。"行"的这种用法，先秦已见。如：《诗经·魏风·十亩之间》："行与子还兮。"朱熹注："行，犹将也。"又"行与子逝兮"，"行"同前。《商君书·算地》："民胜其地务开，地胜其民者事徕。开则行倍。"高亨注："行，将也。"稍后，亦有其例。《史记·南越列传》："汉兴兵诛郢，亦行以惊动南越。"此言"兴兵"将惊动南越。"行"在后代常常组成"行将"，并沿用至今。

4. 恣君之所使之

《战国策·赵策四》："太后曰：'诺，恣君之所使之。'"钱宗武先生认为："恣君之所使之"的"君之所"是偏正结构，"所"当作"意"，全句为"任凭你的意思支使他"。① 就这句而言，如此解释诚为"字字落实，文通理顺"。惜这种认识尚欠有力的材料证明，不敢置信。"所"在古汉语中可释为"意"，但其出现的语言环境不同。清人黄生《义府》卷下"所"字条云："《汉书·佞幸传》云：'上有酒所从容谓贤'云云。此'所'字亦不多之意，犹俗云微有酒意也。"其后王先谦《汉书补注》亦释"酒所"为"酒意"。杨树达先生《古书疑义举例续补》认为有"'所'作'意'义用例"，并对此论述最详，取例颇多。例如《左传·襄公三十年》："或主强直，难乃不生，姑成吾所。"杨树达按："'姑成吾所'者，姑成吾意也。"《汉书·周亚夫传》："上视而笑曰：'此非不足君所乎？'"杨树达按："'不足君所'者，于吾意有不足也。"将这些句子与"恣君之所使之"比较，显然差异较大。这些"所"均出现在句尾，充当宾语，而"恣君之所使之"的"所"出现在句中，能否释为"意"，不能简单类推。同时，"恣＋主语＋之＋所（以）＋动词"及其变式，是古汉语的习见格式，对"恣君之所使之"的"所"的解释正确与否，须置于这类句式中考察、检验。先看下面材料：

《管子·任法》："犹金之在鑪，恣冶之所以铸。"

《战国策·燕策三》："间进车骑美女，恣荆轲所欲，以顺适其意。"

《列子·周穆王》："游燕宫观，恣意所欲，其乐无比。"

《列子·杨朱》："恣耳之所欲听，恣目之所欲视，恣鼻之所欲向，恣口之所欲言，恣体之所欲安，恣意之所欲行。"又"恣耳目之所娱，穷意虑之所为"。

《史记·楚世家》："平王谓观从：'恣尔所欲。'"

仲长统《见志诗》："六合之内，恣心所欲。"

曹丕《大墙上蒿行》："适君身体所服，何不恣君口腹所尝？"

这些句子中的"所"，若以"意"释之，一部分甚为勉强，一部分则根本不通。还有一些由与"恣"义相同的词构成的类似句子，句中的"所"一般也不宜释为"意"。例如：

《论语·为政》："七十而从心所欲，不逾矩。"

《韩非子·八奸》："为人臣者尽民力以美宫室台池，重赋敛以饰子女

---

① 钱宗武：《"恣君之所使之"新解》，《中国语文天地》1989 年第 3 期。

狗马，以娱其主而乱其心，从其所欲，而树私利其间。"

《庄子·说剑》："然臣有三剑，唯王所用。"

《战国策·燕策一》："子之因遗苏代百金，听其所使。"

《列子·仲尼》："七年之后，从心之所念，更无是非；从口之所言，更无利害。"

以上句中，"从""听"的"听任、任凭"义甚明。《说文》："唯，诺也。""唯"为表恭敬的应答之辞，含有赞同、允诺对方的意味，故引申出"听任、任凭"义。

据以上的分析可知，钱宗武先生释"所"为"意"是难以成立的。"所"当作何解？我们认为，它是指示代词，其指代内容较宽泛、不确定，义同"何"，可释为"怎么、怎样、什么"等。这在古书中亦较常见。如：

《国语·鲁语上》："长勺之役，曹刿问所以战于庄公。"

《史记·项羽本纪》："今入关，财物无所取，妇女无所幸。"

《史记·晋世家》："羽毛齿角玉帛，君王所余，未知所以报。"

《汉书·燕刺王旦传》："问：帝崩所病，立者谁子，年几岁。"

"所以战"即何以战，也就是凭什么作战。《左传·庄公十年》作"何以战"，是为确证。"无所取"犹言无何取，即没有掠取什么；"无所幸"同。"所以报"即何以报。"问：帝崩所病"，颜师古注："因何病而崩。"因此，"恣君之所使之"就是"任凭您怎么支使他"。这样来解释前面的同类句式，则无往而不利。

5. 青春作伴好还乡

杜甫《闻官军收河南河北》诗"青春作伴好还乡"中的"青春"，历代注家均释为"春天、春光"。傅易先生则提出"青春"为酒名，是唐代酒名"抛青春"简称的新解。[①] 其说可商之处不少，在此与傅易先生讨论。

傅文认为，唐宋时，人们多称酒为春，并且"尤以唐诗中为多"。其说不误。但"春"常指酒，并不意味着"青春"也常指酒。"青春"本为古诗中习见之词。杜诗中，"青春"有 11 见。除"青春作伴好还乡"姑且不计外，其余 10 见均指"春天、春光"而不作酒名。例如：《官池春雁二首》："青春欲尽急还乡，紫塞宁论尚有霜。"《南楚》："南楚青春异，暄

---

① 傅易：《"青春"为酒名说》，《文史知识》1991 年第 1 期。

寒早早分。"《乐游园歌》："青春波浪芙蓉国，白日雷霆夹城仗。"《题省中院壁》："落花游丝白日静，鸣鸠乳燕青春深。"其中，"青春"与"白日"对举，其义尤明。考察唐代诗歌，更使我们对"酒名说"产生怀疑。《全唐诗》中，"青春"凡174见，亦悉指"春天、春光"或喻指"青年时期"以及"年龄、年岁"等，无一可解作酒名者。例如：陈子昂《题李三书斋（崇嗣）》："灼灼青春仲，悠悠白日升。"沈佺期《送友人任括州》："青春浩无际，白日乃迟迟。"李白《江夏行》："悔作商人妇，青春长别离。"权德舆《放歌行》："青春虚度无所成，白首衔悲补何及。"司空曙《送曹同椅》："青春三十余，众艺尽无如。"考之唐代以前的诗文，也莫不如此。《楚辞·大招》："青春受谢，白日昭只。"江淹《谢法曹惠连赠别》："幸及风雷霁，青春满江皋。"刘孝绰《班婕妤怨》："况在青春日，萋萋绿草滋。"颜之推《神仙》："红颜恃容色，青春矜盛年。"语言具有社会性，杜甫不可能违背社会约定俗成的语言使用习惯，独独在"青春作伴好还乡"里，用"青春"来指称酒名。

傅文认为，韩愈《感春四首》之四"百年未满不得死，且可勤买抛青春"中"抛青春"即酒名，而"青春"就是"抛青春"的简称。此说亦值得讨论。简称的前提当是全称为社会所熟悉常用，然而在《全唐诗》中，我们未发现"抛青春"指酒名的其他用例。且韩愈的出生年代还略晚于杜甫，据此而论，岂非本末倒置？细绎韩诗，"抛青春"指酒之说也未可置信。韩愈诗名为"感春四首"，其内容无疑与春天相关。这两句诗的前面为"数杯浇肠虽暂醉，皎皎万虑醒还新"。这是说，喝酒入醉也不能排遣心中的愁绪，醒来后万千思虑涌上心头。接下来语意一转，饱含无可奈何、自嘲伤感的叹息：虽然酒不能解愁，但自己百年未满，寿数靡尽，还是姑且多买点酒，来打发这春天的时光吧。因此，"抛青春"释为"打发春天，消磨春光"更切题意。

傅文又援引了明人高启《将进酒》"莫惜黄金醉青春，几人不饮身亦贫"以为佐证。到了明代，"青春"指称酒是大致可信的，我们还补上一例：明人徐渭《挽陈君之配蒋》诗："陈君辖我饮青春，焦革贤闺醲绝伦。"但是，明人的诗句及后人的说解，是无法证明唐代诗中的"青春"必然可指称酒名的。

最后，傅文认为："若把'青春'释为'春天'或'春季'，那么，

①句意显得重复……②上下句难以贯通。"这也失之偏颇。首先，"白日"指明媚的阳光，"青春"谓美好的春色，两者在内容上互为补充，色彩上相互映衬，何重复之有？且"白日"与"青春"对举，历代诗歌多见，难道均犯重复之病？相反，若按傅文之说，则上句已言"纵酒"，下句再紧接美酒，那才是真正的重复！其次，诗歌内容往往有一定的跳跃性，而这一联正是杜甫突闻喜讯后充满激情的想象之言。诗人浮想联翩、思绪纵横：先想到在明媚的阳光下放歌纵酒，继而想到以美好的春色作伴返回故乡，这种跳跃十分自然合理，在句意上有什么不贯通呢？

总之，我们赞成"青春"指"春天、春光"，不能苟同傅易先生的新见。

（原载《古籍整理研究学刊》1995 年第 3 期）

古书训释札记

1. 靡室劳矣

《诗经·卫风·氓》："三岁为妇，靡室劳矣；夙兴夜寐，靡有朝矣。"对于"靡室劳矣"句，古今注家分歧甚大，然均有不尽如人意之处。今选取几家有代表性的说法，略加评析并试陈己见。

郑玄笺："靡，无也，无居室之劳，言不以妇事见困苦。"朱熹集传大致相类："言我三岁为妇，尽心竭力，不以室家之务为劳。"朱东润先生主编的《中国历代文学作品选》亦注云："言不以操持家务为劳苦。"按，以上三家的解释有一共同点，似乎都是把"靡室劳"作为意动用法处理的。但是，若为意动用法，其原文的语序则应当作"靡劳室矣"，而"劳"置于名词"室"后是不可能构成意动用法的。

孔颖达疏："妇人追说己初至夫家三岁为妇之时，颜色未衰，为夫所爱，无室家之劳，谓夫不以室家妇事以劳于己。"王力先生主编的《古代汉语》采用此说："没有家务劳动，意思是丈夫还爱自己，不使自己从事家务劳动。"按，从上文"三岁为妇"推知，此处的"三岁"不当指"初至夫家三岁为妇之时"，而是指女主人公嫁到夫家的整个时间。"三岁"非实指，而是言时间之长，即多年之意。《诗经》中，"三岁"6见，均是表多年。除这两见外，还有《诗经·王风·采葛》："一日不见，如三岁兮"；《诗经·魏风·伐檀》中的3见"三岁贯女"。即令"三岁"可实指，在当时的封建社会里，作为平民之妻，无论其丈夫如何心疼她，不从事必要的家务劳动，是不可想象的事。再从上下文意看，前言没有家务之劳，紧接着是"夙兴夜寐，靡有朝矣"，这种语意上的转换显得过于突兀。

吴闿生《诗义会通》："靡室劳者，靡室不劳也；靡有朝者，靡朝不劳也。此语急省字之例。"郭锡良等先生编写的《古代汉语》注"靡室劳矣"为："没有家里的劳苦事，意思是家中的劳苦事，没有一件不做的"；注"靡有朝矣"为："意思是没有一天不如此。"按，两家都认为在"劳"前省略了副词"不"字，这缺乏有力的依据。所谓"语急省字"，多出现于对话之中。此为女主人公倾吐内心悲愤的诗句，似乎不存在"语急"问题；且省者又是影响整句诗意的关键词，不可轻易言"省字"。

俞樾《群经平议》卷九："言我三岁为妇，则一家之人无居室之劳矣；我夙兴夜寐，则一家之人无有朝起者矣，皆由己独任其劳故也。"林庚、冯沅君主编的《中国历代诗歌选》注"靡室劳矣"曰："你不再有家室操作之苦"；注"靡有朝矣"曰："你从此不用起早。"按，两家都在"靡室劳矣"和"靡有朝矣"前添加了主语：或为"一家之人"，或为"你"——妇人的丈夫。但是，同前说言"省字"一样，添加主语缺乏依据。体会这四句诗，主语都只能是女主人公，是她直言自身的处境遭遇。中间平添一主语，显然与诗意相违。

马瑞辰《毛诗传笺通释》："言不可以一劳计，犹'靡有朝矣'！言不可以一朝计也。"北京大学中国文学史教研室撰注的《先秦文学史参考资料》称言参用马瑞辰之说："犹言'不仅是家庭的劳苦操作'，言外指一切事情都得由自己负担。"按，马瑞辰之说一则减掉了"室"字，二则增添一动词"计"，恐非诗中原意。后者在马瑞辰理解的基础上进行了一些文字上的调整。其释文将"靡"视为"不仅"，鲜见古书中有此用法；且言"不仅是家庭的劳苦操作"，也叫人难以接受：作为封建社会里地位低下的家庭妇女，繁杂的家务劳作就是她的全部任务，除此以外，还有什么要事大计需要她去处理？她有这个资格吗？

高亨先生《诗经今注》："靡，无，不。室，当借为恎（zhí 侄），怕也。"此说另辟蹊径，从通假的角度作释，能做到字字落实、文从字顺；语音上也说得过去。问题在于，"恎"字是否有此义？《广雅·释诂》："恎，惧也。"但是，在先秦文献中，我们尚未见到"恎"字，那么"室"与谁相通呢？不仅如此，汉以后的文献中似乎也不见"恎"字使用。王念孙《广雅疏证》仅引《玉篇》之"恎，佟，惶遽也"为证。这就是说，"恎"字只见于《广雅疏证》《玉篇》两部辞书中，并无实际用例。如此看来，"室"通"恎"就叫人难以置信了。

以上我们述评了影响较大的几家解释，并指出其不足、疏失之处，下面谈谈我们的观点。我们认为，理解"靡室劳矣"的关键在"劳"字上。"劳"当释作"慰"，即抚慰、安慰；"室"即家庭、家人，此义甚显，毋庸赘言；所谓"靡室劳矣"，犹言没有一点家庭的安慰。这样解释，庶几字字落实、意无窒碍。这一节诗，是女主人公集中倾诉内心的哀怨感伤之言。对她来说，辛苦操劳、勤于家务，当是分内之事，没有什么可抱怨的；而令她心酸的是自己的辛苦得不到理解、回报。"三岁为妇，靡室劳矣"是总领这节诗的：多年来为人妇，没有得到家人的安慰。接下来分层诉说：自己"夙兴夜寐"，换来的却是丈夫的粗暴虐待；此外，还有兄弟们的讥笑。因此，她只能独饮苦酒，"躬自悼矣"。"劳"作"抚慰、安慰"等讲，在《诗经》就有例可证：

《诗经·魏风·硕鼠》："三岁贯女，莫我肯劳。"此言不肯来安慰关心我，意思甚类"靡室劳矣"句。

《诗经·小雅·黍苗》："悠悠南行，召伯劳之。"此言召伯慰劳士兵们。

《诗经·大雅·旱麓》："岂弟君子，神所劳矣。"朱熹集传："劳，慰抚也。"

先秦其他文献中，也有这种用例：

《吴子·励士》："有死事之家，岁使使者劳赐其父母。""劳赐"犹言抚慰赏赐。

《仪礼·觐礼》："（侯氏）北面立，王劳之，再拜稽首。"此谓天子慰劳诸侯。

《楚辞·卜居》："将送往劳来，斯无穷乎？""劳来"即抚慰来者。

2. 百夫之特　百夫之防　百夫之御

《诗经·秦风·黄鸟》："维此奄息，百夫之特"；"维此仲行，百夫之防"；"维此铖虎，百夫之御"。王力先生主编的《古代汉语》分别注释为："能和一百人相配的人（指他的才能）。特，匹敌、配"；"能当（比）得一百人的人。防，当、比"；"能抵得一百人的人。御，抵"。由此看来，注者是将"百夫之特""百夫之防""百夫之御"都作为偏正结构来理解的。这种说法带有一定的普遍性。但细加考察，似欠妥帖。

正确理解这几句诗的关键在"百夫之特"上。郑玄笺云："百夫之中最雄俊也。"显然，郑玄是把"百夫之特"视为偏正结构："百夫"是修饰"特"的。但是，郑玄在"百夫之防"下笺云："防，犹当也；言此一人当百夫。"这是把"百夫"视为"防"的对象。按："百夫之特""百夫之防""百夫之御"分别处在相应的位置上，当属对文。对文的结构应当是一致的，而在相应位置上的词，其词性亦当相同。郑玄之笺明显存在前后不一致。王力先生主编的《古代汉语》一书注意到了三者结构上的一致性，在郑笺的基础上作了调整，但对"百夫之特"的解释仍基本上沿用了郑说，故仍未能解决这个矛盾。

其实，毛亨对此已有较为恰当的解释。在"百夫之特"下传云："乃特百夫之德"；在"百夫之防"下传云："防，比也"；在"百夫之御"下传云："御，当也。"虽然毛传比较简略，但是看得出，是把"特""防""御"都视为动词的："比"，犹言比得上；"当"即相当，抵得上。唯"特"未予具体解释。

清人陈奂《毛诗传疏》对此作了进一步的阐发："言奄息之德乃足以匹百夫耳"；"百夫之防，言可当百夫也"；"御，当者，御乱当乱，御敌当敌，是御有当义。百夫之当，言可当百夫耳"。马瑞辰《毛诗传笺通释》对"百夫之特"的解释更为明确："特为匹，匹之言敌，当也。犹云乃当百夫之德耳。"可以说，清代学者把这个问题解决得差不多了，只是未达成一致意见，没有从现代语法学的角度予以分析。今试作补充：

"特""防""御"是近义词，都有"相当、匹敌"之义，三词换用，盖诗人避复而然。"百夫之特""百夫之防""百夫之御"均为宾语前置句。"百夫"为宾语，前置；"之"是代词，复指前置宾语"百夫"。三句即"特百夫""防百夫""御百夫"，均表抵得上一百人的意思。这种宾语前置句在先秦作品中是比较习见的：

《诗经·邶风·燕燕》："先君之思，以勖寡人。"

《诗经·邶风·新台》："燕婉之求，得此戚施。"

《论语·先进》："吾以子为异之问，曾由与求之问。"

《左传·僖公十五年》："君亡之不恤，而群臣是忧。"

《左传·昭公十六年》："侨闻为国非不能事大字小之难，无礼以定其位之患。"

3. 寡人是征　寡人是问

《左传·僖公四年》："尔贡苞茅不入，王祭不共，无以缩酒，寡人是征；昭王南征而不复，寡人是问。"王力先生主编的《古代汉语》及郭锡良等先生编写的《古代汉语》都认为，"寡人是征""寡人是问"中的"是"是代词宾语，直接置于动词"征""问"之前。此说甚是。学术界亦多持此论。近见尹君先生的文章，对此说持否定态度，提出自己的新见。① 细绎尹文，觉得偏颇之处不少。在此谨与尹先生讨论。

尹文否认"是"为前置宾语，其理由有二：

一是"是"作为前置宾语缺乏条件，且没有大量的语例证明，"违背了'例不十，法不立'的立论原则"。按：众所周知，两部《古代汉语》均为基础课教材，并非学术论文或专著，对于有些问题，不可能也没有必要全面展开论述。但是，这并不意味着编者在没有充分材料的基础上随意立论。王力先生早在《汉语史稿》（中册）里指出，宾语前置"总条件是：这个宾语必须是一个代词"，并推测："在原始时代的汉语里，可能的情况是这样：代词作为宾语的时候，正常的位置本来就在动词的前面（像法语一样）。"② 因此，先秦时期代词宾语直接用于动词前，正是原始汉语的残迹。该书所举之例，除了"寡人是征""寡人是问"外，还有以下几例：

《尚书·大诰》："民献有十夫予翼。"

《尚书·多士》："惟我事不贰适；惟尔王家我适。"

《诗经·周南·葛覃》："葛之覃兮，施于中谷，维叶莫莫。是刈是濩，为絺为绤。"

《诗经·小雅·节南山》："赫赫师尹，民具尔瞻。"

《诗经·大雅·桑柔》："维彼忍心，是顾是复。"

虽然，王力先生的推测是否合理尚待进一步证实，学术界也有不同的看法；但是，有了这些材料佐证，至少说明这种宾语前置的现象并非个别偶然。如果说，这几条材料还是"例不十"的话，下面我们补充的书证则足以使其"法""立"起来：

《陈逆簋》："子孙是保。"

《尚书·盘庚中》："予迓续乃命于天，予岂汝威，用奉畜汝众。"

《尚书·牧誓》："乃惟四方之多罪逋逃，是崇是长，是信是使，是以为大夫卿士。"

《尚书·洪范》："皇，极之敷言，是彝是训，于帝其训。"

---

① 尹君：《古文名篇注解献疑》，《古汉语研究》1996 年第 2 期。
② 王力：《汉语史稿》（中册），北京：中华书局，1980 年，第 357 页。

《诗经·小雅·鹿鸣》："视民不恌，君子是则是效。"

《诗经·小雅·信南山》："中田有庐，疆埸有瓜。是剥是菹，献之皇祖。"

《诗经·小雅·小旻》："谋之其臧，则具是违。谋之不臧，则具是依。"

《诗经·小雅·巷伯》："岂不尔受，既其女迁。"

《诗经·大雅·生民》："恒之秬秠，是获是亩。恒之糜芑，是任是负。"

《诗经·大雅·瞻卬》："如贾三倍，君子是识。"

有了这些材料，相信尹先生不会否认：在先秦汉语中，代词宾语直接放在动词前，当是较为普遍的事实。

二是郭锡良等先生编写的《古代汉语》在谈及宾语前置时，"所仅举的两例在理解上也是不准确的"，指出对于《诗经·周南·葛覃》"是刈是濩"句，孔颖达解释为"于是刈取之，于是濩煮之"；后来王引之、裴学海等学者又承其说。因此，"是"当为连词，释作"于是"，而不是代词。然而，这种说法也值得讨论。我们知道，古代注释家对句子的训释，常常是以串通其大意为目的，所以比较笼统，细致的语法分析不够。因此，对古人的传注义疏，不能盲目接受，须细加甄别取舍。而且，《诗经》中的句子，古朴简练者甚多，一些表语法关系的虚词，往往隐而不现。孔颖达的疏中所用的两个"于是"，旨在说明"是刈是濩"句与前面"维叶莫莫"句的相承关系以及"刈"与"濩"之间的并列关系，并非针对"是"字为释。我们体会到，"刈取之""濩煮之"的"之"才是对"是"字的训解。如此而言，孔颖达是把"是"视为代词的。虽然，古文训释的正确与否，检验的标准主要是实际的语言材料，而不是尹文所强调的"故训师承"；但就这条例证来看，孔疏也并未给尹文提供有利的证据，恰恰与王力、郭锡良等先生的看法具有一致之处。

尹文还认为，将"寡人是问"的"是"理解为代词作前置宾语，是"似是而非"。为什么会"似是而非"呢？尹文未予申说。我们倒体会到：在"寡人是问"这类句式里，"是"作为代词，指代了前面出现的内容；而直接置于动词前，又多少起着强调所指代内容的作用。"寡人是征"，郭本《古代汉语》释为"我有责任查问这件事"。这样解释，贴切而又清楚，怎么是"似是而非"呢？

尹先生提出的新见是："寡人是征""寡人是问"句中的"是"为"表因果关系的因果连词，相当于'因此''所以'"。单就"寡人"这两句而言，这样解释也算得上文从字顺。但是，考察我们前面列举的众多同类句式，或根本对不上号，或与文意相违。此不赘言。为证其说，尹文也援引了不少材料。不过细加分析，这些材料很难成为其立说的确证。"寡人是征"类句式中的"是"均置于单音节动词之前，而尹文所引的 13 条例证中，有 11 条例证的"是"出现在复句的后一分句之首。这样，两类"是"字句就缺乏可比性了。我们认为，尹文这 11 条例证中的"是"当为指示代词，起总括上文、据以推论的作用，宜以"这样""由此看来"等释之。余下两条，一条是《左传·昭公元年》："有令名矣，而终之以耻，午也是惧。"这段话的前后之间，并不存在因果关系。"午也是惧"仍是代词宾语前置句，"是"指代前面"有令名矣，而终之以耻"这种情况。沈玉成先生的《左传译文》译作"午就是害怕这个"，与我们的看法一致。这样，尹文所举的可靠书证便只有《史记·吕太后本纪》"刑罚罕用，罪人是希"一例了。

退一步讲，即令尹文所举的材料可以证明其观点，也还存在着年代先后的问题。因为除《左传·昭公元年》一例外，其余材料的年代均要比"寡人是征"类句式晚。以晚期的材料去证明早期的问题，这在方法上是不可取的，其结论也是难以立足的。其实，这并不是作者的疏忽。因为正如王力先生所论，代词直接作前置宾语，是原始汉语的遗迹。这种早期的语法现象，春秋以后就基本消失了。所以，试图将后代新兴的语法现象（即前面提及的《史记·吕太后本记》"罪人是希"之"是"）比附在早期的文献材料上，想找到合适的书证，当然是徒劳无功的事。

（原载《古籍整理研究学刊》1997 年第 4 期）

古籍训释辨惑四则

　　摘　要：本文针对通行教材注本及有关论文在古籍训释方面存在的几个问题进行讨论，在充分借鉴前人研究成果的基础上，提出较为稳妥的看法。内容涉及古汉语语法和词汇两个方面。

　　关键词：恶乎；渠；且；儿女子

　　1. 恶乎待

　　《庄子·逍遥游》："若夫乘天地之正，而御六气之辩，以游无穷者，彼且恶乎待哉！"王力先生主编的《古代汉语》注"彼且恶乎待哉"为："他还依靠什么啊！"这样解释大意尚可，但失之笼统，"恶乎待"是什么结构呢？王力先生未作语法分析。郭锡良等先生编著的《古代汉语》对这句的解释要具体一些，注为："那种人还依靠什么啊！……恶乎，于何。疑问代词'恶'作介词'乎'的前置宾语。"此注对"恶乎"的分析甚是，惜仍有未明者："恶乎"相当于"于何"，是介宾结构，那么，它与动词"待"又是什么结构关系呢？两部教材的注释都把"恶乎待"释为"依靠什么"，似乎"恶乎"是动词"待"的前置宾语。但是，介宾结构作谓语动词的前置宾语，是否符合古汉语语法规律，或者说使用习惯呢？笔者寡闻，不曾见有关著述提及，也未发现这种语例。"恶"作为疑问代词，用作谓语动词的前置宾语，倒是上古汉语语法之通例；但此处倘作是解，介词"乎"便没有着落，其原文则应为"恶待"而不是"恶乎待"了。弄清这个问题，尚需对"恶乎"的语义特征作进一步的分析。

　　"恶乎"是上古汉语中常见的介宾结构，基本功能是用作状语；其细分之，可表达两义：

　　（1）有实际的指代意义，相当于"于何"，可译为"在哪里""从哪里""到哪里"等。例如：

　　《荀子·劝学》："学恶乎始？恶乎终？曰：'其数则始乎诵经，终乎读礼；其义则始乎为士，终乎为圣人。'""恶乎始"即从哪里开始；"恶乎终"即到哪里终结。

《庄子·寓言》："生有为，死也。劝公，以其死也，有自也；而生阳也，无自也。而果然乎？恶乎其所适？恶乎其所不适？""恶乎其所适"即在哪里是他适应的地方？"恶乎其所不适"即在哪里是他不适应的地方？

《礼记·檀弓上》："孔子曰：'吾恶乎哭诸？兄弟，吾哭诸庙；父之友，吾哭诸庙门之外。'""恶乎哭诸"即在哪里哭他们呢？

（2）询问方式或原因，相当于"怎么""为什么"。这种用法当由前一个意义凝固虚化而来，所以往往似可为两解。例如：

《论语·里仁》："君子去仁，恶乎成名？""恶乎成名"即怎么成名，亦可解为"到哪里去成名"。

《庄子·齐物论》："道恶乎隐而有真伪？言恶乎隐而有是非？""恶乎隐"即怎么隐蔽，也可释作"从哪方面隐蔽"。

《孟子·梁惠王上》："猝然问曰：'天下恶乎定？'吾对曰：'定于一。'""恶乎定"既可译作"怎么能安定"，又实含"凭借什么才能安定"之义。

从以上分析不难看出，"恶乎待"属第一种用法，犹言"于何待"，即在哪些方面需要依靠？也就是什么都不需要依靠，完全逍遥自得。这样解释，在句意上似乎与上述两部教材没有什么差异。但是，我们的解释顾及"恶乎待"的语法结构，字字落到了实处，且与文章原意不违。两部教材的解释则忽略了介词"乎"的存在，给人造成"恶乎"是动词"待"的前置宾语的错觉。

我们推测，将"恶乎"按"待"的前置宾语理解，盖因上古汉语中，偶尔存在个别类似的、易生混误的"恶乎"用例：

《庄子·知北游》："东郭子问于庄子曰：'所谓道，恶乎在？'"一些注本将"恶乎在"释作"在哪里"，误。"恶乎"才是"在哪里"；"恶乎在"应为"在哪里存在"。

《孟子·公孙丑上》："敢问：'夫子恶乎长？'曰：'我知言，我善养吾浩然之气。'""恶乎长"，有的释为"擅长什么"，非也，当"在哪方面擅长"之义。

显然，在古汉语中，介宾结构是不能充当谓语动词的前置宾语的。

2. 渠会

《焦仲卿妻》诗："处分适兄意，那得自任专？虽与府吏要，渠会永无缘。"朱东润先生主编的《中国历代文学作品选》注："渠会，他会。渠，犹他、伊，这句说，他会永远没有机缘的。"这种解释很有代表性，不少注本及辞书的解释与此类似。部分学者则认为，此例的"渠"是指示代词。① 从语法史的角度看，"渠"是六朝新产生的代词。吕叔湘先生认为，"渠"字"大概是'其'的变式"②。此期的"渠"，用法上与"其"相类；既可以作指示代词，又可以作第三人称代词，相当于"他"。例如：

　　潘岳《哀永逝文》："渠怀之其几何？庶无愧兮庄子。"

　　萧纶《车中见美人》诗："空中自迷惑，渠傍会不知。"

　　《魏书·刘子业传》："指裕像曰：'此渠大英雄，生擒数天子。'"

　　以上的"渠"用作指示代词。又如：

　　《三国志·吴书·赵达传》："女婿昨来，必是渠所窃。"

　　庾信《秋夜望单飞雁》诗："无奈人心复有忆，今暝将渠俱不眠。"

　　庾信《代人伤往》诗："无事交渠更相失，不及从来莫作双。"

　　以上的"渠"用作第三人称代词。

那么，"渠会"的"渠"究竟哪一种解释才贴切合理呢？看来只能根据诗意揣摩推敲了。我们认为，将"渠"释为第三人称代词是欠妥的：其一，从表达上看，"虽与府吏要"，是刘兰芝言自己与焦仲卿有约在先，这句的主语是"我"，省略；若接下来又称他会如何，主语变成"他"——焦仲卿，这样转换显得突兀。其二，从诗意上看，这两句诗本是刘兰芝对其现状处境所作的分析推测，旨在向其兄说明自己抛弃幻想、听从安排之缘由，所以，语意重在强调自身如何。若将缘由归结到焦仲卿身上，则重心转移，冲淡了与上下文之间的内在逻辑联系。

我们赞成"渠"是指示代词的说法。具体地说，"渠"是远指代词，作定语，可释作"那种""那样的"；"会"则是动词，有"相会、重逢"之义；"渠会"指此前两人誓言中那样的相会。何以言之？刘兰芝这段话，是对她那势利且"性行暴如雷"的哥哥逼她再嫁太守家郎君所作的回答。

---

① 向熹：《简明汉语史》（下），北京：高等教育出版社，1993 年，第 207 页。

② 吕叔湘：《汉语语法论文集》，北京：科学出版社，1955 年，第 182 页。

此前，她与焦仲卿之间虽有"誓不相隔卿""誓天不相负""君当作磐石，妾当作蒲苇"等山盟海誓，但是，在严酷的现实面前，除了"处分适兄意"外，她已别无选择。山盟海誓沦为空言！所以，那样的重逢相会就永无机缘了。这样解释，方与下文"登即相许和，便可作婚姻"在语意上紧紧相扣。

3. 且尔言过矣

文术发先生认为，《论语·季氏》"且尔言过矣"句的"且"字，"通常理解为表递进关系的连词"不妥，称："'且'字在字典辞书中的各种用法都不能很好地解释此句。窃以为此'且'即金文中的感叹词'虘'，相当于传世文献中的'嗟'。"① 揆之文意，将此例中的"且"释为表递进关系的连词的确欠妥。但是，认为"且"通"虘"，相当于感叹词"嗟"，其说虽堪称新奇，我们却不敢苟同。理由如下：

首先，书证材料不足。文章所列举的"虘（虘）"作感叹词的例证仅有两条；更重要的是，这两条材料均为金文，没有一条传世文献中"虘"作感叹词的用例；我们也未发现"虘"字在先秦典籍中的这种用法。既如此，"虘"字与何者相通呢？

其次，不符合原文的语气。这段话是孔子责备其弟子冉有、子路之言。前有"危而不持，颠而不扶，则将焉用彼相矣"之责问，是言二子应当劝阻季氏伐颛臾；其后"且尔言过矣！虎兕出于柙，龟玉毁于椟中，是谁之过与？"是指斥二子不应推卸责任。"且尔言过矣"作为下文的总括之句，其语气应当与前后保持一致。若谓"且"为嗟叹之词，则与整段话指斥不满的语气不协调。不仅如此，文先生文中所举《墨子》《史记》的两例"且"字，均不能释为表嗟叹语气之词。

文先生认为"字典辞书中的各种用法都不能很好地解释此句"之说亦失之偏隘。其实对"且"的解释不必舍近求远、舍直求曲，强作解人。"且"即句首语气词。这种用法早有学者提及。《助字辨略》谓之"发语辞"；《经传释词》谓之"发语词"；《马氏文通》谓之"提起连词"。"且"的作用与句首语气词"夫"相似，用于句首，引出下面的议论或话题，不必译出，这样解释"且尔言过矣"句，怡然理顺且简单明了。"且"

---

① 文术发：《"且尔言过矣"解》，《古汉语研究》1998 年第 2 期。

的这种用法，在先秦汉语中并不鲜见。例如：

《孟子·公孙丑上》："且以文王之德，百年而后崩，犹未洽于天下。"《助字辨略》："且以，犹云夫以。"

《孟子·公孙丑下》："且古之君子，过则改之；今之君子，过则顺之。"

《左传·昭公二十六年》："且天之有彗也，以除秽也。"

《韩非子·难二》："景公过晏子曰：'子宫小近市，请徙子家豫章之圃。'晏子再拜而辞曰：'且婴家贫，待市食而朝暮趋之，不可以远。'"

《吕氏春秋·贵信》："庄公左搏桓公，右抽剑以自承，……管仲、鲍叔进。曹刿按剑当两陛之间曰：'且二君将改图，无或进者。'"

这些"且"均无表递进关系的意味，以句首语气词释之，则无往而不利。

同样，文先生所举《墨子·非命中》"且今天下之士君子"及《史记·魏世家》"且子之言克于子之君者"两例中的"且"，释为句首语气词亦十分恰当。

4. 儿女子

郭松柏、刘有志二位先生认为，《史记》中两例"儿女子"，今通行的解释"大误"；"儿女子"应为偏正结构，义为"幼小的女子"，如同今语"小女孩"。① 我们觉得，这样解释颇为牵强；今人将"儿女子"视作联合结构，释为"妇孺之辈""妇人小子"等比较稳妥，不可轻易否定。试为申论之。

就笔者翻检所及，"儿女子"一语，首见于《史记》。在《史记》中，亦仅此两例。要得其正诂，还必须从《史记》语例入手，作一番认真的考究。

《史记·高祖本纪》："此非儿女子所知也。"此言即吕公针对其妻吕媪不同意将女儿嫁给刘邦之事而发。其时，吕公与吕媪已有待字闺中的女儿，可谓老夫老妻了。因此，吕公称谓其妻，不论是出于轻侮，还是出于调侃，都不可能使用义含"幼小的女子""小女孩"之类的词语。这里，"儿女子"泛指小儿妇女，使用者乃将其作为无知者、见识浅陋者的代称。

---

① 郭松柏、刘有志：《"儿女子"并非"妇人小子"》，《中国语文》1997 年第 6 期。

将妇女与小孩并提，反映了封建时代对妇女的轻贱，十分符合吕公自得自负的大男子主义口吻。郭、刘之文对此忽焉不察，断言吕公所说的"儿女子"即仅指吕媪，失之。

又《史记·淮阴侯列传》："乃为儿女子所诈。"这是淮阴侯韩信为吕后诱捕，临刑前的痛惜之言。郭、刘之文分析说："此事'主谋'仅为吕后一人，遍检史籍，未见提及这年才 14 岁的刘盈"，所以"儿女子"不应包括刘盈在内。按，刘盈可能并未参与诱捕韩信之事，故史籍中不曾提及他；但是，这与当时已经沦为阶下囚的韩信是否知悉事情的真相则是两回事。前面的记载很清楚："（韩）信乃谋与家臣夜诈诏赦诸官徒奴，欲发以袭吕后、太子。"可见，韩信既定的进攻目标是包括刘盈在内的。但是，他从被诱捕直至临死前，并不一定清楚太子刘盈是否参与其事。他的这番话，是针对他认定的且不屑一顾的对手而言。所以，"儿女子"理应包括小孩和妇人，并非仅指吕后。需要明确的是，理解此例"儿女子"的含义，应该着眼于彼时彼地韩信实际上会怎么想、怎么说（不管其说是否符合实情），而不宜变换角度，想当然地推测其应该怎么说，代韩信言。

郭、刘之文引用了《汉书·韩信传》记载此言作"反为女子所诈"，证明"儿女子"应单指女子。作为旁证，这条材料是否有说服力呢？如前所言，论定"儿女子"的确切含义，关键在于《史记》中当作何解。班固参考借鉴《史记》有关材料撰写而成的《汉书》不可避免会掺入个人的理解和看法。这类情况颇多，不妨赘引。班固在这里大概出于和郭、刘两位先生同样的考虑，为强调史实，遂在《汉书》中径将《史记》的"儿女子"改为"女子"。这不足为奇。但今人以此为据，就不甚合宜了。其实，班固在《汉书·蒯通传》里也作了相应的删改："（韩信）临死叹言：'悔不用蒯通之言，死于女子之手！'"但此例并不能为郭、刘之文再添一条力证，因为《汉书·高帝纪》记载吕公之言，则作"此非儿女子所知"。这恰好证明"儿女子"不能单指女子。《史记》中的两个"儿女子"义无二致，班固对其处理摇摆不定、自相矛盾，盖因其理解上的偏差所致。

郭、刘之文还引用了《后汉书·马援传》和唐人孙樵《刻武侯碑阴》中两条"儿女子"的材料，认为，"儿女子""当是指'妻女婢妾'这一类人，女性"。按，这两例"儿女子"所出较晚，无疑源于《史记》。在早期的材料尚无法证明的情况下，以晚出者作为佐证，是缺乏说服力的。

细加斟酌，这两条材料旨在表明大丈夫应该胸存大志，效死疆场，不必儿女情长，耽溺于老婆孩子的亲情之中无所作为。所以，两个"儿女子"无非泛指亲人骨肉，其义不当限于女子。

最后，郭、刘之文认为"儿"有"幼小"义的说法尤难成立，兹对所引材料逐一辨析：

其一，《史记·项羽本纪》："外黄令舍人儿年十三，往说项王。"裴骃集解引瓒曰："称儿者，以其幼弱，故系其父。"按，注文只说明称十三岁的小孩为"儿"是"以其幼弱"，并未言"儿"即"幼弱"之义。"儿"在此处本是名词，即小孩、小儿；"幼弱"则为形容词，两者只是义有关联，但词性不同，更不同义。试将"儿"以"幼弱"释之，殊不可通。

其二，《汉书·张汤传》："其父为长安丞，出，汤为儿守舍。"颜师古注："称为儿者，言其尚幼小也。"颜注同上例之注，亦只是解释称张汤为"儿"的原因，并未明言"儿"义即"幼小"。"汤为儿守舍"，是说张汤时为小孩，不能随父远去，遂留在家中。"儿"当是名词，释为"幼小"，则甚为不辞。

其三，《中华大字典》："①孺子也。……引申为凡幼小之称。"这条释义以一"凡"字总括，甚不合语言实际；即令此说不误，"幼小之称"亦仅说明"儿"可作幼小之物的称名，这恰好证明"儿"是名词，而不是表性质状态的形容词。

总之，郭、刘之文这几条材料都无法证明"儿"有"幼小""幼弱"之义。我们也尚未发现上古文献中"儿"作形容词修饰名词的情况。

其实，在《史记》中，将妇女与小孩并提，以表示轻贱鄙夷语气的情况并不限于"儿女子"一语。例如：

《史记·陈丞相世家》："（吕太后）面质吕媭于陈平曰：'鄙语曰："儿妇人口不可用。"顾君与我何如耳。'""儿妇人"犹言"儿女子"。这是说，小儿妇人之言不可采用。

《史记·魏其武安侯列传》："（灌夫）乃骂临汝侯曰：'生平毁程不识不值一钱，今日长者为寿，乃效女儿呫嗫耳语！'"此处"女儿"与今不同，乃"女子"与"小人"之省，亦即妇女和小孩。

后代亦有类似的用法。例如：

《后汉书·崔瑗传》："此譬犹儿妾屏语耳，愿使君勿复出口。""儿妾"即小孩和妇人。

曹植《赠白马王彪》诗："忧思成疾疢，无乃儿女仁。""儿女仁"犹言小孩和妇人般的仁慈心肠。

王勃《送杜少府之任蜀川》诗："无为在歧路，儿女共沾巾。"此言像小孩儿一样伤心得泪湿衣巾。

（原载《古籍整理研究学刊》2000 年第 2 期）

古籍疑难新诠两则

摘　要：本文对古籍中两则疑难问题作出新的诠释，认为：《诗经·邶风·静女》"匪女之为美"是宾语前置格式；《战国策·齐策四》"美女充下陈"的"下陈"指后宫。

关键词：前置宾语；之；为；美；下陈；后宫

1. 匪女之为美

《诗经·邶风·静女》："匪女之为美，美人之贻。"现代影响较大的几家注本解释如下：

王力主编的《古代汉语》："不是你（指荑）本身美，因为你是美人赠给的。"

郭锡良等编的《古代汉语》："不是你荑草美，而是因为你是美人赠送的。"

北京大学中国文学史教研室编如《先秦文学史参考资料》："大意是：'倒不是因为荑草美，实在是因为它是美人送我的礼物。'"

按，以上诸说大同小异，常为通行注本所取用；然细绎之，似有欠安之处。首先从上下文意看，上文"彤管有炜，说怿女美"之"女"（汝）含义双关，明指彤管，实指所爱之女。那么，"匪女之为美"之"女"理当一致，不单指"美"。但这样一来，又会与"美人之贻"意义上含混重复——因为以上注文所理解的"美人"正是送荑之人。又，既然前面称荑草"洵美且异"，则其具有"美"和"异"两个特征，若下文仅以形容词"美"承之，似未能兼赅两者。其次，从语法规则和使用习惯分析，以上说法问题不少。下面试作论析。

"匪"通"非"，是《诗经》中习用的否定副词。句中的"之"当作何解？几家注释均未提及，查检古代注疏亦无解释，或以为"之"是主谓间的助词而无须为释吧。然而，《诗经》中否定副词"匪"后的主谓结构之间，并不使用所谓助词"之"字。例如：

①《诗经·卫风·氓》："匪我愆期，子无良媒。"

②《诗经·郑风·出其东门》："虽则如云，匪我思存。"又"虽则如荼，匪我思且"。

③《诗经·大雅·板》："匪我言耄，尔用忧谑。"

④《诗经·大雅·荡》："匪上帝不时，殷不用旧。"

《诗经》中，亦无"非"字后出现主谓结构及主谓间加"之"的情况。又，《诗经·邶风·静女》全篇共十二句，除"俟我于城隅"与"匪女之为美"外，均为四字句。由上可知，"匪女之为美"中插入"之"字，既与《诗经》语法通例不合，又与全诗句式不协。然则倘无特殊功用，何必平添一"之"字？不仅《诗经》如此，在先秦汉语中，我们也尚未发现"非"（匪）后的主谓结构之间加"之"的用例。与"匪女之为美"类似的句式倒是不少，不过句中的"之"都不能用主谓间的助词进行解释。例如：

⑤《尚书·甘誓》："今予惟恭行天罚。左不攻于左，汝不恭命；右不攻于右，汝不恭命；御<u>非其马之正</u>，汝不恭命。"

⑥《左传·宣公十二年》："<u>非子之求</u>而蒲之爱，董泽之蒲可胜既乎?"

⑦《左传·昭公七年》："成子曰：'<u>非长之谓</u>乎?'"

⑧《左传·昭公十六年》："侨闻君子<u>非无贿之难</u>，立而无令名之患，侨闻为国<u>非不能事大字小之难</u>，无礼以定其位之患。"

⑨《左传·定公十年》："郈<u>非唯叔孙氏之忧</u>，社稷之患也。"

⑩《孟子·公孙丑上》："景子曰：'否，<u>非此之谓</u>也。'"

⑪《孟子·万章上》："是诗也，<u>非是之谓</u>也。"

⑫《庄子·骈拇》："吾所谓臧者，<u>非仁义之谓</u>也。"

⑬《庄子·缮性》："古之所谓得志者，<u>非轩冕之谓</u>也。"

⑭《荀子·大略》："柳下惠与后门者同衣而不见疑，<u>非一日之闻</u>也。"

⑮《荀子·儒效》："君子之所谓贤者，<u>非能遍能人之所能之谓</u>也；君子之所谓知者，<u>非能遍知人之所知之谓</u>也；君子之所谓辩者，<u>非能遍辩人之所辩之谓</u>也；君子之所谓察者，<u>非能遍察人之所察之谓</u>也。"

⑯《墨子·明鬼下》："予<u>非尔田野葆土之欲</u>也，予共行天之罚也。左不共于左，右不共于右，若不共命；御<u>非尔马之政</u>，若不共命。"

　　我们认为，以上例中加横线者，均为宾语前置格式。其中"非"字，按王力先生的说法："它是一个简单的否定副词，它所否定的是整个谓语。"①"之"字则为代词，置于前置宾语和动词谓语之间，起复指前置宾语的作用。这里，"非"否定的不是主谓结构充当的谓语，而是由动宾结构（特殊的）充当的谓语。例⑤"非其马之正"，"正"为形容词用作使动，有使（马）行步规范、走正道之意；"之"复指前置宾语"其马"，全句意为不能使他的马行走规范。例⑥"非子之求"即不去寻求儿子。例⑦"非长之谓"之"长"指年长者，此言非谓年长者。例⑧"非无贿之难"即不担心没有财物，"非不能事大字小之难"前置宾语为"不能事大字小"，句意为不担忧不能服大国、字养小国。例⑨"非唯叔孙氏之忧"即不只是担忧叔孙氏。例⑩"非此之谓"与例⑪"非是之谓"同，犹言不是谓此。例⑫"非仁义之谓"即不是说讲仁义。例⑬"非轩冕之谓"即不是说拥有轩冕之类的东西。例⑭"非一日之闻"即不是才知道一日。例⑮为四个排比句，"非能遍能人之所能之谓"的前置宾语为"能遍能人之所能"，意即不是说能全部掌握人们熟悉擅长的本事，其余几句类推。例⑯"非尔田野葆土之欲，""葆土"当作"宝玉"，意即并非想要你的田地宝玉，"非尔马之政"句式及语意与例⑤"非其马之正"同。

　　分析比较上述材料后不难看出，"匪女之为美"正是宾语前置句式："女"（汝）作宾语前置；"之"复指前置宾语"女"；"为美"则充当动词谓语。虽然《诗经》中除此例外，尚未出现用代词"之"复指前置宾语的句子，但放在先秦汉语的大背景下看，是符合当时的语法习惯的；况且，《诗经》中这类句式有用代词"是"复指者。"是"与"之"词性相同，且均有复指前置宾语的语法功能，可为我们的解释提供佐证：

　　⑰《诗经·小雅·雨无正》："哀哉不能言，匪舌是出，维躬是瘁。"

　　⑱《诗经·小雅·小旻》："哀哉为犹，匪先民是程，匪大犹是经。维迩言是听，维迩言是争。"

　　例⑰马瑞辰《毛诗传笺通释》："《说文》：'出'病也。'出即疗之省借。言匪舌是病，维躬是病也。"马瑞辰以"病"释"出"，正确。我们再从语法上分析："舌"是前置宾语，"是"则复指前置宾语。两句言不是

――――――――――

　　①　王力：《古代汉语》（第一册），北京：中华书局，1981年，第265页。

舌头病了，而是身体病了。例⑱"犹"同"猷'，计划、谋略；"程"即效法；"匪先民是程"犹言不效法先民。"经"，动词，常守；"匪大犹是经"即不常守宏图大略。

那么，"为美"该如何解释？先看"美"字。"美"本为形容词，美丽、好看；美好的东西让人愉悦、喜欢，"美"常用作意动，因而就有了"喜欢、赞美"之义。例如：

⑲《荀子·富国》："故美之者，是美天下之本也……古者先王分割而等异之也，故使或美、或恶、或厚、或薄、或佚乐、或劬劳。""美之"即赞美明君，此言赞美明君就是赞美天下之本。对于"或美、或恶"，杨倞注："美，谓褒宠；恶，谓刑戮。"这里"美"承上文两个"美"字而发，意思相近，杨倞所言"褒宠"，就是褒扬喜爱。

⑳《荀子·尧问》："彼其宽也，出无辨矣，女又美之！……彼争者，均者之气也，女又美之！……彼浅者，贱人之道也，女又美之！"这三个"美之"皆谓以之为美，也就是夸奖赞美他。

㉑《庄子·齐物论》："毛嫱，丽姬人之所美也。"此言两人是人们认为漂亮、加以赞美的人。

㉒《左传·襄公二十五年》："齐棠公之妻，东郭偃之姐也。东郭偃臣崔武子。棠公死，偃御武子以吊焉。见棠姜而美之，使偃取之。""美之"，认为她漂亮亦即内心爱慕喜欢她。

㉓《韩非子·五蠹》："然则今有美尧、舜、汤、武、禹之道于当今之世者，必为新圣笑矣。""美"指称道、赞美。

"为"字置于动词"美"之前似乎难于作释；然考察先秦文献，这种用法并不是偶然、孤立的。例如：

㉔《论语·先进》："有恸乎？非夫人之为恸而谁为？"

㉕《孟子·告子上》："其一人专心致志，惟弈秋之为听。"

㉖《孟子·尽心上》："知者无不知也，当务之为急；仁者无不爱也，急亲贤之为务。"

㉗《荀子·不苟》："唯仁之为守，唯义之为行。"

㉘《荀子·荣辱》："今使人生而未尝睹刍豢稻粱也，惟菽藿糟糠之为睹。"

㉙《荀子·礼论》："故人苟生之为见，若者必死；苟利之为见，若者

必害；苟怠惰偷懦之为安，若者必危；苟情说（悦）之为乐，若者必灭。"

以上加点的句子，与"匪女之为美"句式大致相同，均为宾语前置句，且"之为"后紧跟动词。我们认为，"为"是一个意义十分宽泛、灵活的动词，这里，置于动词前，则与动词一起构成特殊的同义连用；"为"不必也不能单独作释，须根据其后的动词合而释之。"为"的作用在于强调，使后面的动词意义更加突出。据此，例㉔当释为"不为那样的人伤心"；例㉕即"唯听弈秋（的教诲）"；例㉖可分别解作"急于处理当前的要务""务求先爱亲人和贤者"；例㉗分别释作"唯守仁""唯守义"；例㉘可解作"唯见菽藿糟糠"；例㉙可分别释作"假若只看见生存""假若只看见利益""假若安于怠惰偷懦""假若乐享情悦"。

综上所述，"匪女之为美"当按"非美女"理解，意即不是赞美你荑草。然而这样一来，上列几家注本对下句"美人之贻"的解释又显得句式不协、文意不畅。"美人之贻"不应视为偏正结构。因为这两句诗是并列复句，分别从否定与肯定两方面表达了对美人赠荑的态度。"女之为美"为动宾关系，那么，"美人之贻"理应相同。在《诗经》中，这类含"不是……而是……"语意关系的并列复句，基本如此。因此"美人之贻"的"美"亦作动词谓语，义与上句之"美"同；"人之贻"充当宾语。将两句合而释之，则是：并不是赞美你荑草，而是赞美心上人的赠予。两句诗一为宾语前置，一为宾语在后，这种变化，使全句活泼而富有情趣。

这样理解"美人之贻"是有所据的。毛传："非为荑（其）徒说美色而已，美其人能遗我法则。"孔颖达疏："非美其女，美贻己之人。"毛传及孔疏对《诗经·邶风·静女》一诗的主旨及这两句诗的理解与我们颇有出入，此不赘言。但是，毛传将"美人之贻"释作"美其人能遗我法则"，无疑是将其视为动宾结构，有可取之处；孔疏不仅将这句按动宾关系解释——赞美贻己之人，而且将上句亦视为动宾结构，在这一点上，与我们的看法是一致的。

2. 下陈

《战国策·齐策四》："臣窃计君宫中积珍宝，狗马实外厩，美人充下陈。"鲍彪注："陈，犹列。"王力主编的《古代汉语》及朱东润主编的《中国历代文学作品选》则将"下陈"释为"后列"，盖取自《史记·李斯列传》司马贞索隐及《文选·谏逐客书》李善之注。但"后列"一语似嫌笼统含混。也有将"下陈"释为"堂下"者，如《辞源》（修订本）、《汉语大词典》及刘盼遂、郭预衡主编的《中国历代散文选》等。以上诸家同时解释：堂下是古代统治者陈放礼品、站立婢妾的地方。陆宗达先生根据《尔雅·释宫》"堂途谓之陈"等材料，论证"陈"通"墀"，指宫殿台阶，"下陈"即台阶之下，也就是堂下①。以上两说所解释的"下陈"的位置，相去甚远，我们觉得都不尽恰当。因为考之众多典籍，并未见君王贵族的美女婢妾居于"后列"或"堂下"的直接记载。我们发现了另外一些材料，例如：

㉚《战国策·秦策五》："君之骏马盈外厩，美女充后庭。"

㉛《战国策·楚策一》："大王诚能听臣愚计，则韩、魏、齐、燕、赵、卫之妙音美人，必充后宫矣。"

这两条出自《战国策》的材料，作为本证，最具说服力。例㉚与"美人充下陈"句式与句意都十分相近。这里谓之"充后庭"，则"下陈"不就是"后庭"的同义语么？例㉛作"后宫"，而"后庭""后宫"正是古代婢妾宫女所居之处。

㉜宋玉《登徒子好色赋》："玉为人体貌闲丽，口多微辞，又性好色，愿王勿与出入后宫。"因为自己好色，故登徒子才请求国君不要与其出入宫妃美女的住所。

㉝《史记·齐悼惠王世家》："即事成，幸言偃女愿得充王后宫。"又"且主父偃何为者？乃欲以女充后宫"。

㉞《史记·吕不韦列传》："妾幸得充后宫，不幸无子，愿得子楚立以为适（嫡）嗣，以托妾身。"

㉟《说苑·尊贤》："果园梨栗，后宫妇人摭以相拋，而士曾不得一尝。"

有时又作"后房""后室"，如：

㊱《汉书·田蚡传》："前堂罗钟鼓，立曲旃，后房妇女以百数。"

㊲张衡《同声歌》："邂逅承际会，得充君后房。"

㊳《汉纪·武帝纪二》："前堂罗钟鼓，立曲旃，后室妇女以百数，诸侯奉金玉狗马玩好，不可胜数。"

---

① 陆宗达：《训诂简论》，北京：北京出版社，1980年，第109～110页。

　　在我们看来，影响对"下陈"正确解释的主要困难之一，恐怕是李斯《谏逐客书》中"饰后宫、充下陈"这条材料。因此尚需对其作认真的分析推敲。兹将这段文字较完整地引用如下：

　　必秦国之所生然后可，则是夜光之璧不饰朝廷，犀象之器不为玩好，郑、卫之女不充后宫，而骏马駃騠不实外厩，江南金锡不为用，西蜀丹青不为采。所以饰后宫、充下陈、娱心意、说耳目者，必出于秦然后可，则是宛珠之簪、傅玑之珥、阿缟之衣、锦绣之饰不进于前，而随俗雅化、佳冶窈窕赵女不立于侧也。

　　从"饰后宫、充下陈"对举看，"后宫"与"下陈"似乎指不同处所；然上文言"郑、卫之女不充后宫"，则"后宫"与"下陈"又当指同一地方。何以两个"后宫"所指不同？我们认为，正如以"充下陈"替代"充后宫"一样，云"饰后宫"者，大概是出于避复的考虑。因为前有"夜光之璧不饰朝廷"，后面易之以"饰后宫"，则行文富于变化。因此，这个"后宫"实指宫殿、朝廷。这是其临时的、特殊的意义，不宜以这个特例轻易否定"后宫"的常义，进而影响对"下陈"的正确索解。再从语词搭配关系看，"后宫"是无须美女婢妾来装扮、粉饰的，"饰后宫"者，当是文中提及的珠宝丝帛等珍贵物品。

　　末了，我们再对"下陈"指后宫的得义之由试作探讨。"陈"有"行列、位次"义，由此而引申泛指处所。至于"下"，不应按方位词理解。"下"由低处、底部可引申出低贱、微贱之义。如"下妾""下臣""下走"为自谦自贱之称；"下坐"即末座；"下位"即低贱之位等。因此"下陈"的字面义当是低贱之处。在男尊女卑的社会里，美女婢妾不过是王公贵族的玩物奴仆，将这些低贱者的居处称之"下陈"，指代后宫，就不足为奇了。

（原载《广东职业技术师范学院学报》2000年第2期，此次收入有所删节）

常用成语释义考证四则

摘　要：对几条常用成语的释义试作辩难、释疑、正误、溯源等方面的工作，补充现有认识的不足，以便正确使用；也可供辞典修订时参考。

关键词：自食其力；迎头赶上；日理万机；不辞劳苦

时下有些成语，人们都知其大意，且用于日常交流之中；但对其构成、来源并不十分明了；有的解释还有不尽如人意之处；有关辞书在释义上亦存在缺憾。今试作辩难、释疑、正误、溯源等方面的工作，以求得其正诂，便于正确使用。同时，或可弥补通行辞书之疏漏于万一，供修订时参考。

1. 自食其力

《汉语成语九用词典》释为"依靠自己的劳动来谋生"。

《中国成语大辞典》释为"依靠自己的劳动维持生活"。

按，以上的解释基本合其大意，然其中的关键字眼"食"和"力"尚未予说明，洵为智者之一失。"自食其力"盖源于"食力"。"食力"出现甚早，而诸家训释，均语焉不详，无疑影响了对后出成语"自食其力"的正确索解。

《礼记·礼器》："天子一食，诸侯再，大夫士三，食力无数。"郑玄注："食力，谓农工商也。"元人陈澔集说："食力，自食其力之人。"

《国语·晋语四》："公食贡，大夫食邑，士食田，庶人食力。"韦昭注："各由其力。"

两例的注家对"食力"作出了不同的解释。前者是把"食力"视为名词，后者则以动词性词语释之。不过，两家之注都只言其大意，未予逐字析解。《汉语大词典》承其说，将这两例"食力"分别释为"靠劳动生活的人"与"靠劳动生活"。

按"食力"的字面常义为释，的确颇费斟酌：力气怎么能够吞食、食用呢？看来，古今学者如此处理，实有不得已之苦衷。下面就此试作一番考察探究。

先看"食"字。"食"的本义亦即常义为食用、吞食，其对象主要是食物；而"食"的搭配能力较强，当它与多种对象组合后，词义则随之发生了变化。例如：

《诗经·卫风·氓》："自我徂尔，三岁食贫。""食贫"，即受贫。

《汉书·谷永传》："不食肤受之诉。"颜师古注："食，犹受纳也。"

《盐铁论·相刺》："扁鹊不能治不受针药之疾，贤圣不能正不食谏铮之君。"王利器校注："食就是受纳的意思。"

以上例中，"食"的对象比较抽象，且非人们愿意、希求的东西，"食"是"受，接受、遭受"的意思，含被动的意味。

当"食"的对象关乎人的生存、命运等，或为人们乐意接受且并不排斥、拒绝的重要东西，"食"就是享用、享有了。例如：

《周易·讼卦》："六三，食旧德。""食旧德"，即享受先人留下的德泽。

《战国策·秦策五》："子楚立，以不韦为相，号曰文信侯，食蓝田十二县。"此言享有主宰蓝田十二县的权力。

《史记·循吏列传》："使食禄者不得与下民争利。"

《汉书·董仲舒传》："吾已食禄，又夺园夫红女利乎？"

以上"食禄"，即享受俸禄。

此外，还有"食俸、食利、食租、食税"以及上引《国语·晋语四》中的"食贡、食邑、食田"等，均可以"享用、享有"释之。

再看"力"字。"力"的常义为力气、力量，而劳动成果就是靠人的力气、力量生产出来的，于是，"力"便自然有了"劳动所得、劳动果实"之义。例如：

《左传·昭公三年》："民参其力，二入于公，而衣食其一。""参其力"，即"参（于）其力"，把他们的劳动所得分成三份。

《礼记·月令》："凡在天下九州之民者，无不咸献其力，以共皇天上帝，社稷寝庙山林名川之祀。"郑玄注："民非神之福不生，虽有其邦国采地，此赋要由民出。"力气是不能直接奉献给皇天上帝的，这里的"力"指赋税之类，而赋税正是众庶劳动的成果。

"食力"的"力"用的正是此义。劳动成果是劳动者该当享用的东西。因此，"食力"组合起来，就是享用劳动成果的意思，具有动词性；若转换为名词，则是享用劳动成果之人。这样解释，与前面两家的注释及《汉语大词典》的释义看似异趣，实则暗合。所不同者，我们注重了意义的来由，且逐字得到落实。再补充两条例子：

《庄子·秋水》："事焉不借人，不多食乎力，不贱贪污。"

贾谊《论积贮疏》："今驱民而归之农，皆著于本，使天下各食其力。"

以上"食乎力""食其力"义同，都指享用自己的劳动所得。由此言之，"食力"盖由"食其力"省并而来。明乎此，再看"自食其力"，其义就十分显豁了，即：自己享用自己的劳动果实（所得）。这样解释，与"依靠自己的劳动来谋生"义相兼容而并不排斥，只是略有优劣高下而已。

2. 迎头赶上

现代汉语中，人们常常把"迎头赶上"作为"急起直追"的近义词来看待。然细加玩味，似觉尚有欠安者。《说文》："迎，逢也。"指行走方向相反的相遇，故"迎头"的常义为当头、迎面，由此衍生出碰撞、迎击、迎接等义；而"赶上"则需从后面与追赶目标朝着同一方向前进。若是，方向相反的"迎头"与方向一致的"赶上"搭配，怎么能够协调统一呢？查检有关辞书，释义总有不能令人满意之处。例如：

《中华成语大辞典》："迎头，迎面、当头。迎面追上去。形容快速追上去。"

按，"迎面追上去"，自相矛盾，无须赘言。

《汉语成语九用词典》："赶上最前头的（迎：向着；头：走在前头的）。"

《中国成语大词典》："朝着最前面的，追上去超过他。"

按，两部词典如是为解，可谓煞费苦心。从字面看，似乎化解了释文的矛盾，显得比较顺畅，然而问题并未真正解决。如上所述，"迎"面对的总是方向相反的目标。把"迎"释作"向着"或"朝着"，再将"头"变作方向一致的"前头的""前面的"来与之组合，显然有随意发挥，强作解人之嫌。因为这样为释，与"迎"的词义特点及搭配习惯均不相吻合。而且"头"分明是"迎"面朝着的对象，怎么就成了"追上"或者"赶上"的目标呢？毫无疑问，所谓"前头的""前面的"应当是成语中被施动者所追赶且隐而未现的那个目标，而绝非"头"字所具有的意义。

《汉语大词典》："谓加紧追上最前面的。"此说较前面几家的解释要合理一些，惜稍嫌笼统，对"迎头"未加说明，又带出那个隐而未现的"最前面的"，仍然未达一间。

从上面的讨论可以看到，若拘泥于"迎头"的字面之义为释，则很难走出与"赶上"相冲突的怪圈。看来需要调整角度考虑，方能找到合理的答案。"迎头"一语，离不开人与人之间的交往活动。而按照习惯，人们交往见面，出于礼貌，往往要快步前行，是谓趋也。这样"迎头"就不难引申出"赶紧、抢先"之义来。例如：

元人马致远《汉宫秋》第一折："迎头儿称妾身，满口儿呼陛下，必不是寻常百姓家。"

元人乔吉《金钱记》第四折："他见我春风得意长安道，因此上迎头儿将女婿招。"

综上，"迎头赶上"就是"抢先赶上、加紧赶上"的意思。按此理解，它才能与"急起直追"成为名副其实的同义词。不过，就现有材料看，"迎头"的"赶紧、抢先"之义古今都不常见，仅在元曲中发现两例，何以就组成了"迎头赶上"的成语呢？这里不排除误用的可能。即，人们在理解、使用这个成语时，将意义的重心偏移在"赶上"上面，而把修饰性成分"迎头"淡化乃至弱化了。谨试作假设，聊备一说。或许这也是人们对其解释难以到位的原因之一吧。

3. 日理万机

王艾录《汉语词语的理据》曰："'万机'，人们用'日理万机'形容工作极其繁忙。什么是'万机'？很难理解。其实'万机'本作'万几'，意为'一万多'，古代指帝王日常的纷繁政事。"此说独出心裁，提出了与通行辞书颇不相同的看法。新见是否可取？下面试述管见。

首先，常识告诉我们，无论古今，"机"与"几"形、义均不相同。因此，言"万机"本自"万几"，以及其义等同于"万几"，都需要充分的论证。然王先生对此未予必要的说明，便仓促作出结论，不免使人生疑。

《尚书·皋陶谟》："（皋陶曰）：'无教逸欲有邦，兢兢业业，一日二日万几。'"孔安国传："几，微也。言当戒惧万事之微。"孔颖达疏："马王皆云：一日二日犹日日也。"周秉钧《尚书易解》："万几，变化万端也。"可见，"几"并不是事情、政事，而是指几微的变化。正因为世事变化万端，所以皋陶才要求禹兢兢业业、日日戒惧。《汉语大字典》将此例引作"事务、政事"的书证，看来处理不尽恰当。

"机"与"几"义相迥别，指重要的、关键的以及机密之事。《字汇》："机，密也。"《广韵》："机，万机也。"引申可指国家大事等。而"日理万机"原作"助理万机"，始见于《汉书·公卿百官表上》："相国、丞相，皆秦官，金印紫绶，掌丞天子助理万机。"由此可知，"万机"出现的时间要迟于"万几"。而"日理万机"一语的产生及定型则更晚，大致是中古以后的事情；盖由"一日万几"与"助（统）理万机"两条义不相同的词语糅合而成。《汉语成语考释词典》将"一日万机"与"日理万机"分立为两个词条，很有道理。不知王艾录先生注意到这一重要事实没有？

其次，撇开后出之"万机"不论，单就《尚书》时代的"万几"而言，能不能表约数即"一万多"呢？就我们所知，先秦汉语中，用于整数后表约数的词有"余、有余、所、许"等，而从未见到"几"用于言其多的整数后表约数。"几"在先秦的常见用法是询问数量。《玉篇》："几几，多也。"《韵会》："几，问数多少之辞。"一般可释作"多少"。例如：

《左传·文公十七年》："畏首畏尾，身其余几？"

《左传·僖公二十三年》："夫有大功而无贵仕，其人能靖者，与有几？"

《左传·昭公二十六年》："韩子亦无几求。"杜预注："言所求少。"

《孟子·离娄上》："子来几日矣？"

综上，无论是将"万机"还是"万几"释为"一万多"，均属无根之谈，不足为信。"万机"就是繁多的政（事）务，这一传统的解释是不能轻易否定的。

4. 不辞劳苦

《中国成语大辞典》释为"虽然劳累辛苦，也不推辞。多形容工作勤奋"。其他辞典大同小异，都把"辞"释为推辞、拒绝。按，"推辞、拒绝"乃"辞"的常义。然而，当"不辞"连用，且后面为令人不大愿意、难以对付的事情时，其义则有了一定的变化，拘于常义为解是不尽允当的。因为面对这类事情，首先是心理上的反应，然后才是行动上的拒绝。我们认为，把否定性词语组合中的"辞"视为表心理活动的动词，解作"畏、惧、怕"等比较合理。这种用法在古书中其实并不罕见，只是一般的辞书将其忽略了。请看古书中的用例：

汉人司马相如《喻巴蜀檄》："是以贤人君子，肝脑涂中原，膏液润野草，而不辞也。""不辞"，指心里不害怕。

《抱朴子·臣节》："出不辞劳，入不数功。""不辞劳"就是不畏劳苦。

唐人张文成《游仙窟》："桂心曰：'不辞歌者苦，但伤知者稀。'"此言不怕唱歌的人辛苦。

唐人杜甫《王十五司马弟出郭相访遗营草堂赀》："他乡唯表弟，还往莫辞劳。""莫辞劳"，即不要怕辛劳。

唐人韦绚《戎幕闲谈》："（畅璀）良久谓之曰：'某自揣才业不后于人，年已六十，官为县宰。不辞碌碌守职，但恐终不出下流，要知此后如何？'""不辞"与"但恐"对文，其义甚明。

《敦煌变文集·伍子胥变文》："不辞骸骨掩长波，父兄之仇终不断。""不辞"是"不怕、哪怕"的意思。

"惮"有"惧""怕"之义，因而"辞"又可与"惮"同义连文，用于表否定的用法中。例如：

元人徐本《楚昭王疏者下船》第一折："你休辞惮山高水远路三千，我等你锦衣绣袄军十万。"

《西厢记》第三本第二折："放心去，休辞惮，你若不去呵，望穿他盈盈秋水，蹙损他淡淡春山。"

"休"为否定副词，"休辞惮"即休要害怕，也就是不要害怕。

元人张弘范《襄阳战》："定输赢此阵间，无辞惮，舍性命争功汗。"

《楚昭公》第一折："但愿你晓行晚宿无辞惮，休着我悬望的恶心烦。"

《霍光鬼谏》四则："你看我这一番，勤王保驾无辞惮。"

以上几例"无辞惮"即不害怕、不要害怕。

《汉语成语考释词典》大概觉察到这个问题，认为："原作'不惮劳苦'，不怕劳累辛苦。"举例为《管子·乘马·士农工商》："是故夜寝蚤起，父子兄弟，不忘其功，为而不倦，民不惮劳苦。"然而，该词典没有揭示"惮"同"辞"的同义关系；又谓"后世多作'不辞劳苦'，指甘愿为之劳累辛苦，不加推辞。"可见，这一解释仍囿于时俗之说，且义有含混。故不妨推演如上，以为补充。吾乡（湖北省利川市）有"我年纪大了，有点辞劳苦了"之说，"辞劳苦"就是怕劳苦、畏惧劳苦，亦可为一旁证。

参考文献

［1］王涛等：《中国成语大辞典》，上海：上海辞书出版社，1987 年。

［2］向光中、李行健、刘松筠：《中华成语大辞典》，长春：吉林文史出版社，1986 年。

［3］刘洁修：《汉语成语考释词典》，北京：商务印书馆，1989 年。

［4］倪宝元：《汉语成语九用词典》，杭州：浙江教育出版社，1993 年。

（原载《湛江师范学院学报》2004 年第 5 期）

第三编　教材注释拾遗

文献训诂拾零

1. 生民心

《左传·隐公元年》："若弗与，则请除之，无生民心。"今人注本均视"生民心"为动词带双宾语结构，"生"用作使动，"生民心"是"使民心生"的意思。按，所谓双宾语，"是一个述语同时带两个宾语，两个宾语各自跟述语发生关系，它们之间没有结构上的关系"①。古代汉语中，使动词带双宾语的情况是存在的。例如：《左传·庄公十二年》："陈人使妇人饮之酒，而以犀革裹之。"又《左传·襄公二十三年》："季氏饮大夫酒。"《史记·廉颇蔺相如列传》："均之二策，宁许以负秦曲。"显然，这些句子里，两个宾语之间是没有什么结构关系的。"生民心"则不然。"民心"即"民之心"，是偏正结构，作"生"的宾语。因此，"生民心"应按"使民心生"理解。又《左传》一书，"生心"或"生×心"盖为熟语，有其特定的含义，往往表示"产生某种不好的念头"。如《左传·庄公二十八年》："戎之生心，民慢其政，国之患也。""生心"指产生入侵之心。《左传·文公七年》："既不受矣，而复缓师，秦将生心。""生心"谓产生以武力强纳公子雍之心。《左传·昭公二十五年》："蕴蓄，民将生心。""生心"言产生叛变公室之心。《左传·昭公二十六年》："至于惠王，天不靖周，生颓祸心。""生颓祸心"格式同"生民心"，指使颓的祸害之心产生。考察上下文，"生民心"就是指"使老百姓的怀疑动摇之心产生"。

2. 唯是

《左传·僖公四年》："君处北海，寡人处南海，唯是风马牛不相及也。"王力先生及郭锡良先生主编的《古代汉语》都认为"唯"是句首语气词，然究竟表何种语气，未予说明。愚以为"唯"乃表原因的连词，可以"因为、由于"释之。"唯"字或作"惟""维"。兹举几例说明。《尚书·盘庚》："亦惟女故，以丕从厥志。"《诗经·郑风·狡童》："维子之

---

① 朱德熙：《语法讲义》，北京：商务印书馆，1982年，第121页。

故，使我不能息兮!"《左传·僖公五年》:"桓庄之族何罪? 而以为戮，不唯偪乎?"又《左传·襄公三年》:"夫唯善，故能举其类。"《荀子·子道》:"及其至江之津也，不放舟，不避风，则不可涉也，非维下流水多邪?"这些"唯、惟、维"，均当释作"因为、由于"。又，"唯是"连用，是《左传》习用之形式。"是"为指示代词，"唯是"即"因为这样，因此"的意思。例如:《左传·僖公三十三年》:"吾子淹久于敝邑，唯是脯资饩牵竭矣。""脯资饩牵"泛指食物之类。此言秦师淹留郑国，因此食物罄竭。《左传·成公二年》:"吾子惠徼齐国之福，不泯其社稷，使继旧好，唯是先君之敝器、土地不敢爱。"这是说，晋国宽容我们齐国，因为这样，先君留下的器物我们就不敢吝惜，亦即愿意为割地赂物求和。这是外交辞令。《左传·昭公四年》:"不来者，其鲁、卫、曹、邾乎! 曹畏宋，邾畏鲁，鲁、卫偪于齐，而亲于晋，唯是不来。""唯是不来"，言因为以上原因，这几个国家不会前来。《左传·昭公十二年》:"昔我先王熊绎辟在荆山，筚路蓝缕以处草莽，跋涉山林以事天子，唯是桃弧棘矢以共御王事。""桃弧棘矢"指楚地生产的粗劣器物，这里作介词"以"的宾语，前置。此言楚国创业之始，十分困穷，因此只能用"桃弧棘矢"等物进贡周王。本篇的"唯是"正作是解。这几句是说，齐楚两国相距遥远，由于这样，即使是马牛奔跑走失也不会到达对方境内。

3. 物

司马迁《报任安书》:"教以慎于接物，推贤进士为务。"朱东润先生主编的《中国历代文学作品选》注:"物，事。"郭锡良先生主编的《古代汉语》注:"接物，与外界交接，指交际。"以上解释皆有不确。"物"即"人"，"接物"就是"接交人、与他人交往"。"物"的这一用法，先秦就已出现。《左传·昭公十一年》:"楚师在蔡，晋荀吴谓韩宣子曰:'不能救陈，又不能救蔡，物以无亲。晋之不能亦可知之也已。'""物以无亲"，犹言别人因此不会来亲附。又《左传·昭公二十八年》:"且三代之亡，共子之废，皆是物也……夫有尤物，足以移人，苟非德义，则必有祸。"杜预注:"夏以末喜，殷以妲己，周以褒姒，三代所由亡也。共子，晋申生，以骊姬废。"可知，"物"指的是末喜、妲己、褒姒、骊姬几个女人。"尤物"指特美的女人。《吕氏春秋·审分》:"人主之车，所以乘物也。察乘物之理，则四极可有。""乘物"即"乘载人"。又《吕氏春秋·

骄恣》："亡国之主，必自骄，必自智，必轻物。""轻物"即"轻慢别人"。汉代，这种用法亦见。《淮南子·道应》："数战则民罢，数胜则主骄……物罢则怨，怨则极虑，上下俱极，吴之亡犹晚矣。"此"物"即前面所说的"民"。又《淮南子·诠言》："人能接物而不与己焉，则免于累矣。""接物"与前义同。《汉书·叙传上》："所贵圣人之至论兮，顺天性而断谊。物有欲而不居兮，亦有恶而不避。"颜师古注："言富贵人之所欲，不以其道则君子不居。"

4. 祸莫憯于欲利

这是司马迁《报任安书》里的一句话。各家注本对"憯"的解释均语焉不详。"憯"与"惨"为同源通用字。王力先生的《同源字典》谓"'憯、惨'实同一词"①。今"惨"行而"憯"废。"憯"在这里是"惨痛、痛心"的意思。为何灾祸没有比"欲利"更让人惨痛呢？此为一句古语。《老子》第四十六章："祸莫大于不知足，咎莫大于欲得。"《韩非子》里亦几次提到类似之言。《韩非子·喻老》："虞君欲屈产之乘与垂棘之璧，不听宫之奇，故邦亡身死。故曰：'咎莫憯于欲得。'"在《韩非子·解老》里，韩非子又对贪财而招祸的原因作了具体分析："故欲利甚于忧，忧则疾生；疾生则智慧衰，智慧衰则失度量；失度量则妄举动，妄举动则祸害至；祸害至而疾婴内，疾婴内则痛祸薄外；痛祸薄外则苦痛杂于肠胃之间，苦痛杂于肠胃之间则伤人也憯；憯则退而自咎，退而自咎也生于欲利。故曰：'咎莫憯于欲利。'"这段文字采用连锁推理的方式，将这个问题阐述得十分清楚。

5. 引决　引节

两词均出于司马迁《报任安书》，表"自杀身亡"之义。然其得义之由，遍检诸书或语焉不详，或有误解，今试作分析以明之。先看"引决"。《说文》："引，开弓也。"本义是张弓射箭。射箭好似人牵着箭矢使之发射，故"引"引申为"牵引、导引"。将事情引到自身，就是"承担、承受"了。在这一意义上，"引"的对象往往是不好的事情，且含自己主动接受之意味。《尚书·大禹谟》："帝初于历山，往于田，日号泣于旻天，于父母，负罪引慝。"《汉书·元后传》："咎在朕躬，今大将军乃引过自

---

① 王力：《同源字典》，北京：商务印书馆，1982年，第261页。

予。"《论衡·齐世篇》："英引罪自予，卒代将死。"《吴越春秋·勾践伐吴外传》："勾践乃选吴越将士，西渡河以攻秦，军士苦之。会秦怖惧，遂（逆）自引咎，越乃还军。"《后汉书·和熹邓皇后纪》："克己引愆，显扬仄陋。"以上例中的"引慝""引过""引罪""引咎""引愆"，都含自动承担责任过错或罪过之义。"决"也是不好的事情。"决"有动词"断、破"义。《庄子·骈拇》："且夫骈于拇者，决之则泣。"《淮南子·说山》："或决指身死。"《礼记·曲礼上》："濡肉齿决，干肉不齿决。"这些"决"义为"弄断、咬断"。《周易·大壮》："藩决不羸，壮于大舆之腹。"高亨注："藩决犹言藩破。"《吴子·图国》："有此三千人，内出可以决围。""决围"即"攻破重围"。物断破则毁损，人死则如物之断破毁弃，故"决"引申有"死亡"之义。《史记·宋微子世家》："于是微子度纣终不可谏，欲死之，及去，未能自决，乃问于太师、少师。""自决"犹言自己杀死自己。《风俗通义·过誉》："规顾弟，私也；离局，奸也；诱巧，诈也；畏舟，慢也。四罪是矣，杀决可也。""杀决"即杀死、处死。《三国志·魏书·仓慈传》："慈躬往省阅，料简轻重。自非殊死，但鞭杖遣之，一岁决刑曾不满十人。""决刑"特指死亡之刑。

综上，"引决"就是自动承受死亡，也即"自杀"的意思。

再看"引节"，何以也指"自杀身亡"。汉魏之际，"引决"一词使用比较普遍。《汉书·翟方进传》："（翟方进）还归，未及引决，上遂赐册。"《汉书·王嘉传》："将相不对理，陈冤相踵，以为故事。君侯宜引决。"《汉书·万石卫直周张传》："或劝庆宜引决，庆甚惧，不知所出。"《汉书·叙传下》："陵不引决，忝世灭姓。"潘岳《西征赋》："激义诚而引决，赴丹焰以明节。"或作"引诀"。如《周书·皇帝杨皇后传》："帝大怒，遂赐后死，逼令引诀。"由于"引决"经常使用，"引"受"决"的渗透影响，也有了"死亡"之义。《后汉书·虞诩传》："防必欲害之，二日之中，传考四狱，狱吏劝诩自引。诩曰：'宁伏欧刀以示远近。'"又《后汉书·梁节王畅传》："臣小人，贪见明时，不能即时自引。惟陛下哀臣，令得喘息漏刻。"潘岳《寡妇赋》："感三良之殉秦兮，甘捐生而自引。"李善注："自引，自杀也。""引"有"死亡、杀死"义，那么"引节"就是"引于节"，"为节义而自杀身亡"的意思。

6. 上父母丘墓

司马迁《报任安书》："仆以口语遇此祸，重为乡党所笑，以污辱先人，亦何面目复上父母丘墓乎？"何谓"丘墓"？一般注本不注。这里两词乃同义连用，共表坟墓。《方言》卷十三："冢，自关而东谓之丘，小者谓之堂，大者谓之丘。"《周礼·春官·冢人》："以爵等为丘封之度，与其树数。"郑玄注："王公曰丘，诸臣曰封。"《礼记·曲礼下》："为宫室，不斩于丘木。""丘木"指坟上的树。《史记·吴王濞列传》："烧残民家，掘其丘冢。""丘冢"连言，泛指坟墓。吴王阖闾墓称为"虎丘"，楚昭王墓谓之"昭丘"，正取其义。

为什么说没有面目再上父母的丘墓呢？这是当时的忌讳。《论衡·四讳篇》："二曰讳被刑为徒，不上丘墓。""丘墓"指父母祖先的坟墓。该篇对其原因也作了说明："徒不上丘墓有二义，义理之讳，非凶恶之忌也。徒用心，以为先祖全而生之，子孙亦当全而归之……孔子曰：'身体发肤，受之父母，弗敢毁伤。'孝者怕（迫）入刑辟，刻画身体，毁伤发肤，少德泊行，不戒慎之所致也。愧负刑辱，深自刻责，故不升墓祀于先。古礼庙祭，今俗墓祀，故不升墓，惭负先人，一义也。"这是说，父母给了子女完整的身体，子女就要完整地保护下来，这才是对父母尽孝。但是，受刑之人身体毁伤残缺了，就"惭负先人"，所以既无资格更无脸面到父母的丘墓上去祭祀。这段话出自《礼记·祭义》："父母全而生之，子全而归之，可谓孝矣。不亏身体，不辱其身，可谓全矣。"

《论衡·四讳篇》还谈到第二个原因："墓者，鬼神所在，祭祀之处。祭祀之礼，斋戒洁清，重之至也。今已被刑，刑残之人，不宜与祭，供侍先人，卑谦谨敬，退让自贱之意也。缘先祖之意，见子孙被刑，恻怛憯伤，恐其临祀，不忍歆享，故不上墓，二义也。"这段话中实际又包括两个问题：一是祭祀要斋戒沐浴，洁净身心。但是受刑之人身体已残缺不洁，若上丘墓祭祀，则不合祭礼规定。《太平御览》卷五五二引《风俗通义》也说："徒不上墓。说新遭刑罪原解者，不可以上墓祠祀……今遭刑者，髡首剃发，身被加笞，新出狴犴，臭秽不洁。凡祭祀者，孝子致斋，贵馨香如亲存也。"这段话可以帮助我们进一步认识这个问题。二是推想先人之亡灵，若见其刑余之子孙前来祭祀，当十分悲伤，会不忍心享受其供物。这样，祭祀也就失去了意义。

司马迁遭受宫刑，"大质亏缺"，连上父母的丘墓都不可能，故发出如此悲怆的叹息。

7. 哀

《战国策·赵策四》："媪之送燕后也，持其踵为之泣，念悲其远也，亦哀之矣。"郭锡良先生主编的《古代汉语》注："哀之，哀怜她。"按，"哀怜"今义是怜悯、同情。然燕后一去，母女俩将是生离死别，以一"哀怜"怎能反映太后此时对女儿的特殊感情？一些译文以"哀伤、悲哀"解之，也不恰当。上句"念悲其远也"已为太后之悲伤作结，下面再言"悲哀"则于义为赘。我们认为，"哀"是"爱、疼爱"的意思，此句言太后十分悲伤地为女儿送行，也的确是疼爱她。"亦哀之矣"正是对赵太后内心极度悲哀的感情的揭示。"哀"训"爱"于训诂有据。《说文》："哀，闵也。"《诗经·小雅·鸿雁》："爰及矜人，哀此鳏寡。"《韩非子·用人》："忧悲不哀怜。"同情怜悯他人，正是有爱心的表现，故"哀"引申有"爱"义。《释名·释言语》："哀，爱也。"《管子·侈靡》："国虽弱，令必敬以哀。"集校引李哲明曰："哀读为爱，古字通。"《吕氏春秋·报更》："人主胡可以不务哀士？"高诱注："哀，爱也。"《淮南子·说林训》："鸟飞反乡，兔走归窟，狐死首丘，寒将翔水，各哀其所生。"高诱注："哀犹爱也。"《汉书·鲍宣传》："诚欲哀贤，宜为谢过天地，解仇海内。""哀贤"犹言爱惜贤才。

8. 来

《论语·季氏》："故远人不服，则修文德以来之。""来"用作使动，这是一般注本的认识；但不应解作"使……前来（到来）"。"来"是"归顺、归附"之义，"来之"即"使他们归附"。何者？孔子此言是针对季氏将用武力解决颛臾的强制行为而说。他强调的是以德服人，要认真搞好德治，对远方之人产生吸引力，从而使他们心悦诚服地归顺称臣。《孟子·公孙丑上》的"以力服人者，非心服也，力不赡也。以德服人者，中心悦而诚服也"。正是这个意思。"来"训为"归"有例可证：《尚书·大禹谟》："无怠无荒，四夷来王。"孔传："言天子常戒慎无怠堕荒废，则四夷归往之。"《诗经·大雅·常武》："王犹允塞，徐方既来。"马瑞辰《毛诗传笺通释》："来，犹归也……'徐方既来'犹言徐方既怀归耳。"又《诗经·小雅·六月》："来归自镐，我行永久。""来归"同义连用。《左传·文公七年》："若吾子之德莫可歌也，其谁来之？"杜预注："来，归也。"

9. 独何

《孟子·梁惠王上》："今恩足以及禽兽，而功不至于百姓者，独何与？""独何"，一般注本所言不详。按，"独"即"何"，两个副词同义连用，相当于"为什么"。"独"的这种用法古书中亦常见。《楚辞·离骚》："吾独困穷乎此时也？"《战国策·秦策》："子独不可以忠为子主计，以其余为寡人乎？"《淮南子·道应》："文侯喟然叹曰：'吾独无豫让以为臣乎？'"以上的"独"，都出现在问句里，只有释作"为何、为什么"才最适宜。"独何"或"何独"连用亦不鲜见。《左传·襄公二十八年》："子尾曰：'富，人之所欲也，何独弗欲？'"又《左传·昭公十五年》："或以吾城叛，吾所甚恶也；人以城来，吾独何好焉？"又《左传·昭公十九年》："我斗，龙不我觌也；龙斗，我独何觌焉？"《孟子·告子上》："故凡同类者，举相似也，何独至于人而疑之？"又《孟子·尽心上》："古之贤王好善而忘势，古之贤士何独不然？"《墨子·兼爱上》："治乱者何独不然？必知乱之所自起，焉能治之。"

10. 立

《孟子·梁惠王上》："使天下仕者皆欲立于王之朝。"这里，若训"立"为"站立"，则释为"站立在齐王的朝廷上"，于义欠安。"立"同"位"。段玉裁《说文解字》"位"下注："古者立、位同字。"《周礼·春官·小宗伯》："掌建国之神位。"郑玄注："故书'位'作'立'。郑司农云：'立读为位。'古者立、位同字，古文《春秋经》'公即位'为'公即立'。"《论语·卫灵公》："知柳下惠之贤而不与立也。"俞樾《群经平议》："立，当读为位。"是"不与立"即"不给他官位"。《马王堆汉墓帛书·经法·道法》："天地有恒常，万民有恒事，贵贱有恒立。"此"恒立"即"恒位"。"位"本指朝廷中群臣的位列。《说文》："列中庭左右谓之位。"《尔雅·释言》："中庭之左右谓之位。"引申之，"位"就是指"官位、官职"。《周易·系辞上》："贵而无位，高而无名。"《孟子·公孙丑上》："贤者在位，能者在职。"本句中的"立（位）"后有介词结构作补语，则用作动词，指"谋求官位"。所谓"立于王之朝"，就是"到您的朝廷上来做官"的意思。

（原载《河南师范大学学报》1991 年第 1 期，此次收入略有删节）

先秦"若是其甚"类句式正诂

　　《孟子·梁惠王上》"若是其甚"句及《孟子·公孙丑上》"如彼其专""如彼其久""如彼其卑"等，王力先生主编的《古代汉语》的注释中都认为是倒装句。也就是说，它们应分别按"其甚若是""其专如彼""其久如彼""其卑如彼"来理解。这种看法我们谓之"倒装说"。它具有一定的代表性，影响较大。但"倒装说"是否合理呢？本文试以先秦文献材料为依据，对"若是其甚"类句式作一断代考察分析，以求得其正诂。

　　"若是其甚"类句式，在先秦文献中出现得相当频繁。例如：

　　《论语·子路》："定公问：'一言而可以兴邦，有诸?'孔子对曰：'言不可以若是其几也。'"

　　《墨子·天志上》："相儆戒犹若此其厚，况无所避逃之者?"

　　《庄子·人间世》："自吾执斧斤以随夫子，未尝见材如此其美也。"

　　《庄子·渔父》："由得为役久矣，未尝见夫子遇人如此其威也。"

　　《孟子·尽心下》："由孔子而来至于今，百有余岁，去圣人之世若此其未远也，近圣人之居若此其甚也，然而无有乎尔，则亦无有乎尔。"

　　《孟子·离娄下》："待先生如此其忠且敬也，寇至，则先去以为名望；寇退，则反，殆于不可。"

　　《荀子·仲尼》："其事行也，若是其险污淫汰也，彼固曷足称乎大君子之门哉！"

　　《荀子·君道》："耳目之明，如是其狭也；人主之守司，如是其广也；其中不可以不知也，如是其危也。"

　　《礼记·檀弓上》："若是其靡也，死不如速朽之愈也。"

　　《韩非子·外储说左上》："有君如彼其信也，可无归乎?"

　　《韩非子·饰邪》："明法者强，慢法者弱，强弱如是其明矣，而世主弗为，国亡宜矣。"

　　《吕氏春秋·开春》："自古及今，功若此其大也，而能无有罪戮者，未尝有也。"

《吕氏春秋·博志》："用志如此其精也，何事而不达? 何为而不成?"

《晏子春秋·外篇》："夫子之家，如此其贫乎?"

从以上材料看，这类句式均由动词"若""如"与指示代词"是""此""彼"组成动词性词组，后面紧跟着"其"加上形容性词语。"其"后大多为单音节形容词，如"几（拘执）""厚""美""威""甚""狭""广""危""靡""信""明""大""精""贫"等，也有少量的几个形容词并列使用，或以形容词为中心的结构，如"未远""忠且敬""险污淫汰"等。总之，其规律性较强。"其"后也有动词者，但为数甚少。例如：

《礼记·檀弓上》："南宫敬叔反，必载宝而朝。夫子曰：'若是其货也，丧不如速贫之愈也。'""货"，即贿赂（他人）。

《韩非子·说疑》："故居处饮食如此其不节也，制刑杀戮如此其无度也，然敬侯享国数十年，兵不顿于敌国，地不亏于四邻，内无群（君）臣百官之乱，外无诸侯邻国之患，明于所以任臣也。""不节"即不讲究规律节制；"无度"即没有节度。

对于上述诸例，若按"倒装说"来理解，虽有部分句子不够畅达，但大多庶几可通。然而，研究古代语言，"通不等于对"。对于高度抽象的语法现象，尤其要置于广阔的语言背景上，综合比较，方能立说。"倒装说"是将"若是其甚"类句式视为主谓倒装的。主谓倒装在先秦并不鲜见，《诗经》出现的将谓语置于主语之前主要是为了押韵。例如：

《诗经·周南·桃夭》："桃之夭夭，灼灼其华。之子于归，宜其室家。桃之夭夭，有蕡其实。之子于归，宜其家室。"为了押韵，便将谓语"灼灼"置于主语"其华"之前；将谓语"有"置于主语"其实"之前。"华""家"均在鱼部；"实""室"均在质部。

《诗经·豳风·七月》："春日载阳，有鸣仓庚。"谓语"有鸣"置于主语"仓庚"之前，"阳""庚"均在阳部。

由于诗歌的语序有其特殊性，这种倒装并不在我们的讨论之列。较为典型的主谓倒装是下列句式：

《论语·子路》："小人哉，樊须也!"

《论语·述而》："甚矣，吾衰也! 久矣，吾不复梦见周公!"

《论语·颜渊》："何哉，尔所谓达者？"

《左传·桓公二年》："异哉，君之名子也！"

《孟子·尽心下》："死矣，盆成括！"

《吕氏春秋·重言》："子邪，言伐莒者？"

这些倒装句都是为了突出谓语而将其置于主语之前，且出现在感叹句和疑问句两种句型中。所以，前置的谓语后往往带上语气词，以表达较强的语气。显然，这种主谓倒装与"若是其甚"类句式的构成方式是不一样的。同时，从甲骨文到现代，主语在前、谓语在后，是汉语最基本的语序，而少数谓语置于主语之前的情况只不过是变例而已。"若是其甚"类句式则不然。据初步调查，在先秦汉语中，我们尚未发现"其甚若是""其专如彼""其美如是"之类的说法。虽然我们未曾对先秦材料作穷尽性统计，但是可以肯定，即令有，那也是极个别的，不可能带有普遍性和规律性。倒装是相对正常的语序而言，既然表达这类语义内容不存在将"其×"置于"如是"等词组前的常用格式，那么，视"若是其甚"类句式为倒装就无从说起了。因此，我们认为，先秦汉语中，"若是其甚"类句式才是常例，是当时最习惯的用法。视之为倒装，则是以后世的语法习惯比附早期的语法现象，这在方法上是不可取的，其结论也是不足信的。

另外，还可以将主谓倒装句与"若是其甚"类句式作另一比较。在主谓倒装句中，主语往往是必不可少、不能省略的。而在"若是其甚"类句式中，"若是"等后面的"其"和形容词或动词就算不出现也不影响语义的表达，也就是说，"若是""如此""如彼"等可以单独使用。例如：

《孟子·滕文公上》："圣人之忧民如此，而暇耕乎？"

《孟子·万章上》："有庳之人奚罪焉？仁人固如是乎？"

《庄子·德充符》："今子之所取大者先生也，而犹出言若是，不亦过乎？"

《荀子·儒效》："夫其为人下也如彼，其为人上也如此，何谓无益于人之国也？"

这是因为，代词"是""此""彼"等在句中已起着指代某种性质状态或行为的作用，它们所指代的内容或前面已经出现，或在特定的语境中不言可明。这正是"若是其甚"类句式并非主谓倒装的又一明证。

那么，"若是其甚"类句式当作何解？我们认为，它们是较特殊的偏正结构。"若是"是修饰性成分，"像这样、这样"的意思；"其"为结构助词，相当于"之"，可译作"的"或"地"；"其"后的形容性词语或动词是中心成分。据此，"若是其甚"就是"像这样的厉害"；"如彼其久"就是"像这样的长久"；"若此其大"就是"像这样的大"；"如此其不节"就是"像这样的不讲规律节制"，以此类推。这样解释，莫不句意显豁、文从字顺。

正确理解"若是其甚"类句式的关键在于"其"字。我们说"其"是结构助词，相当于"之"，是因为在这类句式中，"其"的位置上有时就用"之"来表示。如：

《论语·子张》："子贡曰：'纣之不善，不如是之甚也。是以君子恶居下流，天下之恶皆归焉。'"

《墨子·明鬼下》："鬼神之诛，若此其憯速也。"又"鬼神之诛，若此之伯肆也"。"憯速"同义连用，"疾速"之义。此一用"其"，一用"之"，则"其"的功用甚明。

《庄子·则阳》："其慢若彼之甚也，见贤人若此其肃也。"此亦"之"与"其"对举。

《韩非子·外储说右下》："齐王何若是之贤也？则将必王乎？"

由于"其"是处于修饰语与中心词之间的结构助词，它并非句中不可或缺的成分，所以有时可以略而不用而并不影响语义的表达。例如：

《尚书·君奭》："公曰：'君，予不惠，若兹多诰。'"

《墨子·非乐上》："今王公大人唯毋为乐，亏夺民衣食之财，以拊乐如此多也。"

《韩非子·外储说右上》："君于颠颉之贵重如彼甚也，而君犹行法焉，况于我则何有矣？"

《庄子·齐物论》；"人之生也，固若是芒乎？""芒"，愚昧。

"其"用作结构助词，并非仅见于"若此其甚"类句式中，在别的场合也有出现。例如：

《尚书·康诰》；"朕其弟，小子封。""朕其弟"即我的弟弟。

《左传·庄公十三年》；"非此其身，其在异国乎？""非此其身"犹言非此之身。

《大戴礼记·保傅》："凡是其属，太师之任也。""是其属"即是之属。

最早将"若此其甚"类句式视为倒装的盖为马建忠。他在《马氏文通》实字卷之二曾对《汉书·刑法志》"有君如是其贤也"作过分析，言"'有君'为句，'其'指'君'，犹云'有君其贤也如是'"。马氏将"如是其贤"理解为"其贤也如是"，大概是他看到汉代作品中出现了"其×"置于"如是"等前的格式。我们亦检得数例，兹录于下：

《史记·孔子世家》："故鼎铭云：'一命而偻，再命而伛，三命而俯，循墙而走，亦莫敢余侮。馆于是，粥于是，以糊余口。'其恭如是。"

《史记·儒林列传》："下帷讲诵，弟子传以久次相受业，或莫见其面，盖三年董仲舒不观于舍园，其精如此。"

《史记·佞幸列传》："于是赐邓通蜀严道铜山，得自铸钱，'邓氏钱'布天下。其富如此。"

《汉书·公孙弘传》："山东鄙人，不知其便若是。"

但是，即令如此，马建忠的看法也不一定正确。因为在汉代，这种新兴的句式当时毕竟不多，并未成为表达的主流而具有普遍性、一般性。因此，马氏的理解，仍是以后世习惯用法比附的结果。今人若以马建忠的看法及汉代有限的几条材料为据，进而推及先秦汉语中"若是其甚"类句式一定是主谓倒装，显然违背了发展的原则，是难以立足的。

（原载《湖北民族学院学报》1995 年第 1 期）

《左传》"必以信""必以情"解诂

《左传·庄公十年》："牺牲玉帛，弗敢加也，必以信。"杜预注："祝辞不敢以小为大，以恶为美。"又："小大之狱，虽不能察，必以情。"杜预注："必尽己情察审也。"杜注对"必以信""必以情"的解释尚有缺欠，今人解读亦见分歧。有的注为："一定如实告神""一定要根据实情处理"。① 从注文增添的"告神""处理"，可知注者认为句中省略了谓语动词。这是目前通行的看法。有的语法书称其为省略句，言省略内容"在上下文中没有明确目标，需结合上下文义细加辨析"②。句中的动词若省去，"以"就是介词了。有的注本受杜注影响，未予考虑有无省略，注为"必定忠诚老实""一定要处理得合情合理"。③ 盖注者以为原文结构是自足完整的，无须添加什么。至于"以"当何解，亦不甚明了。

就疏通文义而言，两种解释均有可取处，且互不抵牾。然先秦汉语中，这种"必以＋名"的句式并非个例。因此，对其解释不能停留在就事论事的层面，需置于先秦汉语的大背景下，立足语言的系统性分析考察，方能得其正诂。

省略是共时层面的言语活动中，变例对于常例中必要成分的减省。汉语中，句子主干的谓语一般不可缺少，对其是否省略问题就尤需慎重，不宜轻言之。通过对《论语》《孟子》《春秋左氏传》《春秋公羊传》《春秋谷梁传》《墨子》《庄子》《荀子》《韩非子》《吕氏春秋》中"必以＋名"句的全面调查，我们认为：这种句式的"以"字均作谓语且句意完整，不存在谓语的省略，因而"以"应是动词而不是介词。从句法功能看，句中"以"字前有副词"必"，后带体词性宾语，遂充当了谓语。从表达上看，

---

① 郭锡良：《古代汉语》（上册），北京：北京出版社，1981 年，第 132～133 页。
② 杨伯峻、何乐士：《古汉语语法及其发展》，北京：语文出版社，1992 年，第 828 页。
③ 朱东润：《中国历代文学作品选·上编》（第一册），上海：上海古籍出版社，1979 年，第 58 页。

"必"表确认、强调语气，"以"的宾语简短，因而"必以＋名"结构的独立性、动词性较强。"以"的基本动词义为"用、使用"，义较宽泛，当结合上下文灵活解释。可分为两类：

一类是"必以＋名"独立成句。例如：

①《论语·乡党》："见冕者与瞽者，虽亵，必以貌。"朱熹集注："貌，谓礼貌。""以"即讲求，"必以貌"即一定讲求礼貌。

②《孟子·公孙丑上》："进不隐贤，必以其道。""进"指入朝做官。"以"即实施、奉行，"必以其道"即一定奉行自己的原则。

③《孟子·告子下》："以礼食则饥而死，不以礼食则得食，必以礼乎？""以"为施用、讲究，"必以礼"即一定要讲究礼节。

④《荀子·法行》："夫鱼鳖鼋鼍犹以渊为浅而堀其中，鹰鸢犹以山为卑而增巢其上。及其得也，必以饵。""以"即用、使用，"必以饵"即一定用了诱饵。

⑤《吕氏春秋·季夏》："黼黻文章，必以法故，无或差忒。""以"为采用、沿用，"必以法故"即一定要沿用规矩旧典。

⑥《韩非子·难四》："则汤武之所以王，齐晋之所以立，非必以其君也，彼得之而后以君处之也。""以"为凭借、依靠，"必以其君"即一定依靠原来的君主。

⑦《韩非子·说疑》："尊主安国者，必以仁义智能。""以"为凭靠、依靠，"必以仁义智能"即一定依靠仁义智能。

以上"必以＋名"构成的结构，无须补上谓语动词就能表达比较完整的意思。其中有的省略或隐含了主语，有的则属无主句。

一是"必以＋名"前有话题主语或假设/条件分句。例如：

⑧《孟子·公孙丑下》："当在宋也，予将有远行，行者必以赆。""赆"指盘缠、财礼，"以"为给予、送上，"必以赆"即一定要送上财礼。

⑨《孟子·离娄上》："教者必以正；以正不行，继之以怒。""以"即采用，"必以正"即一定要采用正理。

⑩《孟子·告子上》："大匠诲人，必以规矩，学者亦必以规矩。""以"即沿用、依循，"必以规矩"即一定要依循规矩。

⑪《左传·昭公十七年》："若火入而伏，必以壬午。""以"为出现，

"必以壬午"即一定出现在壬午那天。

⑫《左传·昭公三十一年》："入郢必以庚辰，日月在辰尾。""以"为存在，"必以庚辰"即一定在庚辰那天。

⑬《墨子·备城门》："持水者必以布麻斗、革盆。""以"即使用。

⑭《荀子·强国》："并己之私欲，必以道。""并"即摒弃。"以"即用、采用，"必以道"即一定采用好的方法。

⑮《荀子·宥坐》："为国家必以孝。""以"即施用，"必以孝"即一定要施用孝道。

⑯《吕氏春秋·音初》："为之九成之台，饮食必以鼓。""必以鼓"即一定要使用鼓。

⑰《吕氏春秋·下贤》："子产相郑，往见壶丘子林，与其弟子坐必以年。""以"为按照、依照，"必以年"即位置一定要按照拜师入门的年月排列。

⑱《吕氏春秋·分职》："巧匠为宫室，为圆必以规，为方必以矩，为平直必以准绳。"几个"以"义均为使用。

⑲《吕氏春秋·任地》："人肥必以泽，使苗坚而地隙；人耨必以旱，使地肥而土缓。""以"为利用，"必以泽"即一定要利用土地润泽时，"必以旱"即一定要利用土地干燥时。

这类句式中，"以"的动词性特征更为明显。"必以＋名"前的内容，有的是话题主语，有的是表假设/条件关系的分句，但两者之间并无严格的界限。透过这类句式，可以进一步看清其语义结构上的自足性及其后无须谓语动词的事实。

"必以＋名"后也有出现动词的情况，但较少。一是在"以……为"句式中。例如：

⑳《孟子·滕文公下》："于齐国之士，吾必以仲子为巨擘焉。"

㉑《左传·定公八年》："谓寡人必以而子与大夫之子为质。"

㉒《韩非子·有度》："巧匠目意中绳，然必先以规矩为度。"

这是因为"以……为"格式固定，其语意衔接较紧，故动词"为"及其宾语不能省略。

二是在"以"的宾语为较长的偏正结构句式中。例如：

㉓《左传·襄公九年》："君冠，必以裸享之礼行之，以金石之乐节

之，以先君之祧处之。"

㉔《公羊传·桓公九年》："天子之居必以重大之辞言也。"

这是因为"以"的宾语较长，后无动词则结构上欠协调，故未省略。

坚持《左传》"必以信""必以情"句省略了谓语动词的学者指出：《国语·鲁语上》记载此语作"余听狱，虽不能察，必以情断之"，这条异文可为"必以情"句省略"断之"的佐证。[①] 由此类推，"必以信"句也省略了谓语动词。按，异文对理解文意有一定价值，但毕竟只能作辅助参考。就《国语·鲁语上》这条材料来说，倘以"余听狱"来证明《左传·庄公十年》中"小大之狱"的"狱"是动词，岂不荒唐可笑？又，《左传·庄公十年》中"衣食所安，弗敢专也，必以分人"和"牺牲玉帛，弗敢加也，必以信"两段话，在《国语·鲁语上·曹刿问战》中则为"余不爱衣食于民，不爱牲玉于神。""爱"即吝惜。如是，能否据以推之《左传·庄公十年》的"专""加"可释为"爱"即"吝惜"之义呢？没有可靠的语料支持，不宜凭借孤例异文率尔立论。

最后，看"必以信"和"必以情"当作何解。"信"指言语真实。《左传·桓公六年》："祝史正辞，信也。"言向鬼神汇报要真实无欺。"必以信"就是一定使用真实数据，实事求是。将"情"释为"己情"（杜预注）或"实情"（郭本注），都略欠准确。"己情"是主观意愿。既然主观上已认定"不能察"，又怎能"尽己情察审"呢？"实情"即真实情况。既然"不能察"，就无从获得真实情况。"情"义当同"诚"，指真心诚意。例如《论语·子路》："上好信，则民莫敢不用情。"朱熹注："情，诚实也。"用情，即讲诚意、说真话。《战国策·齐策四》："是皆率民而出于孝情者也，胡为至今不朝也？"鲍彪注："情，犹诚。""孝情"，孝顺父母的诚意。"情"为"伪"之反，"情伪"连用，指诚实与虚假之心。《左传·僖公二十八年》："民之情伪，尽知之矣。"据此，"必以情"即一定要拿出诚意。

（原载《学术研究》2013年第11期，发表时引例略有删节）

---

① 易孟醇：《先秦语法》，长沙：湖南教育出版社，1989年，第483页。

《礼记·礼运》"由此其选"新解

　　摘　要：《礼记·礼运》中"由此其选"句，历来解释不一，然均非达诂。本文提出了与前贤时人不同的新解："选"为动词，挑选、选拔之义；"其"作主语，复指"禹汤文武成王周公"。合起来释为：由于这样，他们被选拔出来。

　　关键词：其；选；由此其选

　　《礼记·礼运》："故谋用是作，而兵由此起，禹汤文武成王周公，由此其选也。"翻检今人对"由此其选"的训释，感到均有不尽如人意之处。兹举几家有代表性的解释如下：

　　王力先生主编的《古代汉语》："……因此成为三代诸王中的杰出人物。选，选拔出来的人物，也就是杰出的人物。"

　　刘盼遂、郭预衡先生主编的《中国历代散文选》："禹汤文武成王周公因此而成为三代诸王中的杰出人物。选：人选。"

　　郭锡良、李玲璞先生主编的《古代汉语》："……因此成为三代诸王中的杰出人物。选：动词用作名词，选拔出来的人物，即杰出人物。"

　　许嘉璐先生主编的《古代汉语》："其选也：（是）他们中间的杰出人物。"

　　这些注释有共同点：第一，都认为"其"是代词，指三代诸王；第二，都视"选"为名词，或为动词用作名词。通行辞书对"选"字的解释大体上与此相同，都是作名词处理。按，"由此"是介宾结构。古汉语中，用作状语的介宾结构后面应有动词谓语，或可以补上动词谓语。然而按以上几家的理解，"其选"则成了名词性偏正结构，这显然与古代汉语的语法通例相违。注者大概也意识到这样解释尚有缺憾，遂作了一些调整进行补救：王本、刘本、郭本将"其选"改造成动宾结构——"成为三代诸王中的杰出人物"。这样处理，从文意理解上看，的确比较顺畅。但是，平添一关键动词"成为"，这是用"增字为训"的方式来转换词性，其语法依据似嫌不足。若文章原意如此，何不径作"由此为其选"？许本则在"其选也"前用括号补上"是"字，将其变成名词性谓语。这样一来，"其选也"同"禹汤文武成王周公"似乎成了判断关系。然将介宾结构"由此"置于名词谓语与主语之间，这种表达方式不曾见于判断句中；同时，"由此"与所谓名词谓语"其选也"在语义关系上亦有搭配欠当之病："由此是他们中间的杰出人物"云云，显然不辞。总之，从语法和语义两方面考虑，将其视作判断句都很难成立。

推原以上诸说，盖均与唐朝孔颖达疏有关，在此有必要对孔疏作一番考察、评析。孔颖达疏曰："以其时谋作兵起，递相争战，禹汤等能以礼义成治，故云由此其选。由，用也；此，谓礼义也。用此礼义教化，其为三王中之英选也。"孔颖达以"英选"释"选"，无疑是将"选"视为评价人才的名词。这样解释是否合理？请看下面的材料：

《鹖冠子·能天》："是以德万人者谓之俊，德千人者谓之豪，德百人者谓之杰。"

《文子·上礼》："智过万人者谓之英，千人者谓之俊，百人者谓之杰，十人者谓之豪。"

《白虎通·圣人》："五人曰茂，十人曰选，百人曰俊，千人曰英，倍英曰贤，万人曰杰，万杰曰圣。"

《春秋繁露·爵国》："万人者曰英，千人者曰俊，百人者曰杰，十人者曰豪。"

《淮南子·泰族训》："智过万人者谓之英，千人者谓之俊，百人者谓之豪，十人者谓之杰。"

《吕氏春秋·功名》："人主贤，则豪桀归之。"高诱注："才过百人曰豪，千人曰桀。"

《楚辞·大招》："豪杰执政，流泽施只。"王逸注："千人才曰豪，万人才曰杰。"

我们从上古众多的材料中选取了这几条用"量化"标准来评价人才的例证。这些材料对人才评价的尺度并不一致，且这种划分带有一定的随意性，其说未必可取，但从中透露的信息仍有参考价值。我们看到：在评价人才时，"选"字出现并不多，要么够不上评价的等级，要么居于人才系列中较低的层次。若是，将"选"用在"禹汤文武成王周公"这些古人心目中的盖世英雄乃至圣贤身上，未免太不相称。据我们所知，古人在评价高层次的治国之才时，一般不用"选"。另外，不容忽视的是，孔颖达自己对于"选"的所指对象似乎也不确定。同篇中"三代之英"一语，孔颖达疏所引《礼记·辨名记》释为："倍人曰茂，十人曰选，倍选曰俊，千人曰英，倍英曰贤，万人曰桀，倍桀曰圣。"孔氏并言："是英皆多于俊选"；孔颖达在《左传·宣公十五年》"郧舒有三俊才"的疏中也引用了《礼记·辨名记》的这段话。看来，他也不否认"选"是属于较低层次的人才。既然孔颖达对"选"的认定尚有出入，且不尽合理，那么，拘泥于孔颖达的"英选"之说为训自然就难得圆通了。

又，对《礼记·礼运》中的"三代之英"，郑玄注曰："英，俊选之尤者。"可见郑玄亦认为"选"与"英"不在同一层次。通观全文，"三代之英"所指即"禹汤文武成王周公"六君子而绝非他人，正是孔子景仰追慕的先贤。在该篇中，孔子已在前面用"英"为六君子确定了评价等级，怎么接着又拿相差几个等次的"选"来指称他们呢？

清人孙希旦《礼记集解》对此亦有别解。他说："选者，高出之意。言禹汤文武成王周公用此礼以治天下，而为三代之高出者，所谓'三代之英'也。"孙希旦大概觉得孔颖达释"选"为"英选"尚存不足，遂以"高出"释之。看来他认为"选"应是动词；可是在句义解释中则将其译成"高出者"，这样一来，"选"又具有名词性了。在这点上，孙氏的理解并没有真正跳出孔颖达疏的窠臼，以致在"选"的词性归属上游移不定，未能前后一致；且以"高出"释"选"，乃随文释义，缺乏证据，不可轻信。

我们认为，"由此其选"的"选"是动词而不是名词，这一点不能含糊。上述各家的解释难以尽如人意，正是因为对这个问题还存在认识上的偏差。如上所论，充当状语的介宾结构之后应有动词谓语，或可以补上动词谓语，"由此其选"前的"故谋用是作，而兵由此起"就是最好的证明。"选"作为动词，乃用其当时之常义。不过，它与该篇前面"选贤与（举）能"之"选"的用法又略有不同："选贤"之"选"是在"天下为公"的大同时代，全体社会成员对贤才的推选、公选（不管是否真有其事，至少孔子及时人是这样看的）；"由此其选"的"选"则是在"天下为家""大人世及以为礼"的小康时代，天子诸侯对继位者的选拔、挑选。禹、汤等六君子就是按照"世及之礼"——父子相传、兄弟相传的制度——被选拔出来的。

那么，"其"当作何解？"其"是代词，这一点，我们与上述各家并无异议。问题在于，"其"究竟指代什么？在句中充当什么成分？我们认为，"其"应是复指前面的"禹汤文武成王周公"，而并非指夏、商、周三代的所有侯王；"其"在句中充当"选"的主语，而不是定语，可以译作"他们"或"这些人"。这正是我们同前面各家之注及通行解释的分歧之一。

这里涉及上古汉语中代词"其"能否作主语的问题，这个问题是解决"由此其选"之疑惑的关键所在。学术界通行的看法是，"其"字"在上古汉语里，它永远处于领位"，① 即充当定语。有学者对《尚书》等十部著作中代词"其"的使用情况作过统计，竟无一例充当主语者②。正是这一看法，在一定程度上影响了对"由此其选"的正确索解。断言"其"在上古汉语中不能作主语，不一定符合事实。从我们接触到的一些材料来看，上古汉语中，"其"有时是可以作主语的。例如：

《论语·乡党》："孔子于乡党，恂恂如也，似不能言者；其在宗庙朝廷，便便言，唯谨尔。"

《老子》第三十四章："大道泛兮，其可左右。"

《国语·鲁语上》："鲁不弃其亲，其亦不可以恶。"

《晏子春秋·内篇问上》："故鲁犹可长守，然其亦有一焉。"

《礼记·曲礼下》："诸侯见天子，曰'臣某侯某'。其与民言，自称曰'寡人'；其在凶服，曰'适子孤'。"

《商君书·开塞》："武王逆取而贵顺，争天下而上让；其取之以力，持之以义。"

《韩非子·外储说右上》："上明见，人备之；其不明见，人惑之。"

《吕氏春秋·安死》："齐、荆、燕尝亡矣，宋、中山已亡矣，赵、魏、韩皆亡矣，其皆故国矣。"

《战国策·赵策三》："彼天子固然，其无足怪。"

---

① 王力：《汉语语法史》，北京：商务印书馆，1989 年，第 238～239 页。

② 郭锡良：《汉语史论集》，北京：商务印书馆，1997 年，第 86 页。

《战国策·韩策一》："秦攻西周，天下恶之，其救韩必疾，则茂事败矣。"

在以上复句中，"其"出现在后一分句之首，而与之并列的前一分句中的名词均作主语。以此对照，这些"其"指代了前面作主语的名词，因而"其"无疑充当了主语而不是定语。

参照以上材料，我们可以确定"由此其选"的"其"作主语的客观合理性。然而从言语表达角度看，"由此其选"中的"其"字使用与否，似乎对文意并无大碍；"由此选"照样可以成文，且更能与"用是作""由此起"对称协调。既然如此，何以要加上一个"其"字呢？我们认为，其一，由于前面的大主语"禹汤文武成王周公"偏长，整个句子结构显得比较复杂，而加一代词"其"复指，句意就紧凑、清楚一些；其二，后面用"其"复指，前面的大主语得到了有效的强调；其三，从节律角度考察，"由此其选"作为这组句子的收束结尾之语，用四个音节组成，较之"由此选"三字，也多少增添了一些稳定感。代词"其"作主语，有无复指主语的用法？再看下面的例子：

《易·系辞下》："作《易》者，其有忧患乎？"

《孟子·尽心上》："人之所不学而能者，其良能也；所不虑而知者，其良知也。"

《尸子·得贤》："人知用贤之利，不能得贤，其何故也？"

《晏子春秋·外篇上》："忠于君者，其必伤人哉？"

《吕氏春秋·应言》："睹大王欲破齐，诸天下之士，其欲破齐者，大王尽养之。"

《商君书·农战》："善为国者，其教民也，皆作壹而得官爵，是故不官无爵。"

《商君书·徕民》："今臣之所言，民无一日之繇，官无数钱之费，其弱晋强秦，有过三战之胜。"

《楚辞·九章·惜诵》："言与行其可迹兮，情与貌其不变。"

这些表复指的代词"其"，与"由此其选"的"其"所起的作用，有类似之处。

综上所论，"禹汤文武成王周公，由此其选也"句合起来翻译就是："禹、汤、文、武、成王、周公，由于这样，他们被选拔出来。"

　　最后，对这几句的一处标点谈谈看法。"禹汤"句与上文"故谋用是作，而兵由此起"应为三个并列的分句，分别从"谋""兵"及"六君子"三个方面论及"大道既隐"之后出现的社会变革新情况。三个分句结构形式大体相同，且共用因果连词"故"总领开头，据以推论；末尾则用语气词"也"作结，肯定确认。它们在内容上一意贯注，语气上一气呵成，十分顺畅自然。惜各家注本均在第二句"由此起"后以句号标之。这样处理，既破坏了三个分句原有的平行格局，也隔断了后一分句与前两个分句在语义、语气上的紧密联系。人们对"由此其选"作出有失允当的解释，恐怕与此处的标点也不无关系。应当在"由此起"后标以逗号。

（原载《古籍整理研究学刊》2005 年第 4 期）

《报任安书》中的几个训诂问题

　　摘　要：司马迁《报任安书》一文，历来训释歧见较多。本文对其中几个疑难问题进行讨论，内容涉及标点、语法、词义等方面。

　　关键词：若；所自；徒隶

　　司马迁的《报任安书》，乃传颂千古之名篇，亦为疑难颇多之长文。经前贤时修研究整理，大多分歧渐有定论。但笔者在研习此文时，仍发现偶有不尽如人意处，包括标点、语法分析、释义等方面的问题。不敢盲目信从他人之说，爰成此文，质疑问难，聊述浅见。

　　1. 若望仆不相师

　　"少卿足下：曩者辱赐书，教以慎于接物、推贤进士为务。意气勤勤恳恳，若望仆不相师，而用流俗人之言。仆非敢如此也。"这是文章开头的一段话。通行注本大多如是标点。对于"若望仆不相师"句，各家基本上采用王力先生主编的《古代汉语》的解释："好像怨我不效法你的话"，将"若"释为"好像、似乎"等。这样处理，似有未安。既然司马迁认为对方来信"意气勤勤恳恳"——情意十分诚恳，怎么又好像抱怨自己如何如何呢？显然，这与文理不协。余以为这里首先需要解决标点问题。细绎之，"意气勤勤恳恳"句，原本是对任安信中"教以慎于接物、推贤进士为务"这貌似忠告、实含恳求之言所作的评价和反应，句意应属上文，故当于"为务"后改为逗号，而在"勤勤恳恳"后标以句号或分号。至于"若望仆不相师，而用流俗人之言"两句，其意并未紧承上文，而是转到提及来信的另一个问题；且这两句只是转引了对方信中涉及的内容及隐含的情绪，并未对此予以评析。因此，应将"之言"后改为逗号，在"仆非敢如此也"后以句号作结。因为这一句才是对"若望"两句的回答评价——委婉地否认。据上分析，既然"若望仆"句以下语意已转，那么"若"字则当作别解。"若"是转折连词，其转折意味较轻，表示说完一事，另起一端，相当于"至于、至于说"等。"若"的这种用法在上古文献中并不鲜见。如：

《左传·哀公十四年》："臣之罪大，尽灭桓氏可也。若以先臣之故，而使有后，君之患也。若臣，则不可以入矣。"

《孟子·梁惠王上》："无恒产而有恒心者，惟士为能。若民，则无恒产因无恒心。"

《荀子·劝学》："故学数有终，若其义则不可须臾舍也。"

《荀子·强国》："今君人者，辟称比方，则欲自并乎汤、武。若其所以统之，则无以异于桀、纣，而求有汤、武之功名，可乎？"

贾谊《陈政事疏》："臣窃惟事势，可为痛哭者一，可为流涕者二，可为长太息者六。若其他背理而伤道者，难遍以疏举。"

《史记·伯夷列传》："若至近世，操行不轨，专犯忌讳，而终身逸乐，富厚累世不绝。"

以上这些"若"字，都可以"至于、至于说"解之。又，本篇"士为知己者用，女为说己者容。若仆大质已亏缺，虽材怀随和，行若由夷，终不可以为荣"云云，其中"若"字亦表转折，是为本证。古书中，常见"若夫"两词连用，亦可作"若"表转折之旁证，如：

《吕氏春秋·务本》："若夫内事亲，外交友，必可得也。"

《荀子·正论》："血气筋力则有衰，若夫智虑取舍则无衰。"

此类例证甚夥，无复赘引。

2. 所自树立

"何也？素所自树立使然也。"对于"所自树立"，王力先生主编的《古代汉语》注："自己用来立身于世的，也就是自己的职业地位。"诸多注家的解释，均大同小异。如是为解，于文意并无窒碍。然从语法角度考虑，则有可商之处。试作分析。注者是将"所自树立"作为所字结构来理解的。那么，"自"字怎么解释？注释未予单独说明，释文中只出现了"自己"一词，看来是把"自"视为自称代词。然而，按古汉语的使用习惯和语法规则，"自"若为自称代词，原文应作"自所树立"而不是"所自树立"。因为特殊指示代词"所"字后面，要么是谓词及谓词性偏正结构，如果是名词，这个名词还要用作动词；要么与介词一起构成"所以、所与、所由、所为、所从"等。"自树立"的"自"若是代词，则成了主谓结构，而"所"字后面接主谓结构，是不合古汉语语法通例的。

我们认为，"自"在这里解为介词比较妥当。"自"作介词，可表动作行为的凭借、依据等。如：

《墨子·备城门》："城上为爵穴……高者六尺，下者三尺，疏数自适为之。"此言"爵穴"位置的疏密根据适当的距离来设置。

《礼记·表记》："是故君子议道自己，而置法以民。""自己"犹言根据自身情况，即从自身出发。"自"与介词"以"对举，其义甚明。

《史记·高祖本纪》："公常奇此女，何自妄许与刘季？""何自"即根据什么、凭什么。

介词"自"亦可与"所"连用，与后面的谓词一起构成所字结构。惜通行教材及著述对此少见提及，故不妨多引几例，并略加分析以明之。"所自"连用，"所"的作用是指代，把后面的谓词变成名词性词组；"自"则介出动作行为的凭借、依据等。如：

《左传·隐公三年》："骄奢淫佚，所自邪也。""自"介出"邪"产生的缘由、根据，此言骄奢淫佚是邪恶产生的根源。

《墨子·兼爱上》："必知乱之所自起，焉能治之；不知乱之所自起，则不能治。""所自起"，即产生的起因、根源。

《墨子·非命上》："此特凶言之所自生，而暴人之道也。""所自生"，即产生的根源。

《庄子·则阳》："鸡鸣狗吠，是人之所知。虽有大知，不能以言读其所自化，又不能以意其所将为。""读"，即表达；"所自化"，即所以化、变化多端的缘由。

《韩非子·孤愤》："若夫即主心，同乎好恶，固其所自进也。"此言本是那些人得到进用所凭借的手段、方式。

《吕氏春秋·本生》："天子之动也，以全天为故者也，此官之所自立也。"此言这正是官位设置的根据。

《淮南子·人间》："冠履之于人也，寒不能暖，风不能障，暴不能蔽也。然而冠冠履履者，其所自托者然也。""所自托者"，即用来依托的作用。

"所自树立"正是这样的结构。其主语"仆"承前省略。"树立"，立身；"所自树立"，即用以立身于世的依凭。这个依凭，就是职业、地位等。对其略加调整，则为"用来立身于世的职业地位"。这样分析得出的结论，与王力先生主编的《古代汉语》的解释在大意上并无多大出入，分歧的焦点主要在如何落实"自"字上，故为推衍如上。

3. 徒隶

"见狱吏则头抢地，视徒隶则心惕息。"对"徒隶"一词，大多数注本及通行词典均释为"狱卒"，笔者看来尚需斟酌。因为司马迁这里所提及的现象，是在他已经遭受严刑处罚、"幽于圜墙之中"成了囚犯之后。若是，在狱中所见的"狱吏"当指管理监狱的吏卒，而不是主管司法诉讼的官员——虽然这两种用法在秦汉之间都有。既然"狱吏"包括了"狱卒"，再将"徒隶"释为"狱卒"，岂不重复多余？郭锡良先生编著的《古代汉语》可能觉得这样解释不妥，遂在注中特加说明："服劳役的罪犯，这里指负责犯人部分管理工作的罪犯。"这样处理，不无合理之处，现代监狱里有这种情况。但是，在我们所见的先秦至两汉的文献材料中，既未见到"徒隶"作"狱卒"的记载，也找不到"徒隶"以犯人身份管理犯人的证明。"徒隶"只能指罪犯、刑徒、奴隶之类的低贱者。如：

《战国策·燕策一》："若恣睢奋击，呴藉叱咄，则徒隶之人至矣。"

《管子·轻重乙》："今发徒隶而作之，则逃亡而不守。"

《鹖冠子·博选》："乐嗟苦咄，则徒隶之人至矣。"

《史记·孝景本纪》："令徒隶衣七缌布，止聪。"又"春，免徒隶作阳陵者"。

《汉书·贾谊传》："廉耻不行，大臣无乃握重权，大官而有徒隶亡耻之心乎？"

《汉书·艺文志》："是时始造隶书矣。起于官狱多事，苟趋省易，施之于徒隶也。"

《说文解字·土部》："塯，徒隶所居也。一曰女牢，一曰亭部。""塯"指刑徒居住之处。

以上例中的"徒隶"，无疑都指刑徒、罪犯。《报任安书》中的"徒隶"正用此义。为什么司马迁竟言见到狱中的刑徒也"心惕息"呢？这需要联系作者的特殊处境、文章表达的意图，结合上下文认真揣摩考虑。古代士大夫是讲气节、重脸面的。司马迁在文中亦有表露："传曰'刑不上大夫'，此言士节不可不勉励也"，"士有画地为牢，势不入；削木为吏，议不对"。这些话道出了"可杀而不辱"的士大夫气节以及对刑罚、牢狱、法官之类的鄙弃与反感。然而为何见到"狱吏"和"徒隶"竟作如此之态？这是极言遭受了刑罚牢狱之苦，"积威约"之后形成的强烈反差！因为"垢莫大于宫刑"，耻辱中，"最下腐刑极矣"，此时的他还有什么尊严脸面可言！所以，不仅见了监牢狱卒卑躬屈膝，以头抢地，就是见了自己的同类也惊恐不安。这里，"心惕息"并非担心罪犯欺凌自己，而是反映了他在遭受巨大的耻辱痛苦后对整个牢狱环境的畏惧。从这个意义上说，"狱吏"与"徒隶"不一定专指某类人，而是泛指在牢狱中见的那些人，乃至指代那个特殊的令人恐怖的环境。在一般犯人面前都心惊胆战，更见受宫刑者"垢"之大、"辱"之深、"贱"之至！综上，把"徒隶"释为"犯人刑徒"，是顺理成章的。

（原载《古籍整理研究学刊》2001 年第 6 期）

郭编《古代汉语》注释偶疏

　　郭锡良等先生编写的《古代汉语》（北京出版社，1982 年），是一部质量甚高、影响很大的高校文科教材。但我们在使用中也发现该书文选的注释偶有疏漏欠妥之处，特试陈浅陋，就教于编者及同仁。

　　①徐宏祖《游天都》："日渐暮，遂前其足，手向后据地，坐而下脱；至险绝处，澄源并肩手相接。"注："坐而下脱：坐在地上往下溜。"按，黄山天都峰最为险峻，且上山容易下山难，故作者曾发出"每念上既如此，下何以堪"的感叹；同时，又值"日渐暮"，更加大了下山的难度。"前其足，手向后据地"正是小心翼翼之举，怎敢"坐在地上往下溜"呢？"下脱"一词，中古本已产生，但其义为"欺骗"，与本文风马牛不相及（详见蒋礼鸿《敦煌变文字义通释》"下脱"条）。愚以为这里断句有误。"脱"属下句，当作"坐而下，脱至险绝处……""下"即"朝下移动"；"脱"是假设连词，盖为"倘或、倘若"的合音字，其例古书常见。如：陶渊明《咏镜》："脱入相如手，疑言赵璧归。"《新唐书·魏徵传》："脱因水旱，谷麦不收，恐百姓之心不能如前日之宁帖。"马中锡《中山狼传》："脱有祸，固所不辞也。""至险绝处"是相对一般险处而言，故需要"并肩手相接"，那是比"坐而下"更为困难的举动。

　　②《郑伯克段于鄢》："若阙地及泉，隧而相见，其谁曰不然？"注："隧：隧道。这里用作动词，挖隧道。"按，《庄子·天地》："凿隧而入井，抱瓮而出灌。"据此，"阙地及泉"，则隧道乃成，何须再挖隧道？且颍考叔安排"隧而相见"，无非是让庄公母子黄泉见面的变通之法，故"隧"只要能够进出足矣，不一定需要什么规模。我们认为，"隧"乃名词作状语，表动作行为的处所，相当于"在隧道里"。古代汉语中，名词作状语可直接置于动词前，也可以用"而"连接。这种状语多为表处所、方位的名词。如：《孟子·尽心上》："中道而立，能者从之。"《墨子·非攻中》："至夫差之身，北而攻齐，舍于汶上。"《韩非子·外储说左下》：

"管仲束缚，自鲁之齐，道而饥渴。"

③《左传·鞌之战》："郑周父御佐车，宛茷为右，载齐侯以免。"注："免：免于被俘的意思。"按，这样释"免"，句意欠畅达。《说文》："免，兔逸也。"本义是兔子逃跑了。段玉裁注："引申之，凡逃逸者皆谓之免。"《广雅·释诂》："免，脱也。"本文的"免"，正是"逃脱、溜掉"的意思。这种用法，先秦并不鲜见。此句后有"人不难以死免其君"，其中的"免"亦为"逃走"，又用如使动，"免其君"即"使他的国君逃走"。《史记·齐太公世家》记载这一事件作："丑父使顷公下取饮，因得亡，脱去，入其军。""脱去"，正是"免"作"逃走"解的有力佐证。"以"是连词，连接动作行为，相当于"而"，可不译。这样，"载齐侯以免"就是"载着齐侯逃走了"。

④《战国策·触龙说赵太后》："此其近者祸及其身，远者及其子孙。"注："此：指示代词，指代前面所论之事。"按，"此"表指代无疑，然在这里尚有其特殊的作用，注者不曾注意，就是总括上文、据以推论，相当于"由此看来、这样看来"的意思。清人谢鼎卿《虚字阐义》说："'此'字为承上结上语词。"清人丁守存《四书虚字讲义》也说："此，《尔雅·释诂》疏：'彼之对也，总承上文之辞。'"（两说均引自郑奠、麦梅翘《古汉语语法学资料汇编》第173页）他们注意到了"此"字"承上"的特点，但对其"启下，据以推论"的作用还未曾提及，这种作用往往体现在"此其"连用之时。请看下面的例子：《荀子·儒效》："如是，则可谓圣人矣。此其道出乎一。"《墨子·七患》："故夏书曰：禹七年水。殷书曰：汤五年旱。此其离凶饿甚矣。"《史记·项羽本纪》："今入关，财物无所取，妇女无所幸，此其志不在小。"《汉书·张骞传》："以骞度之，大夏去汉万二千里，居西南，今身毒又居大夏东南数千里，有蜀物，此其去蜀不远矣。"在这里，"其"也表指代，指代的对象视上下文而定。

⑤《史记·西门豹治邺》："以故城中益空无人。"注："益：愈益，越来越……"按，"空无人"说明事情已到极点，若以"愈益，越来越"修饰，就不成话了。"空无人"乃一步步、渐渐地发展的结果，故"益"释为"逐渐、渐渐"为当。这种用法古书较多。《礼记·坊记》："故乱益亡。"孔颖达疏："故为乱之道渐无也。"《战国策·赵策四》："日三四里，少益嗜食，和于身也。""少益"同义连用，"渐渐"的意思。《史记·吕

不韦列传》："始皇帝益壮。"又《史记·田单列传》："燕军由此益懈。"《汉书·苏武传》："武益愈，单于使使晓武。"又《汉书·李广传》："而广身自以大黄射其裨将，杀数人，胡虏益解。"这些"益"皆训"渐渐"无疑。

又："当其时，民治渠少烦苦，不欲也。"注："少烦苦：稍微感到厌烦劳累。"按，"烦"不是"厌烦"，而是"劳苦、劳累"的意思。《广雅·释诂》："罢、卷、烦、佃、劵、㶊、勌、屑、秘、往，劳也。"王念孙疏证："'罢、卷、烦、佃'诸字为劳苦之劳。"《战国策·秦策一》："不可以烦大臣。"高诱注："烦，劳也。"《孙子·九变》："故将有五危，……爱民，可烦也。"曹植《洛神赋》："日既西倾，车殆马烦。"这两个"烦"也是"劳"的意思。"烦劳"还可连用。《荀子·荣辱》："为工匠农贾则常烦劳。"又《荀子·儒效》："烦劳以求安利，其身愈危。""烦劳"两词乃同义连用，义即"劳累"。

又："至今皆得水利，民人以给足富。"注："民人以给足富：老百姓因此家给人足，生活也富裕起来了。给，丰足。"按，"家给人足"就是生活富裕。注者力图将"给足富"逐字分而释之，却忽视了古人行文的特点，故注文啰唆重复。为了强调突出某个意思，古人有三个甚至四个同义词连用的时候，这就需要找出它们的共同点，合而释之，而不必机械对号入座。唐人李涪《刊误》认为《左传·襄公三十一年》中"缮完葺墙"之"完"为"宇"字，因他认为"缮完葺墙，文理不达，所疑字误，遂有繁文"，段玉裁指出："古三字重叠者时有，安可以后人文法绳之?"（引自《经义述闻·左传》）"三字重叠"即"缮完葺"三词同义连用，它们都是"修缮、修葺"的意思。段玉裁深谙古人行文特点，故批评李涪妄改古书。《楚辞·招魂》："九侯淑女，多迅众些。"朱季海《楚辞解故》："多迅众三名同实，极言盛多而已。"《楚辞·离骚》："览相观于四极兮，周流乎天下余乃下。""览相观"即"观览、观看"。《三国志·蜀书·先主传》："孔子谶、记，咸悉具至。""咸悉具"即"全部、都"义。"给足富"三词连用，乃言极其富裕，可注为"十分富裕"。

⑥韩愈《〈张中丞传〉后叙》："当是时，弃城而图存者，不可一二数。"注："不可一二数：甚言其多。"而该教材在《报任安书》"事未易一二为俗人言也"下注："事情不容易为人言其一二。这是说，如果把自

己的情况和想法全说出来，就更不会被世人所了解了。"据此，似以"一二"为其中之一二，则言其少了。按，两条注文既矛盾，又未将"一二"之义讲清楚。其实，两个"一二"意义相同，都含"一一、逐一"的意思。《春秋繁露·竹林》："是故战攻侵伐，虽数百起，必一二书。"《新序·杂事一》："其祸败难一二录也。"扬雄《长杨赋》："仆常倦谈，不能一二其详，请略举其凡。"丘迟《与陈伯之书》："将军之所知，不假仆一二谈也。"这些"一二"，其义皆同。

⑦贾谊《论积贮疏》："远方之能疑者，并举而争起矣。"注："疑：通'拟'，比拟、等同。'疑'前的'能'字可能是衍文。"（《新书》无此字）按，视"能"为衍文，仅以《新书》参证，证据不足。"能"在这里可以训释，是"敢，敢于"的意思。"能疑"即"敢于同皇帝比拟"，也就是敢夺皇位。兹引几例证之。《商君书·垦令》："百县之治一形，则从迁者，不敢更其制；过而废者，不能匿其举。"梁王台卿《奉和望同泰寺浮图》："游蜺不敢息，翔鹢讵能仰？"这两例中的"敢"与"能"皆为互文而义同。《韩诗外传》："臣不能失法，下之义也。"《新书·节士篇》引此"能"作"敢"。《潜夫论·考绩篇》："《书》云：'赋纳以言，明试以功，车服以庸；谁能不让？谁能不敬应？'"《尚书·益稷》作："谁敢不让？敢不敬应？"《史记·淮阴侯列传》："信能死，刺我；不能死，出我袴下。""能死"即"敢死"，也就是"不怕死"的意思。

⑧《出师表》："苟全性命于乱世，不求闻达于诸侯。"注："闻：名声，出名。达：显达，显贵。"按，此注有两处值得商榷："名声"与"出名"，一为名词，一为动词，二者只能取其一。从后面有介词结构作补语看，"闻"应为动词，则"名声"宜去掉。再是"闻达"两词同义，虽析言有别，当其连用时可求同而不必强生分别了。《论语·颜渊》："在邦必闻，在家必闻。"皇侃疏："闻者，达之名。"《礼记·少仪》："某固愿闻名于将命者。"孔颖达疏："闻名谓名得通达也。""闻达"主要是就名声而言的，故此处注为"名声显扬"或"显声扬名"较合适。

⑨《孟子·齐桓晋文之事》："是以君子远庖厨也。"注："远：使动用法，使……远。"按，"君子远庖厨"句，又见《礼记·玉藻》："君无故不杀牛，大夫无故不杀羊，士无故不杀犬豕。君子远庖厨，凡有血气之类，弗身践也。"这里，"远庖厨"的前提是"无故"——没有祭祀之事，

而君子于宰牲并非一概不沾，故孔颖达疏："此谓寻常，若祭祀之事，则身自为之。"《国语·楚语下》："天子禘郊之事，必自射其牲；……诸侯宗庙之事，必自射牛、刲羊、击豕。"为何平时要"远庖厨"，不开杀戒呢？《大戴礼记·保傅》说："故远庖厨，所以长恩，且明有仁也。"原来，这是为了体现仁慈怜爱。由此言之，君子平时滥杀与否，主要取决于他是否有仁爱之心，而不在使厨房离自己多远的问题。有了仁爱之心，随时都能警惕防范。因此，视"远"为使动用法，便不能体现君子的主导作用。

宋人孙奭疏曰："是以君子之人，凡于庖厨烹炙之事，所以远去之也。"此言甚是。"远去"即"远离"，这才突出了君子"无故"之时对于宰牲的主动回避，而不是消极防范。《颜氏家训·归心》的"儒家君子，尚离庖厨，见其生不忍其死，闻其声不食其肉"亦可旁证。"远"作"远离"讲，古书不乏其例。《诗经·邶风·泉水》："女子有行，远父母兄弟。"《论语·学而》："恭敬于礼，远耻辱也。"《汉书·张骞传》："匈奴遣兵击之，不胜，益以为神而远之。"颜师古注："远，离也。"

又："天下之欲疾其君者，皆欲赴愬于王。"注："疾：憎恨。"按，据此，"欲疾"无论作"想憎恨"还是"喜欢憎恨"，都说不通。"疾"的常义是"憎恨"，这是心理上的情感活动。由此引申，也可用于言语上，表示"非议、谴责"的意思。《礼记·缁衣》："毋以嬖御人疾庄后，毋以嬖御士疾庄士、大夫、卿士。"郑玄注："疾犹非也。"孔颖达疏："无得以嬖御贱人为非毁于适夫人，无得以嬖御之士非毁齐庄之士。"又"毋以内图外，则大臣不怨，迩臣不疾"。郑玄注："疾犹非也。"孔颖达疏："近臣不为外人非毁。"《礼记·内则》："子妇未孝未敬，勿庸疾怨。"郑玄注："怨，谴责也。""疾怨"乃同义连用。本文的"疾"宜释为"谴责、指责"，"欲疾"即"喜欢批评指责"，这正与下句"赴愬"（跑来诉说）紧密相扣。

又："谨庠序之教，申之以孝悌之义。"注："谨庠序之教：谨慎地搞好学校教育。"按，"谨慎"义在小心慎重，而作为统治者要搞好教育，其重心不当在这方面。杨树达《积微居小学金石论丛·释谨》曰："堇有少义，故堇声之字多合寡少之义。谨从言堇声者，盖谓寡言也。""谨"的本义为"寡言"，而寡言乃处世严谨的表现，故"谨"引申有"严"义。《荀子·王制》："案谨募选阅材伎之士。"杨倞注："谨，严也。"又"污池渊沼川泽，谨其时禁，故鱼鳖优多"。"谨其时禁"即"严其时禁"。又《宥坐》："嫚令谨诛，贼也。""谨诛"即"严厉诛杀"。《论衡·谴告篇》："子弟傲慢，父兄教以谨敬。"《盐铁论·论诽》："治国谨其礼，危国谨其法。""谨"还可构成"谨严、谨肃"等词。据此，"谨庠序之教"就是"严格地搞好学校教育"。因为，古代的教育总带有一定的强制性，而"申之以孝悌之义"也正是从严要求的表现。

（原载《古籍整理研究学刊》1990 年第 1 期）

《古代汉语》（修订本）文选注释若干问题讨论

摘　要：本文主要针对郭锡良等先生编著的《古代汉语》（修订本）教材中新增文选的 12 条注释问题提出讨论，涉及词汇、语法、标点等方面的内容。

关键词：古代汉语；文选；注释；讨论

郭锡良等先生编著的《古代汉语》，于 1981 年 9 月由北京出版社出版，得到了全国高校师生和社会各界的一致好评。尔后，编著者对这套教材作了修订。修订本于 1991 年由天津教育出版社出版。总体来看，修订本质量有所提高，适用性得到了加强。其中，对文选作了较大的调整；保留篇目中的注释也吸取了时贤的不少成果和意见，体现了编著者良好的学风和实事求是的态度。为使这部高质量的教材更臻完美，笔者不揣浅陋，试将新增篇目中注释方面的一些问题提出来进行讨论；同时，也对保留篇目中尚存的个别注释疏误谈谈浅见。不敢自是，聊供编者、读者参考。

1. 雁鹜行

韩愈《蓝田县丞厅壁记》："吏抱成案诣丞，卷而前，钳以左手，右手摘纸尾，雁鹜行以进。"注："雁鹜行：像鹅和鸭子一样排成行。雁鹜：鹅和鸭子，名词用作状语。"按，视"雁鹜"为名词用作状语，正确；但将"行"释为"排成行"则不尽合理。其一，"像鹅和鸭子一样排成行"则意味着"吏"的数量之多，小小蓝田县衙，会有这么多差吏吗？从上面所引"吏"的一系列动作行为及下文的"平立""睨丞曰""则退"等可知，均当指一吏之言行。韩愈盖举一吏之典型言行以赅诸吏对县丞的态度。其二，古书中"雁行"之说较习见，但与"雁鹜行"相去甚远。例如：

《诗经·郑风·大叔于田》："两服上襄，两骖雁行。"

《史记·韩世家》："纵韩不能听我，韩必德王也，必不为雁行以来，是秦、韩不和也。"

曹操《蒿里行》："军合力不齐，踌躇而雁行。"

丘迟《与陈伯之书》："今功臣名将，雁行有序。"

"雁行"的"雁"是大雁而不是鸭，且用以形容整齐而有序。"雁鹜行"既不能描写整齐有序，又不能形容数量之多，那么，作者想用来突出"吏"的什么特征呢？

我们认为，"行"不是"排成行"，当释为"行走"；"雁鹜行"即像鹅、鸭一般行走，犹言"鹅行鸭步"，形容吏不紧不忙、摇身晃脑的行步特征。"雁鹜行"又用作"进"的状语，中间用连词"以"联结。全句意为"像鹅鸭一般走上前"。韩愈如此写来，形象地描画出吏目中无"丞"、傲慢自大的态度，十分传神。唐人石抱忠《始平谐诗》："一群县尉驴骡骡，数个参军鹅鸭行。""驴骡骡"与"鹅鸭行"一快一慢，对比鲜明，可作为我们正确理解"雁鹜行"的行步特征的有力佐证。

2. 寻

柳宗元《钴鉧潭西小丘记》："寻山口西北道二百步。"注："寻，探寻，这里是沿路探寻美景的意思。"按，据上，注者是将"寻"视作动词的。但是，不管将"寻"释为"探寻"，还是"沿路探寻美景"，均与后文搭配不上。该教材的编者之一蒋绍愚先生曾指出，唐诗中，"寻"可作介词，义为"沿"。其说甚是。兹转引两例：

杜甫《自阆州领妻子却赴蜀山行》："栈悬斜避石，桥断却寻溪。"

李白《东鲁泛舟》："轻舟泛月寻溪转，疑是山阴雪后来。"

蒋绍愚先生又言："唐代散文中'寻'也有'沿'义"，并举本书这条材料为例①，惜蒋绍愚先生的这一见解未能反映到教材中来。

其实，"寻"的"沿"义出现还要略早于唐代。例如：

《后汉书·袁绍传》："（袁）绍遂寻山北行。"

《齐民要术·种谷》："薄地，寻垄蹑之。"

我们推测，注者未采纳蒋绍愚先生的看法，仍将"寻"作动词理解，大概是觉得该句中当有一个中心动词，遂定在"寻"字上。其实，这个句子的中心动词本由"道"充当，"道"系名词活用作动词，即"在道上走"的意思。若是，将这句话解释为"沿着山口西北行走二百步"，诚为

---

① 蒋绍愚：《唐诗语言研究》，郑州：中州古籍出版社，1990 年，第 383 ~ 384 页。

辞通理顺。

3. 逞志

《左传·吕相绝秦》："不克逞志于我。"注："逞志：快意。"按，注文盖将"逞志"视为一个词，故笼统地以"快意"作释。然而这样一来，就与其对象补语"于我"搭配不上，"快意于我"殊为别扭。"逞志"是两个词，为动宾结构。"逞"有"放纵、肆行"之义。例如：

《左传·桓公六年》："今民馁而君逞欲，祝史矫举以祭，臣不知其可也。""逞欲"即放纵欲望。

《左传·成公十八年》："逞奸而携服，毒诸侯而惧吴晋。""逞奸"即肆行奸邪之事。

《国语·晋语五》："不得政，何以逞怒？""逞怒"即肆意发怒。

"逞志"之"逞"义为放纵，"志"指心意、心志，合起来理解就是放纵心志、纵意。"逞志于我"的意思是纵意于我们国家，亦即无所顾忌地对待我们国家。

4. 已，一说而立为太师

《范雎说秦王》："已，一说而立为太师，载与俱归者，其言深也。"教材是这样断句的，并注曰："已，随后。"按，释"已"为"随后"，看来注者是将"已"定为时间副词。细绎之，这样处理未必允当。金正炜注曰："'已'与'以'通。"很有道理。不过"已"并不是"以"的通假字。《正字通》："已，与吕古共一字，隶作吕、以。"原来，"以"与"已"乃同一字之分化而来，所以两字在古书中可以互相通用。例如：

《孙子·作战篇》："故车战，得车十乘已上，赏其先得者。""已上"即"以上"。

《墨子·杂守》："烽火以举。""以举"即"已举"。

《荀子·非相》："人之所以为人者，何已也？"杨倞注："已与以同。""何已"即"什么原因"。

《史记·陈涉世家》："士卒得鱼腹中书，故以怪之矣。""以"即"已"。

《汉书·司马迁传》："今以亏形为扫除之隶，在阘茸之中。""以"同"已"，即已经。《文选·司马子长〈报任少卿书〉》中"以"字正作"已"。

既然这里的"已"同"以",据文意应视为介词,解作"凭着、靠着",那么,"已"字后就不应断开,当作"已(以)一说而立为太师",意即凭着一番话就被立为太师。中华书局版《史记》作"已说而立为太师",可为参证。上海古籍出版社 1985 年版《战国策》及江苏古籍出版社1985 年版《战国策辑注汇考》(诸祖耿撰)中这句话"已"字后均未断开,当从。

5. 橐载

《范雎说秦王》:"伍子胥橐载而出昭关。"注:"橐载:用口袋装着载在车上。橐:一种口袋。这里用作状语,即藏在口袋里的意思。"按,注文未明言"橐"是名词用作状语,但既释"橐"是一种口袋,则当作如是解;且在教材通论"名词用作状语"中的"表工具或依据"之下举这条材料为例,可见编著者是这样认定的。我们认为,"橐"字不管是释为"用口袋装着",还是"藏在口袋里",都有了动词的意义。因此,不应将其看作是名词直接作状语。"橐载"不同于"船载""车载"。因为作状语的名词"船"和"车",既是盛物的工具,又是运输物品之具。动词作状语直接修饰动词,这种用法在古书中并不罕见,主要用来表示动作行为的方式或特征。例如:

《左传·隐公元年》:"庄公寤生,惊姜氏。"此"寤"即"逆,倒着"之义,修饰"生"。

《史记·高祖本纪》:"足下必欲诛无道秦,不宜踞见长者。""踞见"即踞坐着会见。

《史记·高祖本纪》:"邯迎击汉陈仓。""迎击"即迎头攻击。

《史记·留侯世家》:"良业为取履,因长跪履之。""长跪"作状语,表示"履(穿鞋)"的姿势。

6. 无与

《范雎说秦王》:"而文武无与成其王也。"注:"无与成其王者(按,'者'字衍):没有帮助他们成就王业(指完成统一天下)的人。"又"终身暗惑,无与照奸"。注:"无与照奸:没有协助察明奸邪的人。与:介词,省略宾语'之'。"按,这两条注释或将"与"释为"帮助、协助",则为动词;或言"与"是介词,且后面省略宾语。那么,"与"究竟是什么词,怎样解释才算合理呢?诚然,古汉语中,动词与介词的联系比较密切，一些介词就是由动词虚化而成，"与"即其例。但是，对具体运用中的词，解释不能模棱两可、或此或彼，甚而自相矛盾。表面看来，将"与"释作"帮助、协助"似乎比作介词处理于文意要顺畅一些。但是，通过大量文献材料的考察，我们发现，"无与"连用是上古习见的语例，其中，"与"应当是介词而不是动词。如果说，以上两个"无与"的"与"释为"帮助、协助"还讲得通的话，那么更多的材料则证明"与"只能是介词。例如：

《左传·昭公十三年》："无与同好，谁与同恶？"此言没有人与（他）同好。

《孟子·离娄下》："蚤起，施从良人之所之，遍国中无与立谈者。"此言没有人同（他）站着交谈。

《墨子·亲士》："非贤无急，非士无与虑国。"此言没有人同（自己）一起谋划国事。

《庄子·德充符》："无几何也，去寡人而行。寡人恤焉，若有亡也，若无与乐是国也。"此言好像没有人同（自己）一起在这个国家欢乐了。

《荀子·王制》："三者体此而天下服，暴国之君案自不能用其兵矣。何则？彼无与至也。"此言没有人同（暴国之君）前去作战。

《后汉纪·孝献帝纪》："荣宠之盛，无与为比。"此言没有人同（他）相提并论。

综上，文中的"无与成其王"，即没有人同（他们）一起成就王业；"无与照奸"即没有人同（你）去察明奸邪。

7. 见惮

《汲黯》："黯以父任，孝景时为太子洗马，以庄见惮。"注："以庄见惮：因为庄严，使人敬畏。"按，"见"是表被动的助词，那么，"见惮"无疑是典型的被动表示法，是"被敬畏"的意思。这与上古汉语的"见疑""见欺""见杀""见信"等完全一致。注文将"见惮"按使动用法解释，失乏。从语意方面看，汲黯之"被敬畏"与"使人敬畏"具有一定的一致性；但是，两者在语法形式上有异，不能混同。因为若是"使人敬畏"，则其原文当为"惮之"。硬将"见惮"按使动用法解释，一则助词"见"没有着落，二则本为被动者的汲黯成了主动者。所以，我们不取此义。

8. 卧

《汲黯》："吾徒得君之重，卧而治之。"注："卧，靠在几桌上。"按，注文是按"卧"的本义作释的。《说文》："卧，伏也。从人臣，取其伏也。""卧"的本义是趴在几案上，需要注意的是，它往往指疲劳困倦时的休息。例如：

《孟子·公孙丑下》："有欲为王留行者，坐而言。（孟子）不应，隐几而卧。"

《礼记·乐记》："魏文侯问于子夏曰：'吾端冕而听古乐则唯恐卧，听郑卫之音则不知倦，敢问古乐之如彼，何也？新乐之如此，何也？'"

而"卧而治之"则是汉武帝肯定汲黯才能、威望之语，意谓汲黯无须费力便可轻松地治理好淮阳之地，犹言无为而治。同时，汉武帝此言又是针对汲黯此前"多病，卧闺阁不出。岁余，东海大治"而发的，更可见"卧"在此处的训释不应拘泥于其本义，当作别解。

段玉裁《说文解字注》"卧"下注："卧与寝异。寝于床，《论语》'寝不尸'是也；卧于几，《孟子》'隐几而卧'是也……此析言之耳。统言之则不别。"段说甚是。"卧"引而申之，可指躺下或睡下。例如：

《战国策·楚策一》："寡人卧不安席，食不甘味，心摇摇如悬旌，而无所终薄。"

《战国策·魏策一》："无楚、韩之患，则大王高枕而卧，国必无忧矣。"

《史记·高祖本纪》："汉王病创卧，张良强请汉王起行劳军，以安士卒。"

《史记·孙子吴起列传》："卧不设席，行不骑乘。"

我们认为，"卧而治之"的"卧"是统言，全句意为"躺在床上就可以治理好那里（淮阳之地）"。

9. 在于把握

晁错《论贵粟疏》："（珠玉金银）其为物轻微易臧，在于把握。"注："在于把握：意思是可以拿在手里。把握：用作名词。"按，注文的理解大致不误，但未将关键词解释清楚，给人隔靴搔痒之感。现试为具体分析。"在"是动词，作谓语，有"居处、处在"之义。《广雅·释诂》："在，尻（居）也。"兹举几例如下：

《易经·乾卦》："是故居上位而不骄，在下位而不忧。"

《尚书·大禹谟》："君子在野，小人在位。"

《诗经·周南·关雎》："关关雎鸠，在河之洲。"

《诗经·豳风·七月》："七月在野，八月在宇，九月在户。"

"在于把握"的"在"可灵活解释为"放置、放在"；"把握"是动词用作名词，即把握之中，也就是手掌中。这样，全句释为"放置在手掌之中"，庶几字字落实，明白易晓。

10. 以

晁错《论贵粟疏》："君安能以有其民哉！"注："以：连词，连接状语和中心语。"按，"以"应为介词而不是连词。古汉语中，"以"兼有介词、连词二类。由于介词"以"后的宾语常常省略，在形式上与连词"以"没有明确的标志，容易产生混误。不过，两者仍有可以区别的标准，主要是：看能否根据"以"的上文恢复其省略（或隐含）的宾语。能恢复，为介词；不能恢复，则为连词。这里的"以"由于处在助动词"能"与中心动词"有"之间，释为连词，其语义似乎比释作介词要直接简明。但是，根据区别标准，揆之上文，"以"后可以补上省略的宾语，即"腹饥不得食，肤寒不得衣，虽父母不能保其子"的状况。因此，这句话当释为：国君怎么能凭着（这样的状况）拥有自己的百姓呢？

为了证实这一看法，我们进一步考察了上古汉语中"以"用在助动词与动词之间的情况，发现"以"基本上是用作介词而不是连词。有时，"以"后的宾语会出现。例如：

《左传·昭公二十九年》："愿以小人之腹为君子之心。"

《左传·哀公二十七年》："公患三桓之侈也，欲以诸侯去之。"

《韩非子·孤愤》："其修士不能以货赂事人，恃其精洁，而更不能以枉法为治。"

而在多数情况下，"以"的宾语并不出现。例如：

《论语·子路》："一言可以兴邦，有诸？""以"后省"一言"。

《左传·宣公十八年》："公使如楚乞师，欲以伐齐。""以"后省"楚师"。

《左传·僖公三十年》："若亡郑而有益于君，敢以烦执事。""以"后省"秦晋围郑之事"。

《孟子·公孙丑上》："得百里之地君之，皆能以朝诸侯，有天下。""以"后省"得百里之地而君之"。

《孟子·公孙丑下》："我非尧舜之道，不敢以陈于王前，故齐人莫如我敬王也。""以"后省"非尧舜之道"。

《庄子·大宗师》："夫卜梁倚有圣人之才而无圣人之道，我有圣人之道而无圣人之才。吾欲以教之，庶几其果为圣人乎？""以"后省"圣人之道"。

《韩非子·初见秦》："前者穰侯之治秦也，用一国之兵而欲以成两国之功。""以"后省"用一国之兵"。

《韩非子·奸劫弑臣》："无捶策之威，衔橛之备，虽造父不能以服马。""以"后省"无捶策之威，衔橛之备"这样的条件。

《韩非子·饰邪》："无地无民，尧、舜不能以王。""以"后省"无地无民"这样的条件。

11. 适观

李斯《谏逐客书》："快意当前，适观而已矣。"注："适观：看起来舒适。"按，注文有两点值得考虑：一是"适"是否为形容词，并作"舒适"解？二是"观"是否指"目治"行为，即用眼睛看？先说"观"。结合上文看，这句话是针对秦王"弃击瓮叩缶而就郑卫，退弹筝而取韶虞"所发。显然这里谈的是音乐、乐器方面的演奏欣赏问题。欣赏音乐固然需要眼睛配合（在一般情况下），但毕竟是辅助性的，无论如何也离不开"耳治"这个主要的行为。因此将"观"局限于视觉行为，显然是不够全面的。"观"的本义是仔细察看。《说文》："观，谛视也。"仔细察看事物虽以眼为主，但往往亦需以耳辅之。两者并用，有时甚至难以分割。这样，"观"由视觉行为扩大到兼赅视觉与听觉之行为就不足为奇了。有语言材料为证：

《左传·襄公十年》："诸侯宋、鲁，于是观礼。鲁有禘乐。宾祭用之。宋以《桑林》享君，不亦可乎？"杜预注："宋，王者后，鲁以周公故，皆用天子札乐，故可观。""礼"与"乐"联系紧密，观"礼"则离不开"乐"，故"观"兼指耳目行为。

《左传·襄公二十九年》："请观于周乐。使工为之歌《周南》《召南》。"又："虽甚盛德其蔑以加于此矣，观止矣。若有他乐，吾不敢请矣。"

以上两例之"观"的对象均为"乐"。又如：

《庄子·秋水》："且夫知不知是非之竟，而犹欲观于庄子之言，是犹使蚊负山，商蚷驰河也，必不胜任矣。"

《荀子·非相》："故赠人以言，重于金石珠玉；观人以言，美于黼黻文章。"

以上两例所"观"者均为"言"。如果说书面之"言"靠"目治"的话，那么，口头之"言"则必为"耳治"了。而这里的两个"言"，看来是两者都包含在内的。

《荀子·强国》："入境，观其风俗。"了解"风俗"固然以看为主。但是听的作用不能排除。

综上"适观"的"观"当释为"观赏、欣赏"。

再看"适"。"适"应为动词，是"适宜、适合"的意思。"适观"与"快意"一样，都是动宾结构，两者一指感官，一指内心。因此，"适观"就是适宜欣赏。

12. 时

《荀子·天论》："养备而动时，则天不能病。"注："动时：动以时，即按时活动，指行动适应天时的变化。时：天时。"按，注者是将"时"视为名词，且用作"动"的补语，前省了介词"以"。这样处理，未必允当。首先，从与"动时"对举的"养备"看，"备"义为充足，是形容词；"时"若为名词，则不协调。再看下文的"养略而动罕"，"略"与"罕"都是形容词而非名词。因此，可以肯定"动时"的"时"是形容词。"时"是"适时、适宜"的意思。兹引数例为证：

《诗经·大雅·既醉》："威仪孔时，君子有孝子。"马瑞辰《毛诗传笺通释》："时，善。"马瑞辰以"善"释"时"，失之笼统。今按"时"当指适宜、得体，"威仪孔时"犹言礼节十分得体。

《孟子·公孙丑下》："天时不如地利，地利不如人和。""时"与形容词"利""和"对举，当为形容词，"天时"指自然条件适宜。

《礼记·中庸》："君子之中庸也，君子而时中。"孔颖达疏："谓喜怒不过节也。"这里，"时"是适宜，"中"谓不偏不倚，两者均为形容词，故孔颖达以"喜怒不过节"释之。

《商君书·壹言》：“制度时，则国俗可化，而民从制。”“制度时”即制度适宜。

汉人马融《长笛赋》：“取予时适，去就有方。”“时适”乃同义连文，即适宜、恰当之义。

《汉书·袁盎晁错传》：“日月光，风雨时，膏露降，五谷熟。”“风雨时”即风雨适宜，犹言风调雨顺。

综上，“动时”应为主谓结构，是“行动适宜”的意思。

参考文献

［1］杨伯峻：《春秋左传注》，北京：中华书局，1990 年。

［2］诸祖耿：《战国策集注汇考》，南京：江苏古籍出版社，1985 年。

［3］（汉）司马迁：《史记》，北京：中华书局，1985 年。

［4］（汉）班固撰，（唐）颜师古注：《汉书》，北京：中华书局，1997 年。

（原载《湛江师范学院学报》1998 年第 4 期）

《古代汉语》六朝文选注解拾遗

郭锡良等先生编著的《古代汉语》，选取了一部分六朝作品。教材对这些作品的注解，大多精审准确，但也偶有未允之处。就笔者看来，属于六朝时期的新词新义问题占大部分。其中，或注文明显有误，或注文语焉不详，或当注而未注。今择其数则讨论，供编者、读者参考。

（1）《搜神记·李寄斩蛇》："共请求人家生婢子，兼有罪家女养之。"注："并犯有罪行人家的女儿。兼：副词，并。"

按，"家生婢子"与"有罪家女"乃分指两类不同的女孩，共作"请求"的宾语。若释"兼"为"并"，则"请求"的对象就似乎具有了"家生婢子"和"有罪家女"的双重身份，显然有悖文意。"兼"在这里当为连词，即"加上、以及"之义。这种用法在六朝及以后的作品中多见。陶渊明《饮酒》诗序："余闲居寡欢，兼比夜已长，偶有名酒，无夕不饮。"《世说新语·文学》："（殷浩）为谢标榜诸义，作数百语，既有佳致，兼辞条丰蔚，甚足以动心骇听。"《南史·周朗传附弘正》："且王气已尽，兼与北止隔一江，若有不虞，悔无所及。"

又"女无缇萦济父母之功"。

按，"功"字未注，然其义并非"功劳、功绩"，而是六朝产生的新义"能力、本事"，此言自己没有缇萦替父赎罪的本事。范晔《狱中与诸甥侄书》："为性不寻注书，心气恶，小苦思便愦闷，口机又不调利，以此无谈功。""谈功"谓讲话能力。《世说新语·政事》刘孝标注引《弼别传》："弼事功雅非所长，益不留意，颇以所长笑人，故为时士所嫉"。"事功"即办事才能。《三国志·魏书·袁涣传》："初，涣从弟霸，公恪有功干，魏初为大司农，及同郡何夔并知名于时。""功干"同义连用，"才干、本事"之义。

（2）陶渊明《桃花源记》："林尽水源，便得一山。"注："林尽水源，桃花林的尽头便是溪水的源头。"

　　按，"林尽水源"当为处所状语，即"林尽水源之处"。"得"字教材未注，是个缺憾，因为在这里用的是六朝产生的新义"到、到达"。"便得一山"，就是"便到了一座山下"。东晋法显撰《法显传》中，这种用例甚多。例如《法显传·鄯善国》："行十七日，计可千五百里，得至鄯善。"又《法显传·于阗国》："在道一月五日，得到于阗国。"又《法显传·自耶婆提归长广郡界》："但经涉险难，忧惧积日，忽得至此岸，见藜藋依然，知是汉地。"以上"得至""得到"均为同义连用，为"到达"之义。

　　又"村中闻有此人，咸来问讯"。注："咸来问讯：都来打听消息。……讯，消息。"

　　按，"问讯"一语，在六朝作品中十分普遍，两词系同义连用，"问候"之义。这里是说，村里人听说渔人来了，感到奇怪，于是都来问候。《世说新语·贤媛》："卞鞠是其外孙，时来问讯。"又《世说新语·简傲》："王子敬兄弟见郗公，蹑履问讯，甚修外生礼。"《古小说钩沉·裴子语林》："孔君平病困，庾司空为会稽，省之；问讯甚至，为之流涕。"有时又作"讯问"，义同"问讯"。《古小说钩沉·冥祥记》："见炳来，陈叙阔别，讯问安否。"

　　又"不足为外人道也"。注："不值得对外面的人说。这是委婉地要求渔人不要把桃花源里的情况讲出去。"

　　按，桃花源里的人长期与世隔绝，他们并不愿让外人知晓其中的情况，故将"不足"释为"不值得"则略欠确切。"不足"当作"不必、不要"解，这种用法六朝作品习见。《华阳国志·后贤志·陈寿》："再兼散骑常侍。惠帝谓司空张华曰：'寿才宜真，不足久兼也。'"《世说新语·汰侈》："崇视讫，以铁如意击之，应手而碎。恺既惋惜，又以为疾己之宝，声色甚厉。崇曰：'不足恨，今还卿。'乃命左右悉取珊瑚树。"

　　（3）《洛阳伽蓝记·王子坊》："年登俗乐。"注："俗乐：社会风气很欢乐。"

　　按，注文有语意搭配失当之病。"俗"并非"社会风气"，而是"众，民众，百姓"。"俗"的此义，先秦已见。《商君书·更法》："郭偃之法曰：论至德不和于俗，成大功者不谋于众。"此"俗"与"众"对举，其义昭然。汉魏六朝一直沿用。《史记·樗里子甘茂列传》："樗里子疾室在于昭王庙西渭南阴乡樗里，故俗谓之樗里子。"《后汉书·张衡列传》："常从容淡静，不好交接俗人。"　"俗人"即众人、普通人。《魏书·高昌列传》："俗无文字，但候草木荣落，记其岁时。"

（4）《后汉书·张衡传》："合契若神。"注："测定的准确与客观实际完全相符合，如神一样灵验。契：契约，合同。"

按，注文释"合契若神"之大意不错，然单注"契"为"契约、合同"则误矣。"契"当为动词，与"合"同义连用，"符合、谐合"之义。这是六朝产生的新义。三国魏曹植《玄畅赋》："上同契于稷，降合颖于伊、望。"《世说新语·贤媛》："山公与嵇、阮一面，契若金兰。"《晋书·慕容垂载记》："自古君臣冥契之重，岂直此耶？"　"合契"连用亦有其例。刘勰《文心雕龙·论说》："陈政，则与议说合契。"唐人包佶《祀雨师乐章·奠币登歌》："惟乐能感，与神合契。"

（5）《三国志·魏书·华佗传》："向来道边有卖饼家。"注："向，刚才。"

按，注文仅释"向"，则后面的"来"无着落。在六朝文献中，"来"常用在时间词后，表时段，相当于"……的时候"。《古小说钩沉·幽明录》："刘道锡与从弟康祖少不信有鬼，从兄兴伯少来见鬼，但辞论不能相屈。"《晋书·石勒载记上》："吾幼来在家恒闻如是。"北周庾信《鸳鸯赋》："虞姬小来事魏王，自有歌声足绕梁。"　"向来"一语，六朝亦甚习见，"向"与"来"为"刚才"之义，不应割裂释之。陶渊明《挽歌诗》："向来相送人，各自还其家。"《世说新语·文学》："丞相乃叹曰：'向来语乃竟未知理源所归。'"又"上人当是逆风家，向来何以都不言？"

又"太祖累书呼，又敕郡县发遣"。注："发遣：征发，遣送。"

按，"征发"义为"征集、征召"，而华佗此时已为太祖的"专视"医生，彼时只是请假暂归，不当再属"征发"之列。"发遣"是同义连用，"派送、遣送"之义。"发"的此义古书用例颇多。《吕氏春秋·具备》："鲁君太息而叹曰：'……微二人，寡人几过。'遂发所爱。"高诱注："发，遣。"《列子·汤问》："（韩）娥还，复为曼声长歌，一里老幼，喜跃抃舞，弗能自禁，忘问之悲也。乃厚赂发之。"张湛注："发犹遣也。"《史记·陈丞相世家》："高帝以为然，乃发使告诸侯会陈，'吾将南游云梦'。"《汉书·张骞传》："大宛以为然，遣骞，为发译道，抵康居。"　"发遣"一语，也见于六朝作品。《后汉书·明帝纪》："是岁，发遣边人在内郡者，赐装钱人二万。"《颜氏家训·省事》："或有诖谊聒耴时人视听，求见发遣。"这两例"发遣"，其"遣送"之义明。

（6）范缜《神灭论》："是以形存则神存，形谢则神灭也。"注："谢：衰亡。"

按，文章强调的是"形"与"神"之间相互依存、相互统一的关系，则"谢"当是"存"的反面，下面的"岂容形亡而神在"一句正好说明这一点。若释"谢"为"衰亡"，则显得不够确切，因为"衰亡"是"衰落以至灭亡"，不能与"存"构成明确的反义关系。"谢"释为"消失、消亡"最为贴切。兹援例证之。《楚辞·大招》："青春受谢，白日昭只。"王逸注："谢，去也。"晋人潘岳《悼亡》诗："荏苒冬春谢，寒暑忽流易。"崔涂《春夕旅怀》诗："水流花谢两无情，送尽东风过楚城。"刘禹锡《途次敷水驿，伏睹华州舅氏昔日行县题诗处，潸然有感》："繁华日已谢，章句此空留。"

又"刃之与利，或如来说"。注："来说：指对方所说的话。"

按，这样解释，"来"字尚未落实。愚以为"来"是个时间词，"刚才"之义。本文后有"人若有如木之质以为形，又有异木之知以为神，则可如来论也"。"来论"即刚才之论。在六朝作品中还可找到类似的材料。《魏书·李顺列传》："蒙逊曰：'诚如来言，则凉土之民，亦愿魏帝远至，何为复遽驿告警，不舍昼夜？'"又《魏书·成淹列传》："淹言：'若如来谈，卿以虞舜、高宗为非也？'""来言""来谈"均义同"来说"。"来"何以有"刚才"义？如前所说，"来"经常用在"向"后表时间，"来"受"向"的渗透影响，也独立具有了此义。

又"所以奸宄佛（弗）胜，颂声尚拥"。注："颂声尚拥：歌颂的声音不能发出。指政治不够好。拥：阻塞。"

按，"奸宄佛（弗）胜"与"颂声尚拥"对仗工稳，而据注文，"颂声尚拥"之"尚"这个关键性副词则没有落实。再从文意上看，作者要说明的并不是歌颂的声音发不出，而是太多了。"尚"是"还、仍然"义，"拥"当释为"掩盖、遮盖"。《集韵·钟韵》："拥，遮也。"《礼记·内则》："女子出门，必拥蔽其面。"郑玄注："拥，犹障也。"南朝陈后主《陇头水》："落叶时惊沫，移沙屡拥空。""拥空"谓遮蔽天空。《周书·异域传下·鄯善》："人每以为候，亦即将毡拥蔽鼻口。""拥蔽"乃同义连用。又"拥鼻"犹言掩鼻。杜牧《折菊》诗："雨中衣半湿，拥鼻自知心。""拥掩"犹言遮掩。韩愈《南山》诗："勃然思圻裂，拥掩难恕宥。"综上，"奸宄佛（弗）胜，颂声尚拥"的意思是，坏人坏事不能禁止，而歌颂之声还掩盖着这种状况。

（7）鲍照《登大雷岸与妹书》："严霜惨节，悲风断肌。"注："惨节：等于说刺骨。"

按，这样解释大致不误，然词义落实不够，需申言之。"惨"是"痛、疼痛"之义。《列子·杨朱》："乡豪取而尝之，蜇于口，惨于腹，众哂而怨之。"张湛注："惨，蜇，痛也。"《汉书·元帝纪》："岁比灾害，民有菜色，惨怛于心。"颜师古注："惨，痛也。"《后汉书·章帝纪》："自往者大狱以来，掠考多酷，钻钻之属，惨苦无极。""惨苦"即痛苦。《南史·萧季敞传》："（季敞）军败，奔山中，为蛭所啮，肉都尽而死，惨楚备至，后为村人所斩。""惨楚"即痛楚。《太平广记》卷三〇七引《河东纪·党国清》："国清与使者俱入城门，忽觉目眦微惨，以手搔之，悸然而寤。""微惨"即微痛。

"节"指骨节、关节。《庄子·养生主》："彼节者有间，而刀刃者无厚。"《韩非子·解老》："人之身三百六十节、四肢、九窍，其大具也。"《吕氏春秋·开春》："饮食居处适，则九窍百节千脉皆通矣。"董仲舒《春秋繁露·人副天数》："人有三百六十节，偶天之数也。"综上，"惨节"就是使骨节疼痛，亦即刺骨，这正与下句"断肌"照应，带有夸张的口吻。

又"夙夜戒护，勿我为念"。注："勿我为念：不要以我为念。"

按，注文误解了这个句子的句法结构，"以我为念"甚为不辞。"勿我为念"是个否定句代词宾语前置的格式，当按"勿为念我"释之，"为"是动词，置于"念"前构成同义连用，起强调、突出"念"的作用。这是古代汉语中的特殊表达方式。例如《庄子·徐无鬼》："奉事而大有功者，不可为数。"《史记·陈涉世家》："楚兵数千人为聚者，不可胜数。"司马迁《报任安书》："阙然久不报，幸勿为过。"又"诗三百篇，大抵圣贤发愤之所为作也"。据此，"勿我为念"，就是不要挂念我。

（8）吴均《与朱元思书》："泉水激石，泠泠作响。"注："激石：由于石头的阻碍而更加湍急。激：水因受阻而急速。"

按，注文释"激"乃取其本义，是形容词。《说文·水部》："激，水碍衺疾波也。"而"激石"为动宾结构，"激"应是动词，"冲击、冲刷"之义，这是从其本义引申而来的，"激石"就是冲刷着石头。如此，言简而意明。古书有例可证。《尸子·君治》："水有四海，……扬清激浊，荡去滓秽，义也。""激浊"即冲刷污浊。司马相如《上林赋》："触穹石，激堆埼，沸乎暴怒，汹涌澎湃。""激堆埼"就是冲击着土丘堤岸。鲍照《山行见孤桐》诗："奔泉冬激射，雾雨夏霖淫。""激射"谓冲刷喷射。《文心雕龙·原道》："泉石激韵，和若球锽。""激韵"即水流冲刷的声音。《古小说钩沉·宣验记》："忽发箭反激，还中其子。""反激"就是反冲、反射。

（9）江淹《别赋》："乃有剑客惭恩，少年报士。"注："对知遇之恩未能报答感到惭愧。"

按，注文以"惭愧"释"惭"欠安。"惭"在六朝有一新的用法，即"感念、感激"之义，江蓝生《魏晋南北朝小说词语汇释》已有说明。"惭恩"即感恩、谢恩。例如《搜神记》卷五："翁之厚意，出苇相渡，深有惭感，当有以相谢者。"又卷二十："其夜，梦一人乌衣，从百许人来谢云：'仆是蚁中之王，不慎堕江，惭君济活。若有急难，当见告语。'"

又"是以别方不定，别理千名"。注："别理：离别的理由。两句是说离别的种类和离别的原因多种多样。"

按，在本文中，"别理"主要是描写各种离愁别绪，而不是申辩什么离别的原因、理由。"理"当释为"事理、事情"，此言离别之事有多种名称。"理"的此义，汉魏六朝有例可证。贾谊《新书·阶级》："高者难攀，卑者易陵，理势然也。"晋人葛洪《抱朴子·畅玄》："实理势之攸召，犹影响之相归也。"两个"理势"均指事情发展之趋势、情势。南朝宋颜延之《吊张茂度》："贤弟子少履贞规，长怀理要。清风素气，得之天然。""理要"即事情之要旨。《古小说钩沉·幽明录》："仆长大，且已有家，何缘此理？"此言为何有这等事情。刘敬叔《异苑》："得与不得，殆一理也。""一理"犹言一回事情。《魏书·献文六王列传》："至此贵宠崇盛，不复言有祸败之理。""祸败之理"即祸败之事。

（10）《焦仲卿妻》："三日断五匹，大人故嫌迟。"注："故，故意。"

按，"故"在六朝有"仍、还"之义，江蓝生《魏晋南北朝小说词语汇释》已有说明。此处"故嫌迟"就是仍然嫌慢了的意思。兹引几例证之。葛洪《抱朴子·内篇·对俗》："江淮间居人为儿时，以龟枝床，至后老死，家人移床而龟故生。""故生"即仍然活着。《世说新语·赏誉》："王恭始与王建武甚有情，后遇袁悦之间，遂致疑隙，然每至兴会，故有相思。""故有"犹言仍有。又《世说新语·言语》："孔融被收，中外惶怖。时融儿大者九岁，小者八岁，二儿故琢钉戏，了无遽容。""故琢钉戏"就是仍旧在玩琢钉的游戏。

又"女行无偏斜，何意致不厚？"注："两句是说兰芝的行为没有不正当的地方，哪料到会使你不喜欢。"

按，注文似释"何意"为"哪料到"，这与问者的口气不合。这是焦仲卿不解其母驱赶刘兰芝的缘由而询问之辞，故当释为"什么原因，为什么"。下文有"新妇谓府吏：'何意出此言！'"这个"何意"义同此。"意"在六朝作品中表"原因、缘故"义甚为习见。《世说新语·政事五》刘孝标注引虞预《晋书》："今何等时而眠也，知太傅卧何意？"《后汉书·曹褒列传》："褒在射声，营舍有停棺不葬者百余所，褒亲自履行，问其意故。"《三国志·吴书·孙坚》："请收主簿，推问意故。""意故"同义连用，"缘故"之义。《三国志·吴书·妃嫔》："孙亮知朱主为金主所害，问朱主死意，金主惧。""死意"即死亡原因。

（原载《古籍整理研究学刊》1993 年第 3 期）

后　记

　　本书选录了笔者三十余年学习研究汉语词汇史、语法史以及古代汉语教学中的一些心得体会，大小文章有四十多篇。作为一名高校教师，临退休之际完成这样一件事情，既是对几十年耕耘劳作的总结回顾，也算了却一桩心愿。

　　由于本人资质驽钝，根基浅薄，缺乏宏观研究视野和理论思辨能力，因而所谓的学术研究主要是结合教学、立足现实、扬长避短、零打碎敲，做一些力所能及的思考与探索。或许是天道酬勤吧，几十年来，居然陆陆续续发表了一百多篇文章。这些文章一部分是对《汉语大字典》释义方面的问题拾遗补阙，已经结集为《〈汉语大字典〉释义论稿》和《〈汉语大字典〉（第二版）释义问题研究》两本书出版。另一部分就是本书的内容。在笔者看来，收入本书的文章大致有三个特点：一是与古代汉语教学内容密切相关，注重实用，解决具体问题；二是多为见字达字的短篇，属于微观方面的札记小议；三是不少是与学界前辈及同行辩难讨论、切磋请益的即兴之作。总体看来，卑之无甚高论。由于它们比较真实地记录了自己的学术道路和成长轨迹，所以不揣浅陋，结集出版，以作纪念。虽然其中多为不成熟的看法，甚至或有妄言谬见，但毕竟是自己独立思考的结果，因而难以舍弃割爱，也都尽量收入书中。书中涉及的有些问题，学术界至今仍在讨论争议之中，说明还没有过时，亦有一点参考价值。

　　收入本书的文章历时二十多年，涉及十几家学术刊物。由于不同年代、不同刊物对行文的体例格式多有不同，如果本书强作统一要求，不仅耗时费力，也有失原貌。所以，本书大体保持了原文发表时的体例，只是改正了个别明显的错漏和排版疏失，并补充了一些例证。此外，有的问题早期的认识比较粗浅，行文表述都较幼稚，且与后期的看法不尽一致，个别地方也有重复处。为了保持原样，这次未作加工修改，这也是需要说明的。

　　本书的出版，得到广东省特色重点学科"汉语言文字学"学科建设项目、中央财政支持地方高校发展建设专项资金项目的经费资助，谨此致谢。

朱　城

2015 年 10 月于湛江